中国戏曲学院晚霞工程丛书
NATIONAL ACADEMY OF CHINESE THEATRE ARTS
AFTERGLOW PROJECT COLLECTION

入戏
——张正芳京剧生涯自述

张正芳 著

文化艺术出版社
Culture and Art Publishing House

图书在版编目（CIP）数据

入戏：张正芳京剧生涯自述 / 张正芳著.—北京：
文化艺术出版社，2017.7
ISBN 978-7-5039-6193-9

Ⅰ.①入… Ⅱ.①张… Ⅲ.①张正芳—自传
Ⅳ.①K825.78

中国版本图书馆CIP数据核字（2016）第307600号

入戏
——张正芳京剧生涯自述

著　　者	张正芳
责任编辑	张月峰
书籍设计	丁智睿　赵　矗
出版发行	文化艺术出版社
地　　址	北京市东城区东四八条52号　（100700）
网　　址	www.caaph.com
电子邮箱	s@caaph.com
电　　话	（010）84057666（总编室）84057667（办公室） （010）84057691—84057699（发行部）
传　　真	（010）84057660（总编室）84057670（办公室） （010）84057690（发行部）
经　　销	新华书店
印　　刷	国英印务有限公司
版　　次	2017年12月第1版
印　　次	2017年12月第1次印刷
开　　本	710毫米×1000毫米　1/16
印　　张	17.25
字　　数	220千字
书　　号	ISBN 978-7-5039-6193-9
定　　价	48.00 元

版权所有，侵权必究。如有印装错误，随时调换。

2012年12月，张正芳获得老艺术家终身成就奖

2000年，张正芳在中国戏曲学院附属中等戏曲学校教授《挂画》时，给学生示范身段、手式动作

1961年3月7号，张正芳在京拜荀慧生先生为师，经师嫡传《红娘》《霍小玉》《红楼二尤》《卓文君》等，荀师谆谆告诫：表演应"一切从人物出发，要以会、好、精、绝的高标准不断严格要求自己"。张正芳承上启下不只奉行师命不辍，并以之路督励治学

2009年，张正芳的五个儿子相聚北京，庆祝母亲八十华诞。四子宋超（左一）、二子宋捷（左二）、张正芳（左三）、长子宋刚（左四）、三子宋强（左五）、五子宋群（左六）

中国戏曲学院晚霞工程丛书
NATIONAL ACADEMY OF CHINESE THEATRE ARTS
AFTERGLOW PROJECT COLLECTION

晚霞工程编委会

主　任　巴　图

委　员　冉常建　赵伟明　李　威　李　钢　辛　虹

序　言

　　为了推进我院师资队伍的建设和科研水平的提高，充分调动和发挥离退休专家的作用，我院于2012年启动"离退休教师晚霞工程"，内容包括：建立学院领导与离退休专家联系制度；优先聘请本院离退休专家参与学院教学活动；聘请部分在相关领域造诣深厚的离退休专家担任我院硕士研究生导师；邀请离退休教师参与相关项目和课题申报，支持他们参与院内外相关教学、科研、创作项目建设；聘请离退休教师担任青年教师导师，充分发挥老教师"传、帮、带"的作用；以学院委托项目形式支持离退休专家为学院重大决策开展相关调研；设立离退休专家出版基金，支持和资助离退休专家出版学术著作等等。出版"晚霞工程丛书"是这一工程的重要内容，由人事处牵头，离退休工作办公室、教务处、科研与研究生工作处协办。

　　中国戏曲学院的师资力量雄厚，仅离退休的教授、专家就有数十人。他们在中国戏曲学校和戏曲学院工作多年，从青春年华到白发苍苍，始终坚守在戏曲教育的岗位上。他们教学经验丰富，艺术造诣深厚，赢得了广大师生由衷的尊敬。不少人退休之后仍然关心学院事业发展，对戏曲的热爱之情未曾消减，体现出老当益壮、老有所乐、老有所为的精神风貌，令人钦佩。对于以传承中国戏曲艺术为己任的中国戏曲学院来说，这是非常宝贵的财富和战略资源，在"政治上多关心、思想上多沟通、生活上多照顾、精神上多关怀"，应是国戏文化的重要组成部分。这笔财富学院不仅要加倍珍惜，更要积极呵护，使之成为学院师资力量的重要组成部分。

学院启动"晚霞工程"给了离退休老师们很大的鼓舞，他们怀着对母校的感恩之心和对戏曲的眷恋之情，纷纷提出申请，将自己多年积累的经验和研究的成果汇集、整理，写成书稿交到学院。这些书稿有对学院发展历史进行回顾与总结，有对自己长期的舞台艺术实践感悟进行梳理和阐述，其选题涉及到戏曲的方方面面，尤其是有关戏曲教育的内容，更显优势和特色，具有较高的史料价值和教学参考价值，值得学院珍藏，也值得广大师生学习和借鉴。

学院领导非常重视"晚霞工程丛书"的出版，成立了包括院系领导和有关专家组成的评审组，通过评审的书稿列入年度出版计划，交由出版社正式出版。学院将按年度逐步推出学术专著和作品，使离退休老师们的教学、科研和创作成果能得以面世，与更多的读者分享。我们相信，随着"晚霞工程丛书"的陆续面世，必将积累一笔宝贵的文化财富，并在社会上产生一定影响。这也是中国戏曲学院为弘扬和传播民族文化所尽的义务和贡献。

中国戏曲学院"晚霞工程丛书"编委会

惊见张正芳（代序）

——犹忆上海京剧摇篮

黄宗江

我们这些老戏迷、老捧角儿家（今称发烧友、追星族），既迷且捧，既烧且追，追着看大角儿，也看小角儿；我们最保守，也最求新；最崇老，也最爱青；最尊传统，也最求突破；就这样地辩证统一。我们一方面叹息着杨（小楼）、余（叔岩）、梅（兰芳）之难再，在他们仙逝后甚至感叹："从此不入剧场矣！"但另一方面我们又极其关怀着科班里幼苗的成长。那时候虽然还没喊出口号来，可实践上正是"从娃娃抓起"的。我们眼瞅着富连成的喜、连、富、盛、世、元、韵，中华戏剧学校的德、和、金、玉、永，一拨拨走上大舞台——戏曲的也是社会的大舞台，北京的、天津的、上海的……乃至世界的。台上的在"坐科"，在学唱戏、演戏，台下也像是在"坐科"，在学听戏、看戏、懂戏……大名票欧阳中石一次在酒宴上说：吴祖光可说

黄宗江

是"盛"字科的，宗江是"世"字的，他自己是"元"字的。那我说：朱家溍、刘曾复二老也只能老到是"富"字的，和谭富英一科，可是他们还赶上了3岁时在乳娘怀里看过富英的爷爷老谭（鑫培）。

　　我如此过戏瘾似的白话了一大篇，是为了自报家门，说道出自己是在京剧、亦称国剧的中国最大剧种的摇篮——北京这篮儿里摇过的，就此引出京剧的另一摇篮——上海。我说过、写下过这样的话："历来是海派冲击京派，京剧乃得发展。"我是年方"弱冠"，不满二十岁到上海下海唱话剧的。我这才真领会了海派领袖周信芳、盖叫天、朱传茗……生、旦、净、丑；我这才见到山外有山，天外有天，海外有海。这上海也是京剧的一大摇篮。抗日时期在"孤岛"上海，有如石猴出世，在这摇篮里跳出了186名小将——"上海戏剧学校""正"字辈的师兄弟姐妹们。他们的音容响彻上海乃至全国观众的耳目心目中，他们是顾正秋、张正芳、关正明、周正荣、陈正岩、程正泰、汪正华、周正礼、王正屏、孙正阳、施正泉、薛正康、黄正勤……

　　在20世纪40年代初，他们仅学了8个月就唱出了3台大戏打炮。且不说那《四郎探母》《大铁笼山》《双姣奇缘》《三盗九龙杯》……最使我音犹在耳的就是那出《八五花洞》，四真四假潘金莲由顾正秋、张正芳等扮演。一码齐的含苞欲放的花，顾正秋以"唱"著称，张正芳以"做"见长，她那两只会说话的眼睛一上来就带起满台的光彩，使得一群小姐妹交相辉映。那一嗓叫板"这是哪里说起"，怎么那么迷人，令观众如坠五花洞中！可媲美者尤忆梅（兰芳）、尚（小云）、程（砚秋）、荀（慧生），也是从这句叫板起唱，我是百听不厌（顺告同好：中国唱片上海公司有此录音带，是王家熙诸君所策划，诚知音人也）。还有一出全部《儿女英雄传》，张正芳演何玉凤，顾正秋演张金凤……那可见了正芳的真功夫，又文又武，正芳小时小嗓还没出来，这出正好是念功戏，可以大小嗓混用。最绝的是一个上海小姑娘竟是一口地道的京白，不让北京"京片子嘴"，大段"没盖口"的道白准让台下的掌声、叫好声淹没，连我们这些老北京也惊得目瞪口呆！后来才知道他们是学自于芙蓉草（赵桐珊）、陈桐云，可谓名师出高徒者也。

那一日，最近的那一日，在北京，张正芳来访，抱着一堆照片和稿子，原来是东北的知音人要为她出一本《张正芳艺术生涯相册》，要我来个前言，我真是受宠若惊。我识正芳也早亦迟，还是40年代初《八五花洞》时期，她和正秋常相伴来看话剧，总要到后台来看看黄宗英、蒋天流、王薇及诸话剧师姐。在不同的舞台上剧种不同的艺人，常是这山望着那山高，相互都挺爱慕的。正芳还在坐科，比宗英等还要小上好几岁，这些不同剧种的小名旦们相互钟情，旧可称"手帕交"吧！我这常演衰派的青年也只能默默地对着自己的化妆镜含笑望着这些从镜里映出来的豆蔻年华……过后就天南地北各自一方搭班搭台了。几十年过去了，再相逢已是"文革"后，台上台下恢复元气之后，我还记得她，记得张正芳，记得她少女时的倩影，如今已是俨然一教授了。

岁月时地两沧桑，我还是能听懂看懂她的。她小时没小嗓，乃专工刀马花旦，及长，出现小嗓，什么花旦青衣戏都拿得起来了，能文能武成为一代红伶。她红在东北，后来知道她在辽宁丹东一扎就是25年。"文革"前她的《玉堂春》《双玉蝉》《宝莲神灯》《杨排风》《春香传》《谭记儿》《红娘》《百花赠剑》，现代戏《白毛女》《红色种子》《江姐》《枯木逢春》《山乡风云》等都成了丹东人有口皆碑的好戏。她告诉我一年365天，天天演出是必然的。礼拜天要演白天戏，上山下乡每天必是3场，"文革"前每年平均要演四百多场（在今天说来好像不可思议），怪不得辽宁省给了她那么高的荣誉。1960年被评为全国先进工作者，参加全国文教系统"群英会"，这从相册里可略见风采。1961年她正式拜入了荀门。还是在40年代初，她在戏校刚登台不久，荀慧生先生来看戏，正芳就向大师表白了要拜入荀门，荀还答应了："长大了就上北京找我去，我一定收你这个学生。"20年后正芳终于在北京正式拜师。我读过一篇正芳写的《让荀派艺术在新时代开花结果——缅怀在荀慧生老师身边学艺的日子》，真是一篇学术性很强的文章。何谓学术性？即理论联系实践。正芳极其生动地阐述荀派艺术的"一切从人物出发"的精髓并其四字箴言："会、好、精、绝"。

正芳著作甚勤甚丰，有一篇也让人特别感动，题为《回顾上海戏剧学校》，可称校史矣，相当详尽地记述了"正"字辈同学生、旦、净、丑的演艺情况，在大陆、港、台以及海外，四方开花结果，足见正芳在台上、台下，人缘都那么好。人生在世，尤其一个艺人能得这两缘，足矣！

一个艺人的一生不外是学艺、演艺（或曰卖艺）、传艺三阶段。进入晚年，能否传艺授艺是艺人人生价值的体现。我40年代初写了一集散文《卖艺人家》，开宗明义头一篇就题为《道》，头一句【导板】就是——"友人皮黄老伶工某（即萧老长华），一日收徒，微笑对我说：'这是为祖师爷传道。'著一'道'字，好不动人，好不伟大！""文革"后我又见萧老关门弟子钮骠著文，说萧老说过："人人可做祖师爷！"这意境就更深远了。道之传与不传，就在人人，就在你我了。我为京剧的传道士张正芳祝福！为她的奶师、恩师、师兄弟、师姐妹祝福！

1988年6月于北京

目录

上篇：入科"正"字辈

引子·上海戏剧学校"正"字辈 / 3

第一章 雏凤凌空
一、为艺改姓名 / 6
二、清规与练功 / 10
三、我的"砍活" / 13
四、三台打炮戏 / 17
五、一炮打红的滋味 / 26
六、敢与"大角"比高下 / 32

第二章 师恩难忘
一、校董许晓初 / 35
二、教务主任关鸿宾 / 41
三、教我"绝活儿"的陈桐云老师 / 49
四、师娘刘玉楼 / 57

五、梁连柱老师教我练武生硬功 / 66
　　六、宋德珠老师亲授 / 71
　　七、难以忘怀赵桐珊（芙蓉草）先生 / 74
　　八、朱传茗老师教《双思凡》 / 76
　　九、重金聘请"四盏灯" / 85
　　十、校长助理倪慰明 / 90

第三章　同窗情深
　　一、好姐妹顾正秋 / 96
　　二、45年后的演出盛会 / 106
　　三、老同学的世纪相聚 / 115

中篇：舞台生涯

第四章　从艺之初
　　一、与谭富英合作 / 121
　　二、同学盛邀重回舞台 / 122
　　三、挑班的岁月 / 129

第五章　60余载烟台梦
　　一、坦诚相见王赢策 / 134
　　二、精雕细琢为观众 / 137
　　三、良师益友储金鹏 / 150
　　四、救场难忘朱云鹏 / 151

目 录

第六章　丹东的25年
一、入辽东省京剧团 / **154**

二、编演新戏 / **157**

三、难忘党栽培 / **163**

四、幸福时刻 / **168**

五、"文革"之变 / **169**

下篇：传承荀派

第七章　拜师荀门
一、70年前荀派梦 / **185**

二、难忘的拜师会 / **187**

三、感悟荀派真谛 / **191**

四、代师授徒 / **200**

五、"两条线"和"三个交流对象" / **206**

六、不做复制品，要善于创新 / **212**

第八章　传道授业
一、告别丹东 / **214**

二、"国戏"的普通园丁 / **218**

三、京剧《挂画》/ **220**

四、《挂画》流传全国 / **224**

五、我的学生耿巧云 / **230**

六、荀师教诲的感悟 / **233**

第九章 老有所为

一、退而不休，传承国粹桃李满天下 / 237

二、不遗余力，传承和移植多出优秀剧目 / 245

三、机缘巧合，终于把《挂画》打造成经典大戏 / 249

第十章 评论选辑

一、好同学张正芳　顾正秋 / 253

二、看张正芳主演的京剧《杨排风》　张一了 / 258

三、眼是心之窗——喜看张正芳演出的"百花
　　赠剑"和"杨排风"　周桓 / 261

上篇　入科「正」字辈

引子·上海戏剧学校"正"字辈

20世纪30年代末期,日本侵略中国,上海沦陷。曾经光怪陆离的大都市,在日本帝国主义的铁蹄践踏下,社会秩序混乱、人心惶惶,许多进步人士、艺术家和文化机构纷纷离开上海,或移居香港、或转移至大后方,这使得刚刚经历戏剧改良运动而日渐成熟的海派文化受到重挫。

然而在抗日战争时期,各国势力庇护下形成的租借地成为相对安全和稳定的"孤岛"。又因为20世纪30年代初期,上海建立起了许多新式剧场,有很多剧场位于租界地内。这些剧场舞台在当时设施比较先进、管理也较好,因此,吸引了当时享誉全国的京剧大腕儿如杨小楼、马连良、杨宝森、程砚秋、荀慧生等多次南下,来上海登台献艺,为上海的京剧舞台增辉添彩。这也极大地刺激和诱发了沪上对京剧的热爱,培养了一大批京剧观众和戏迷,涌现了许多京剧著名票友。上海京剧名票俞云谷就是其中之一,他认为:上海应该创办一所京剧科班,为上海培养自己的优秀京剧演员,这不但可以繁荣上海的京剧舞台,如果将来这些学生能够成名成家,那更是名利双赢的美事。于是他就和刚从美国回沪的京剧名家关鸿宾商量在上海开办京剧学校一事。

1939年冬天,当俞云谷和关鸿宾多方寻求建校资金无果时,辗转找到了许晓初——复旦大学的高材生,上海日夜银行老板黄楚九的女婿。

他非常支持俞云谷和关鸿宾的想法，积极策划研究创办之事，带头以一人之力慷慨解囊，承担起建校初期所需的全部资金。对于许晓初来讲，更表现了一个年轻企业家对上海京剧事业的拳拳之心，正如他所说："就上海而言，儿童面目清秀，口齿伶俐，头脑聪慧，不在北方之下，如能就地设立科班，定可人才辈出，无需外求。"于是，他亲力亲为组建了联合工商、金融、法律等各界领袖的学校董事会，由上海银行行业秘书长林康侯为主席校董；校长和副校长则由名律师陈承荫和日夜银行老板黄楚九之子黄宪中担任，俞云谷担任学校总务主任，关鸿宾为教务主任，由关鸿宾聘请各路京剧艺人组成强大的教师团。"首届上海戏剧学校招生"启事，遍布申城各大报纸和大街小巷，引起申城各界巨大反响，也成为当时震动沪上的一大新闻。

学校以"提倡与整理传统戏曲，培养京剧人才""摒弃旧式科班弊俗，吸收科班长处，遵循新型学校制度开课"为宗旨，招收年龄为10—14岁的男女学生，在教授术科（京剧专业课）的同时，兼授学科（文化课）。经过一轮筛选后，于1939年12月4日录取第一批学生，首届招生共录取了男生四十余名，女生二十余名。

从1939年到1945年的6年间，上海戏剧学校前后共招了186名学生。这些孩子多数来自于穷苦家庭，也有些出自于梨园世家。进入上海戏剧学校后，学校为了统一和整齐，把每个学生的名字中间的字都改成了"正"字，在日后的演出中大家统称他们为"正"字辈。

第一章　雏凤凌空

我收藏着当年上海戏剧学校部分师生的一张珍贵合影，每当我看到这照片，总是思潮起伏，不能平静。整整70多个年头了，当年那生龙活虎般的学艺生涯，虽已时过境迁，但一想起来，仍历历在目。从前童心稚气、朝夕相处的小伙伴儿们，后来有的在国内各地，有的侨居欧美，有的寄身港台，五湖四海在不同的国度和地区。他们在20世纪五六十

1939年，张正芳摆脱难童之困境、考入上海戏剧学校，从此走上京剧艺术征程，教务主任关鸿宾正在教授开蒙戏《八五花洞》：前排：陆正梅（左一）、张正芳（左二）、顾正秋（左三）

1941年，张正芳童年照

年代，已经都是我国京剧舞台上的栋梁了。眼下健在的虽然都已经是耄耋之年，但他们依然是老骥伏枥、壮心不已，关注着中华民族传统文化的传承与发展，为我国的京剧事业播撒着艺术的种子，这是我们上海戏剧学校的骄傲，也是中国京剧界的骄傲。但遗憾的是，我们这些当年亲如手足的同学们很难走到一起，很难重逢再聚、共话当年了。现在我已80多岁了，一种使命感常常拨动着我的心弦，我感觉有责任、有义务将这一段珍贵的历史挖掘出来，以此表达我们这些"正"字辈老学子们对母校、对恩师们的感恩之情，也是为了追寻我们童年学艺的苦乐年华，更是为了给我们的京剧历史积累一些有用资料……

一、为艺改姓名

我原名叫宋梅珍，祖籍苏州，生于1929年农历三月十七。在我刚记事的时候家境属于小康，家里有保姆照顾孩子，父亲在上海黄金交易所工作，母亲是家庭妇女，我有3个哥哥，我是家中唯一的女孩，加上母亲喜欢女孩子，所以对我特别宠爱。我家当时住在上海法租界圣母院路（圣母院路现在叫瑞金二路）苏吉里5号，我四五岁时就上了幼稚园，我上的小学叫培元小学，就在我家马路斜对过。但1937年卢沟桥事变，日寇入侵，对我们家来说是一场灾变。从商的父亲失业，一家6口生活艰难，我们辞退了保姆，兄妹4人也被迫停学。我年仅8岁就当了包糖童工，赚钱补助家用。但为了求知，我只好到救济难童的免费夜校去读书，就这样，我断断续续读到了初小（小学四年级）。

1939年初冬的一天，忽见我校的一帮小同学围在离夜校不远的墙边指手画脚地在看什么。我好奇地挤过去一看，原来是上海戏剧学校的招生简章，简章中给我最大震动的是免费学戏和负责食宿，而且还能学文化，这可比读夜校强多啦！我从小喜欢蹦蹦跳跳演节目，从上幼稚园开始，每逢学校开恳亲会，总有我演出的节目，我表演的《卖报歌》《蝴蝶姑娘》经常得到全校师生的赞许。如今有了这么好的机会还有什么犹豫的？当时我便自作主张地报了名。当我兴致勃勃跑回家告诉抱病的父亲时，却遭到父亲的严厉斥责："唱戏是下九流！宋家是书香门第，你祖父是前清的秀才，后来还是《申报》编辑，再穷也要有骨气，怎么能去吃那让人瞧不起的开口饭？"我哭闹着跟他评理："你不能供我上学，又不能让我吃饱饭，我学戏，自己养活自己，自己学能耐怎么不行？"父亲又说："你丢人现眼去当戏子，让我怎么去见宋家的长辈和亲属？告诉你，宋梅珍三字不许落在戏子名单上！"父亲严辞拒绝，我如坠深渊，但是我从小倔强没有甘心，忽然灵机一动，索性改个姓，将来唱戏登了报，不沾宋氏的边，家里族公长辈也不会找上门来。我们同去报名的有3位夜校同学，其中张丽珍比我大3岁，我们一商量，张丽珍让我改姓张，算是她的妹妹。于是我又第二次赶到戏校，把"宋梅珍"三字改成"张梅珍"。

考试那天，老师叫"张梅珍"入场应考，叫了几声，我始终没有反应，此时张丽珍猛地推了我一下，我这才恍然大悟，赶忙应了一声："我来了！"候考的人们都笑了，也不知是哪个孩子冒出一句："她是聋子！"大家哄笑得更厉害了。这下臊得我满脸通红，心跳个不停。本来别的孩子都有家长带着，可我是偷偷来的，又改了姓，偏偏又让他们取笑！因此上考场就更加紧张了。我连头都没敢抬。

老师问："你会唱戏吗？"我答："不会。"

又问："会唱歌吗？"我答："会唱歌。"

老师说："别紧张，哪个歌唱得好，就唱哪个。"

老师态度挺和气，我这才稍微平静下来，拉开嗓门，唱起了"我的家在东北松花江上……"这是我在难童夜校学的，而且是全班的领唱，所以唱得信心十足，也敢抬头了。抬头一看，我才发现原来考官一共有6位，只见他们都点头赞许。没等我唱完，刚才问我的老师便站起身向我走来，他瘦瘦的身材，长得很清秀。他让我随他喊"咿——""啊——"这下坏了！这种喊法和我唱歌的声音不一样，我挤着嗓子学了几声，他摇摇头，对后面几位老师说："没小嗓。"随即又让我弯腰、踢腿，用手势让我跟着他比划，又让我用眼睛看着他的手，上下左右正转、反转，我边转他边说"好！好！"然后又教我跟着他念："啊哈！青春正二八，生长在贫家……"那时我虽然口音不太准，但模仿得还比较像。他听了便和别的老师说："都好，就是没小嗓。"一位老师说："让她学老旦。"他摇摇头说："那就可惜了这个小扮相和这双眼睛了。"随说随用手按住我的眉梢往上挑了挑，接着又说："两个大酒窝，真够甜的，学刀马花旦吧！这行可苦啊！你能吃苦吗？肯下苦功练吗？"我没等他说完，便连珠炮似的回答："老师我行，我在家就能吃苦！什么苦功我都能拼命练好，收下我吧！""行，这孩子挺冲，回去等着看榜吧！"我从他的语气中感到自己考中了，便恭恭敬敬地给老师们鞠了个躬，响亮地说了声："谢谢老师！"便退出考场，飞一样地跳下楼梯。3天后（1939年12月3日）看榜，我名列第二，仅在顾小秋（即顾正秋）的后面。后来才知道，那位决定我命运的主考老师，就是我的恩师关鸿宾先生，也就是说关先生是我艺术入门的第一位引路人。

进入上海戏校学艺8个月后，全体同学已学会了5台戏，而且准备对外演出。这时报上要登载我们的名字了。校董、校长和老师们为我们考虑再三，只有学生统一排字，才能显示出学校的气魄和阵容，日后也好鉴别是上海戏校的学生。经过校董会的商议，最后决定选用"正"字排名，即每人名字中间，都用一个"正"字。为了这件事，老师们可真是绞尽了脑汁，最后决定一般都保留原名，只改中间的一个字。如：顾小秋改为顾正秋，张梅芬改为张正芬，周其荣改为周正荣。而有的原名不大好改，如只改中间一个字显得不太理想，像关正明原名关宝永，如改叫正宝或正永，都不响亮，于是选用他的开蒙老师关盛明的"明"字，即改为关正明；再如王正堃原名王大庆，学校想培养他成为前辈著名武生孙毓堃那样的名角，故选用了"堃"字，改为正堃。而我又破例得到老师们的恩宠，记得关鸿宾老师在宣布排"正"字改名的大会上，对我的改名加了注语说："张梅珍如果改为张正梅或者张正珍，名字都不很响亮。我们给她选择了一个'芳'字，这个芳字是很响亮的，谁不知道梅兰芳、李世芳都是好角儿，我们也很希望你张正芳能成为好角儿，所以把这个最好的'芳'字给你了。尽管你现在已经能唱几出不错的戏了，可你嗓子还不行，也只能算是'半拉角儿'吧！你一定要争口气，如果嗓子出来，就是个好角儿，就算嗓子不出来，只要你肯练真功夫，争取掌握'一招鲜'，同样可以吃遍天，照样也是个好角儿"。在关老师和众位师长的爱护与鼓励下，我获得了"正芳"这个响亮的艺名，从此原名宋梅珍就很少有人知道了。其实，老师对每个同学的名字，都是费了苦心的，所以凡"正"字辈的名字，没有不好听的。后来又招收了不少同学，也都用"正"字排列，前后总共186名"正"字辈的同学，活跃在京剧舞台上，他们中间有不少人独树一帜，自成流派，为京剧历史增添了具有光辉色彩的一页。

二、清规与练功

按照校董会的要求，办校授艺要摒弃封建习俗，遵循新型学校制度教育学生，比如废除"打功"。但实行起来却不那么容易，因为当时所有的专业老师都是来自正统科班的老艺人，他们一致认为"祖师爷传下来的梨园法规"不能丢，"不打不出功"。可是今天回想起来，我们所以能有扎实的基本功，也许与当初这些老规矩有关。

记得那时最怕的就是"打通堂"（一人犯规，集体挨打）。老师们还立下一些特定的校规，譬如：1.男女生之间不准讲话，如不遵守就"打通堂"。2.一进校门，必须都说北京话，如不遵守，也同样"打通堂"。由于日本的入侵，学生中不少是各地逃难来沪的难童，所以四面八方各地乡音皆有，如：顾正秋是南京人，薛正康是广东人，关正明、杨正珊是杭州人，陆正梅是常州人，沈正艳是绍兴人，朱正琴是无锡人，周正荣、张正鹏、张正瑛兄妹和我都是苏州人，王正屏、陈正岩、童正美、沈正霞、唐正仙等大多数都是上海本地人。只有关正良（关鸿宾老师之子）、王正堃、孙正阳、刘正忠、景正飞、孙正璐等极少数是北京人。初入校时真是南腔北调无所不有，到后来大家的普通话才慢慢比较标准化。3.女生进校门，必须立即绑跷；男生练完毯子功后，必须立即穿上厚底靴。离开校门才能卸跷脱靴。如不遵守，"打通堂"！这一条"打通堂"形成了强化训练，加强了我们脚下的功夫，不然的话，怎么会8个多月就能登台演出呢？

对这些"清规戒律"，开始我们很不习惯，久而久之也就习以为常了。练功、学戏的"教室"，说来也令人难以置信，楼下的练功房是个过堂屋（即一进大门通向楼梯的过道），都是水泥地，只有两条非常破旧还打着补丁的宽不到一米、长约一米左右的小地毯，是专为"跑虎跳""砸犍子""翻小翻""练筋斗"用的。那时没有海绵垫子，只有两个用麻袋片拼凑起来而内装碎稻草的大草垫子，摔、打、跌、扑的毯子功就在草垫子上练。我们练"拿顶""下腰"等基本功，都是双手直接按在水泥地上，三九严寒男女同学的手没有不冻裂的。但我们从不叫苦，因为深知只有练好了基本功才能有一技之长，要想凭唱戏挣钱吃饭，没有真功夫是不行的。

学校楼上仅有3间相连的房间，前中两间打通了，中间算是舞台，前间是老师看功和乐队伴奏处，后间隔着一块板壁，留出上、下场门空当，后边那间就算是后台了。3间屋总共不到100平方米。前间通往右侧里边有一间办公室。教务、总务、财会等各摆一张写字台办公，但有时也要让给文戏老师作教室。后间的右侧里边还有一间祖师爷供堂，大约10平方米左右。除了供奉祖师爷，那里白天还川流不息地作为许紫云、罗文奎、刘嵩樵等老师的授课教室。夜里刘嵩樵老师带着他的孙儿刘正裔就住在这间，因正裔师兄很小失去父母，是爷爷带大的，祖孙相依为命，以校为家住在祖师堂里。

别看我们这连在一起面积不足100平方米的简陋场地，用处可多啦！清晨是集体跑圆场的练功房，男女生都在一起，男的穿厚底靴在外圈，女的都绑跷在里圈，男生手里大都举着大刀或枪杆，也有持双刀的。女生则是用"拉山膀"姿式左右变换。

梁连柱老师负责督功，他手执教鞭（短的藤杆），有时敲桌子，有时点地，总以非常紧凑的【急急风】锣经节奏催促我们快跑。时而指挥跑正圆场，时而又跑反圆场，或【龙摆尾】等队形……他边指挥还不住口地边讲要领："提气""收小肚子""肩膀放松""腰挺直撑着劲""别晃""别泄劲"等等。这半个小时的圆场功，梁老师念叨得比我们还累。他从不休息，一遍又一遍地不断反复讲解，特别仔细地观察我们，哪一个姿势不对，他立即过来纠正。还经常身体力行插到我们行列中，以疾步如飞的圆场功为我们做示范，带领我们练好这门功夫。在梁老师言传身教的鼓励下，群情振奋，越练越有劲，师生们没有一天不汗流浃背的。梁老师严肃认真的教练，在同学中树立起了至高的威望，至今我们仍时常感念他的教诲之恩。

收了圆场功，立即依墙就地拿顶，这算是"休息"。梁老师说：拿顶是"轻下身的"活动，可以消除疲劳，我至今也不知道这话是否有科学根据。反正老师这么说，我们也就这么听，而且照样去做。拿顶完毕，男女生分成两部分，女生先去中间有地毯的假舞台上面练"扑虎""抢背""乌龙绞柱""屁股坐子"、左右"卧鱼"（即反正卧鱼）、"跪步""打脚尖"等小排头。同时男生在前后两间屋里做压腿、踢腿，练飞脚、蹦子等活动腰腿的基本功。一旦女生中间场地腾出后，男生即去那里练类似的毯子功，加上拧旋子，女生到两边练完腿功就下腰，拿元宝顶（用手扶住脚腕子），做左右"汉水""涮腰""鹞子翻身"等腰部的活动。然后男女生都练打把子，此时前间和中间房算是两处小舞台，同学们都接连不断地学练各种把子的对打，既当上手，也要为下面的同学充当下手，从"小五套""小快枪"开始，直到"大快枪""大刀枪""棍棒枪""十八棍""三节鞭""剑枪""单刀枪""双刀枪""勾刀""夺刀""双刀卅二刀""单刀下场花""双刀下场花""大刀下场花""枪下场""双枪五梅花""马趟子"等等。总之，这一堂把子课，无论老师还是学生，都川流不息，手、眼、身、脚不闲儿地来适应各种功夫的变化，所以练罢总觉得相当紧张和疲劳。

每天上午9点钟开始休息吃早点，多数同学家境贫苦，常以冷饭或冷馒头泡开水充饥。记得那时，师兄刘正奎的家里开个小饭店，每天早上他长兄来校卖早点。他知道我们无钱买饼，便用赊账的方式先吃后付钱，等我们演出有了收入，伙食费到手再还欠债。今天回想起来，真是由衷感动！刘大哥雪中送炭呀！赊一口早点给我们，在当时来说也是大大的恩情。9点20分又开始上课学戏，仍在这100多平方米的地方。有人会问，生、旦、净、丑都挤在一起学戏，岂不成了"蛤蟆吵坑"了么？不会的，因为关鸿宾老师很有策略，经他精心安排后，把这个面积100多平方米的空间，竟利用得非常巧妙，十分得体，充分发挥了每个角落的使用功能。当时我们40个男生和20个女生，经过他周密的安排后，都能顺利地学、练，而且互不干扰，算得上是："地尽其用，各得其所"。

三、我的"砍活"

1940年初秋，我们上海戏校"正"字辈的同学即将公演，公演前一天要把头三天打炮戏都彩排一遍。当第一次彩排全部《双姣奇缘》（即《拾玉镯·法门寺》）时，产生了一场风波。我在《拾玉镯》中扮演孙玉姣，《法门寺》中又改扮刘媒婆。前刘媒婆是男同学邢正浩扮演，他完全是男彩旦的扮相，薛正康的傅朋，顾正秋的宋巧姣，关正明的赵廉，周正礼的刘瑾，孙正阳的贾桂，朱正琴的国太，郑正学的宋国士，王正屏的刘公道，张正鹏的刘彪。这台戏经过多次响排，已很熟练。这天彩排主要是让我们都找一找扮相，看看化装之后还有什么问题。我的《拾玉镯》得心应手，既熟练，又逼真。所以，刚下场，关老师马上就到后台来鼓励我说："正芳，今天这出戏你成功了，许校董看了很满意，你可别骄傲。"说完满面笑容地又回到前台去看戏。李鸿奎大爷是我校的衣箱师傅，他搞化装很有经验，在上海也颇有威望，这天是他亲自给我扮戏，在勒头贴片子时，还特别

1954年，张正芳在《拾玉镯》中饰演孙玉姣

照顾我，当他第一次给我把头勒紧后，马上用手指伸到紧处，再解松了一点扣，边解边说："给你松开一点，别把你勒晕了，你可千万别晕，要是当场再吐了，那就寒碜了。"（他是地地道道的北京人）。这场戏我没感到有头晕的感觉，所以一到后台暗暗欣喜，又听到了表扬，真是高兴极了！对着镜子左顾右盼，正在自我欣赏时，李鸿奎大爷又夸奖我说："嘿！这小模样多漂亮，好好照照镜子自己找找扮相，我再给你扮几回，往后你要自己学着扮了，什么时候你学会扮戏了，你的戏也就唱好了！"

正秋此时已装扮完毕，但还没上场，也在镜子旁边凝视着我，悄悄地对我说："你唱完了，该我过关了。"我鼓励她说："没错儿，咱俩都能闯过来！"紧接着她上场了，她唱得一字一句，四平八稳，很沉着很清晰，和每次响排一样。我从上场门往台上看，也为她的这次演出成功感到高兴。这时候大毛哥（李鸿奎老师的大徒弟）来催我卸妆赶场，扮后半部的刘媒婆。我边摘头面，边和大毛哥说："不用给我摘水纱了，我不嫌勒得慌，多勒一会儿我还练练勒头功呢。"大毛说："摘了吧，给你重扮，不用勒头了。"说着拿过刚从邢正浩头上摘下的彩旦网子让我戴。我一看要给我改扮彩旦，顿时大为震惊。刚才大家都在夸我扮相好，真要扮成彩婆子，那多难看，同学们都该笑我丑了！

1954年，张正芳在《拾玉镯》中饰演孙玉姣

刹那间一阵委屈心酸,"哇"得一声,我泪如泉涌般地痛哭起来,边哭边说:"我不扮彩旦,我要俊扮,关老师说过,让我后边赶个刘媒婆,就像芙蓉草老师那样俊扮,我、我、我(抽泣着)不扮彩旦!"同时用双手捂着头不肯让他摘去水纱头面。后台前台仅有一板之隔(三合板的板壁),在台上演出的同学都听到了我的哭声。关老师原本坐在鼓佬身后看戏,也发觉后台出了问题,急匆匆跑来,将食指立于嘴边"嘘"地一声,压低了语气问:"怎么啦,刚才还好好的,现在你哭什么?"我一见关老师,如同找到了护身符,哭得更伤心了,告状似的诉说:"您说过让我来刘媒婆是按芙蓉草老师那样俊扮,可大毛哥非要给我扮彩旦,我不扮彩旦么!"说着说着哭得更厉害了。

关老师一听是为了扮相问题,马上解围说:"行了,小姑奶奶,快收起你那眼泪,咱们俊扮。"回过头去嘱咐李鸿奎和大毛等化装师傅:"给她俊扮,按芙蓉草的路子给她扮,梳大头,前边来个搭拉梳,脸上点个乌痣,穿裤褂系四喜带,外套个坎肩就行了。"大毛哥不服气地说:"《拾玉镯》邢正浩的刘媒婆刚下来,是个大彩旦,《法门寺》马上改扮相了,能像是一个刘媒婆么?"关老师说:"可以,可以,各唱各的么,没人来挑这个眼。"又转向李鸿奎大爷说:"快给她把脸上的彩补一补,这一哭把彩都冲掉了(当时是用水粉彩,一哭,眼泪流处即留下痕迹)。快赶场,马上要上你了,别再误了!"关老师给我做了主,我才吃了一颗定心丸,但那股子委屈劲,一时还排除不了。

前台一声呼叫:"带刘媒婆!"我上场了,心真没在戏上,对付背个台词,可以说完全不合格。直到演至"行路"一段,才进入了角色,因那一大段唱是用本嗓(真声)唱,本身就没有顾虑,何况私下又下过一定的功夫,所以此时此刻我充分地发挥了自己"撒得开"的特长,毫不在乎地把"刘媒婆在大街珠泪双流……你若是不愿意我决不强求"这一大段20多句的【西皮流水】,连唱带做不打咳儿,把关鸿宾老师教我的一招一式加上手、眼、身、法、步的有机和谐的结合，活灵活现地表达了刘媒婆当时的内心世界。唱完后，自己都感到很顺溜很满意。临下场时，我用眼神儿扫视全场观众，并偷觑了一下关老师的神态，看到他非常得意地在和许校董交谈，似乎是在夸我能体会和表达了他教的神情；从许校董脸部的微笑，也能说明对我的表演他是很满意的。这些面孔和笑脸带给我的是一种美滋滋的自我安慰！

戏后，我正在卸装，关老师兴冲冲地到后台，给大家道了辛苦，鼓励了全体同学后，随即凑到我和正秋的身边，轻声告知："你们俩先别走，一会儿还有事儿。"我点点头，但又莫明其妙地看着正秋，只见她似乎完全明白，并胸有成竹地对我点头示意。后来我才知道，是许校董为了奖励我们，请我俩并同关鸿宾、俞云谷等老师同去金谷饭店进晚餐。从那次开始，我和顾正秋就得到了经常享受这种待遇的机会。在酒席筵前，许校董高兴地称赞我俩演得好，还特意提出："正芳，今天你演完《拾玉镯》怎么还在后台哭了一场？这么大的姑娘了，怎么扮了戏还哭鼻子？以后可不能再哭了，传出去会让观众笑你的！"我低头不语，心里也是有点后悔，化上装了，是不应该掉眼泪的。关老师也在旁边插话说："爱美，不愿意扮大彩旦，怕损伤了她那个小扮相。"

当时我不知哪儿来的一股子勇气，竟和老师对讲："不是我爱美，当初学这个戏的时候，那不是您自己说的么？咱们不按大彩旦那个路子来，按芙蓉草老师俊扮的路子，这也属于花旦活儿，您还带着我看芙蓉草老师演这出戏，我才有了兴趣，您让我在台上要敢做戏，要'撒得开'，这我都听您的话了，可今天大毛哥硬要把那个大彩旦网子给我戴上，当时真把我吓懵了，心里别扭极了。如果您不来解围，我真想'砍活'了！"正秋立即反驳："'砍活'？你胆子还真不小哇！'临场推诿革除梨园'，你忘了祖师爷的法规了！""我没真砍呀，我不是在跟关老师说心里话么？""关老师，今后您让我学彩旦活的时候，先给我找好扮相，否则我心里别扭,就撒不开了,戏也演不好了!到时候您可别怪我上台泡蘑菇!"这句话说得大伙都笑了,关老师还逗趣地说:"这小姑奶奶真厉害!都是我把你给惯坏了。"从此我获得了彩旦俊扮的权利。在校时我演过好多彩旦活,如《四进士》中的万氏、《刺巴杰》中的巴九奶奶、《玉堂春》中的老鸨子和《虮蜡庙》里的张妈,都是俊扮,像老鸨子还用特殊的改良扮相,脸上俊扮,梳个"横爱司头",和当时生活中的人物相似。特别是为演《虮蜡庙》的

张正芳14岁的童年照

张妈,关老师还提出为我特做一件大红乔其纱的旗袍,穿上之后很漂亮!因为其中有向费德功贺喜的情节,当时还穿插了很多曲艺、评剧、梆子等唱段,观众特别喜爱。总之,我那些俊扮彩旦,都是观众特别欢迎的。

四、三台打炮戏

我们在上海戏校仅仅过了8个月,已经排出5台较有质量的"小囡"京戏,并准备用以打炮。就在这5台戏中优中选优,选出3台戏作为首次公演的打炮戏。要说当时为选这3台打炮戏,关鸿宾老师真是绞尽了脑汁,费尽了心血。他和瑞德宝、刘嵩樵、郑传鉴、梁连柱、关盛明、陈桐云、许紫云、陈斌雨、穆盛楼、石小山等老师考虑再三后决定第一台上《天官赐福》《二进宫》《三盗九龙杯》《八五花洞》;第二台《富贵长春》《四郎探母》;第三台《财源福臻》《双姣奇缘》《大铁笼山》。今天回想起来,这3台戏确实能充分显示我校同学的所长,既能在舞台上发挥上海戏校的特点,即:严肃认真、新颖别致又能把生、旦、净、丑各个

行当的演员都亮出去。3天的开锣戏，都用昆曲传统剧目，如《天官赐福》《富贵长春》《财源福臻》。这3出戏都有吉祥之意，无论对戏校刚开始公演来说，还是对观众刚开始欣赏我们的表演来说，都具有吉祥而高兴的喜庆气氛，这在当时是很重要的。又如《四郎探母》《双姣奇缘》是文戏中行当齐全的群戏，能亮出各种人才和各色行头。《三盗九龙杯》突出表现了杨香武，好显示我校有个好武丑景正飞。《大铁笼山》是亮长靠武生的功夫戏，前边加"草上坡"，又是很有特色的集体舞蹈。《八五花洞》更是独具一格，四真四假八个潘金莲，显示我校有较整齐的女生力量，那四真四假的武大郎，再搭配两个吴大炮（县官），一台出现10个矮子，也显露了男生过硬的矮子功。包公出场是亮铜锤花脸，张天师有大段的唢呐二黄腔，满宫满调听着过瘾；大法官降妖全武行，翻打炽热，特别在众妖入阵时，不仅是筋斗比赛，还要亮一出各种毯子功、"小排头"，真是各显神通。所以当定下这3台戏之后，全校师生无不欢欣鼓舞，大家目标明确全力以赴，为学、排好这3台戏而共同努力。

关盛明老师负责主教《四郎探母》的老生戏。他的"教室"最优越，占前间的中央部分（即作为鼓佬司鼓处），教关正明、陈正岩、程正泰、夏正峰等演杨延辉和杨延昭的戏，后又教《法门寺》《鼎盛春秋》等剧。陈斌雨老师在最后一间（作为后台）的一侧教周正荣、郑正学、汪正寰、房正年、景正春等演《二进宫》《斩黄袍》《辕门斩子》《断密涧》等剧。陈桐云老师在后间前正中教我和张正芬、夏正兰等《拾玉镯》《花田错》等剧。罗文奎老师在后间的另一侧教朱正琴演《探母》的佘太君，孙正阳、邢正浩等演大国舅、二国舅和《法门寺》里的贾桂等。梁连柱老师在后间的后正中处教周正礼、徐正钧、王正森等演《法门寺》的刘瑾和《铁笼山》的老大王（羌王），还负责教了全堂的《三盗九龙杯》。许紫云老师和刘嵩樵老师轮流在祖师堂教周正雯、杨正珊、唐正仙、沈正艳等演《二进宫》的李艳妃，《探母》的萧太后、四夫人等。刘嵩樵老师教薛

1940年,上海"正"字辈同学:前排:程正泰(左一)、周正礼(左二)、刘正奎(左三)、陈斌雨老师(左四)、孙正阳(左五)、孙正琦(右三)、王正森(右二)、汪正寰(右一);后排:郑正学正康、徐正培、胡正安等演杨宗保、傅朋等。关鸿宾老师在办公室中他占有的那一部分教我们演《八五花洞》和《四郎探母》。

　　我是专工刀马、花旦的,除了练跷功和把子功、毯子功之外,最主要的是念白功。常言说"千斤念白四两唱",足见念白在戏中的重要地位。为此,我也得自觉地练好台上所需的这项功夫。在不上学戏课的空间,我经常见缝插针在楼梯口或是过道里面对墙壁(便于自己听声)背念"顺口溜"(练嘴皮子功)。有一次,我正在反复念着:"吃葡萄不吐葡萄皮儿,不吃葡萄倒吐葡萄皮儿"时,嘴皮子念累了又换了一段一口气念下来的《下河南》中媒婆子的一段白口:"您顺着我的手儿瞧,头戴一字巾儿,身穿大红袍儿,坐骑桃花马儿,柳叶眉儿,杏核眼儿,樱桃小口儿一点点。不笑不说话儿,一笑俩酒窝儿。嘟儿……(卷舌练嘟噜,一口气要拖得很长)啪!就是他。"我正念得起劲儿,不料背后有人给了一个喝彩声！回头一看，正是许晓初校董。他抚摸着我的头，对关鸿宾老师说："你看正芳的京白念得多好啊！我看一点儿也不比北京的小妞儿差啊！"关老师点头同意，还对许老说："这孩子挺要强，哪样都好，就可惜没小嗓，唉！天下哪有十全十美的事啊！"许老说："要强是个好学生，我们就重点培养，至于没有小嗓，你就因材施教吧！"关老师转向我说："听见没有？许校董也同意重点培养你，你可别骄傲啊！"说着他俩欣喜地进屋里去。我望着师长们的背影，心中沾沾自喜，能得到领导重点培养，我的苦功算是没白练，从此以后，我更加勤学苦练，不甘心落后于其他同学。

尽管我们的校舍简陋之极，连一间像样的教室都没有，但是，这些不利条件，倒也具有某些优越性。我们学应工戏不是每天都学，凡不上课时就得站跷，上了长凳就不准下来。在练绑跷、站跷和耗山膀的同时，虽说脚尖站得发麻，十分痛苦，但旁听收获倒也不少，能兼学到其他行当的主戏。记得关盛明老师在前间正中室内教男生《四郎探母》时，我们女生在靠墙的长板凳上站着练跷功，他的一字一句、一腔一板，我们听得清清楚楚，从而对老生的行腔、运气、吐字、归音等有了一定的领会，甚至有的比男生学的也不差分毫。这种"偷戏"的进度有时还很快，等男生们学会，我们也差不多学会了。在不太长的时间里，《四郎探母》全部唱、念，从"金井锁梧桐"起，到最后的"多谢太后不斩恩"为止，都学得一字不差。同时由于精神分散的原故，站跷、耗山膀的苦，也好像缓解了不少。如此常年积累，一些非花旦应工的戏，我们就是用这方法学到的，虽说不是亲授，学得倒也扎实。

学校由于每次过排、响排，都是在中间那个"假舞台"上进行，我们在练站跷功的同时，也系统而全面地看了我校所排练的每一出文武戏。排练方法多是：开始由主教老师给担负首次公演的同学进行严格"过排"。对主演学生和搭配的同学全都要求达到滚瓜烂熟后才开始"响排"。在"响排"过程中又要反复"合乐",达到学生和乐队完整统一,才算合格。而他们"过排"合格,我们偷戏也基本完成。在这种"旁听偷戏"过程中,看排练而掌握全剧,不仅会背全剧总纲(每个角色的台词),连锣鼓点(锣经)、曲牌、弦乐(包括胡琴过门)等也几乎都全部学会。有些同学对这个"偏得"还不以为然,其实这非常有助于我们艺术知识的丰富。看得多也就会得多了,特别是增添了鉴别能力,谁好谁差一目了然。正是在这种环境下,各种行当齐全,同学之间学练在一起,连看带学相互影响、彼此熏陶、兼收并蓄,收到了一举两得、事半功倍的效果。

12点上午课结束,学生回家吃饭。下午1∶30分,上昆曲课一个小时,从《天官赐福》《富贵长春》《财源福臻》3出曲牌齐全的小帽儿戏入手,由郑传鉴老师主教,蒋根荪、王瑞林两位吹笛伴奏,男女生席地而坐上大课。这些昆曲曲牌对我们来说很有新鲜感并从而对它发生兴趣。通过一段时间的学习,我们都能背唱如流地运用到舞台实践中去。郑老师当时很年轻,但要求却很严,我们有这位启蒙的昆曲老师真是幸运。郑老师教课时,下课铃响了他并不立即离去,而是一直叮嘱我们,操着吴侬软语说:"今朝唔笃学得蛮好,下仔课自家脑子里要好好叫想一想,背背熟,明朝要叫唔笃一个一个搭我背出来。啥人背勿出,就要请啥人吃生活格(挨打的意思)!""平常勿要看我对唔笃笑嘻嘻,到辰光我要勿客气格!下课!"这是他多次对我们的教诲,至今仍在我的耳边回荡,其实郑老师从未打过我们,他这样说是在吓唬我们。

学校在那时就十分重视文化课。下午2∶00到4∶30分是排戏课。4∶30到6∶30分则规定上文化课。根据不同的文化程度,编了小学1—5个年级5个班。借用隔壁西杨小学的教室,请李维周、马嘉志、钱筱庵、王雅志等老师担任语文、常识、算术、历史各门课程的教学。那时同学们一般文化水平都很低,加上后来的一共八十多名学生中,1—3年级人

薛正康初入科班10个月时的剧照

数最多，只有薛正康一人达到初中程度，可又不能为他一人开班，恰好他的父母都是中学教师，于是，4：30分以后让他回家自学。其次是我们最高班5年级，同学也不多，只有男生关正明、刘正裔、周正礼、徐正均、周正荣、陈正岩，女生朱正琴、杨正珊、沈正艳和我。因这个班学生少，又算是高年级班，所以学校较为重视，专请陈承荫校长的得意门生倪慰明老师来教我们，负责全部课程，倪老师还兼任校长助理。为此我们这个班的同学对倪老师都有较深厚的师生之情。

在教学活动中，排戏是见成效最明显的课程。记得我们在中间小舞台上排的第一出戏是《天官赐福》。戏中主角天官，由郑正学师兄扮演，此外还有五路神仙和众云童、众仙女。众云童由梁连柱、穆盛楼两位老师主持排练。他们当初都在富连成坐科，根据富连成科班的传统演法，在紧凑的"战场"锣鼓声中，先上两个手持"云片"道具的云童，随着锣鼓点子，有节奏、有技巧地亮腰腿功。腰腿功毕由两个云童再引上两个（或4个），经过调度变化，逐渐又成为8个、16个，队形再变后，又引上16个，一时台上有了32个云童，个个手持云片，通过精心编排和巧妙变化，堆云的云片，有顺序地排成四个大字："天下太平"，动作一致，队形齐整，既有"金鸡独立"三起三落，又有"探海射燕""鹞子翻身"，还有"上腾空翻""跌筋"等难度较高的技巧功夫，真精彩极了！这是一场亮

1971年12月26日，陈正岩（前左一）、周正礼（前左二）、施正泉（后左一）、谢正喜（后左二）合影

基本功的集体舞蹈，所以光排这个云童舞蹈，就排了将近两个月。

《八五花洞》的排练情景我至今未忘。关老师很善于革新创造，他别出心裁想方设法来表现我校独有的特点。《八五花洞》是群戏，不仅能亮出四真四假八个潘金莲的强大旦角阵容，而且生行张天师，武生大法官，净行包龙图，丑行8个武大郎、4个驴夫、两个吴大炮，各个行当都很齐全，并在唱、念、做、打各方面都能充分发挥戏校优势和行当特长。选定这个剧目就是为了让更多的学生到舞台上去锻炼、实践，让观众熟悉我们，让学生增强对自己事业的信心。所有人物在舞台上都有机会表演各自的功力。通过这个戏，也能看到我校严肃整齐、一丝不苟的舞台作风。

为了培养我们懂得戏曲是综合性的集体艺术，在运用手、眼、身、法、步的同时，务必和锣经、身段紧密配合，随时随地注意画面齐整一致。四个真潘金莲由顾正秋、童正美、孙正璐和我扮演。四个假潘金莲则由张正芬、陆正梅、沈正霞、贾正云扮演。张天师周正荣、包龙图周正礼、大法官王正堃,两个吴大炮是孙正阳和关正良。真假武大郎由邢正浩、彭正麟等8个同学承担。24个小妖则由景正飞、马正龙等扮演。排练中要求我们4个人或8个人都要类似一个人、完全一体化才行。

4个真潘金莲第一次出场时,在【五击头】小锣声的伴奏中,手先往哪边儿甩,脚步又怎样配合,应怎么踩准锣经,使4人在台口的亮相完全一致,一丝一毫都不能错。那4个假潘金莲在出场时难度更大,她们用扇子挡着脸,手必须举得一样高,踩着【急急风】锣鼓点子上场,脚步要和锣经合拍,4人到了台口,每人的距离和站立的位置,都要准确无误,由于都是以扇子挡脸,很难相互观看,所以只能依靠平时练就的熟练步伐,心中有数,才能找准正确的位置。一个"嘣登锵",脚底下随着这个锣经配合了一个"小蹭步",作为亮相的标准,然后随着【撕边】的鼓点

1940年,总务主任俞云谷与张正芬(左一)、张正芳(左二)、童正美(左三)、顾正秋(左四)、陆正梅(左五)五名女生合影

儿，整齐统一挡脸的扇子慢慢往下移动露出脸来，随着锣的"锵"声，把扇子放在胸前亮住，又跟着【凤点头】的锣经，从手、眼、身、法、步的表演上配合，在脸部先嫣然一笑（暗示观众，我是个妖怪变的）。然后把扇子随手一绕圈顺势在"云手"中合扇，脚底下配合一下"小垫步"，就换了另一种站立的姿势，此时折扇以右手"兰花指"夹住。左手扶右肘侧身亮了一个很美的相。

　　这4个假潘金莲的静止动作，造型优美极了，犹如"画中人"一样。临下场时的表演，更为精彩。为了表现自己是妖怪所变，时而显出原形，露出大花脸功架，忽而又伪装成娇滴滴的潘金莲，故作含羞娇媚之态。这种双重人物性格的变换，很富于戏剧性，极有施展表演才华的余地，为了达到整齐统一，在排练时确实很费功夫，然而关老师有办法。他不仅很快教会4个假潘金莲这些复杂的身段，通过熟练的排练又让我们达到了4位一体画面整齐的标准要求，真像一个模子刻出来的。4个真潘金莲在看排练的同时，也都能体会到关老师是用多种多样的方法来培训我们的。这也是我们8个女生的开蒙戏，排练中受到这样严格规范的训练，确实为我们日后的舞台表演打下了良好的基础。该剧表现集体技巧的场面很多，首场公演，即一炮打红，后来也就成为我校的代表剧目了。

　　在将近公演前，为了集中排练，一天三班，曾让我们自带行李暂住学校约半个月左右。学校没有宿舍，只好因陋就简，男生全体打地铺；20个女生，都住在后间（原作为后台处）的阁楼上，我们站着就抬不起头来，上阁楼之后，都得爬行，躺下之后，也很拥挤，真好像沙丁鱼罐头，排得满满的。学校又没有食堂，每天仍得回家吃饭，生活十分艰苦，安排又很紧张，但我们从不叫苦，因为大家都看到了希望——即将登台公演！如果观众看了喜欢，就能卖票挣钱，那就可以领到伙食补助了。当时我也没有更大的追求，只想练好本事，可以挣钱吃饭就行。没有想到9个月登台演出之后，在舞台上，当看到和听到观众对我们的热烈欢迎时，我真切地感受到艺术的魅力和获得成功的享受，绝不是一口饭所能替代的，我们自己的艺术价值远比一口饭要高得多，贵得多啊！

五、一炮打红的滋味

我们首次公演是在上海黄金大戏院（即今大众剧场）。当第一张海报上贴出教师名单和"正"字辈全体同学艺名以及三台打炮剧目时，在上海滩引起了很大的关注。3天戏票一抢而空。首场演出，不仅客满，

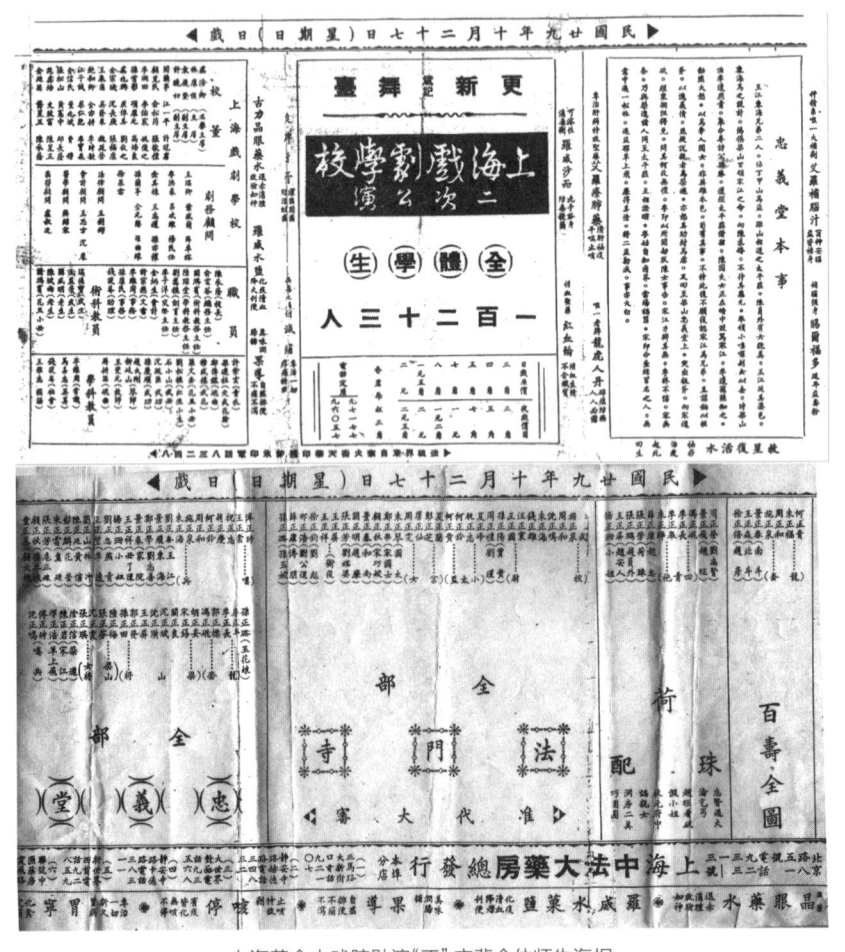

上海黄金大戏院贴演"正"字辈全体师生海报

连加座、站票也都全部售完，剧场挤得满满的。头一出戏《天官赐福》，云童们上场后仅几个回合，摆出不同的队形，刚亮一点点功夫，台底下就"炸窝"了，收到了预想不到的效果。当摆完"天、下、太、平"四个字之后，台下观众无不欢喜，竟报以经久不息的掌声，还没等主角"天官"上场，这些扮演云童的同学，已经打响了头一炮，红了！我们十六个扮演宫女的女同学也不甘落后，在仙女（宫女）站班没有一句台词的情况下，我们两个一对、两个一对，非常认真严肃地按着标准的台步出场，踩着锣经前进。每到台中央站定，相对微笑，然后分队列开，站立两边，非常守规矩。

这种整齐严肃的舞台场面，在当时是少有的，所以观众也给仙女站班报以热烈掌声。紧接着是《二进宫》《三盗九龙杯》《八五花洞》，每出戏都是保质保量。同学们在舞台上都按照老师的要求演得一丝不苟，观众看得满意极了，时起时伏热烈的掌声鼓励了我们。如《八五花洞》，4个真武大郎在后台一声"啊哈"，"哈"音未落，四个矮子已齐步登台，都站稳在"九龙口"，观众看到这个阵势特别新颖，就鼓掌欢迎，随即他们念"身量矮小——"这一段数板，在一字一板中有节拍地往台口"亮鞋底，迈矮步"，四位一体，又特别整齐，真像是集体矮步舞蹈，好看极了！像这种处理，在当时也是前所未有的，数板刚念完，观众就报以满堂彩。

等4真潘金莲上场，个头儿一般高，扮相又都很讨人欢喜，加上整齐划一的表演，再次获得观众的热烈掌声。我们还有一个与众不同的处理，当武大郎雇驴让潘金莲坐骑同赴阳谷县去找武松时，这4匹驴子是我班较大同学真人扮演，他们穿上驴形，我们4个真潘金莲上驴时，就真的骑在他们背上，现在回想起来也未必合适，但作为当时小孩子演戏，以热闹、新颖、好奇为主。关老师在这方面可真是独出心裁，主意多得很，而且这种演法在当时确实受到观众的喜爱。还有"告状闹衙"一场，关老师安排了两个县官——双吴大炮由孙正阳、关正良（关老师之子）扮演，当吴大炮下位来判断真假武大郎时，台上共站10个矮子，致使他念出了："咦？咱们10个人一般高来吧！嚓嚓嚓！"在念"嚓嚓嚓"的同时，乐队配以有节奏的铙钹声，10个人都以矮步双脚跳了起来，跟着节拍左右摇晃蹦了3下。观众从未看到过这种整齐有趣的场面，不仅哄堂大笑，又报以热烈的掌声。当四真四假八个潘金莲一同会合时，一声"唉！"随着"唉"声，八个潘金莲都左手拿手绢，右手持折扇，用右手绕左手握拳一圈，然后右手被左手拳握住，发出"啪"的声响，别看这一小小的绕手动作，8个人搞得一致整齐，手绢的色彩在飞舞，"啪"的声响又很震耳，顿时全场观众鸦雀无声，聚精会神来欣赏我们的集体表演，紧接着八个潘金莲念到："这是哪里说起。"在念到"说"字时，一律用右手兰花指先从自己的左肩头开始"起范儿"，顺势手背朝里，手心朝外，随着"起"字，拖长音，手势也跟着长音慢慢地指向对方。四真指四假，四假也指四真，一个对一个，一台8个金莲，手势特别齐，"起"字的长音也拖得较长，每个金莲从内心发出了埋怨之声（相互埋怨对方是假的）。当时这个场面十分好看，还都有表情，从声情并茂来要求的话也非常合格。为此每演至此，必能获得雷鸣般的满堂彩（后来，我们学校到南京、蚌埠、天津各地巡演，也都以《八五花洞》打炮，所到之处没有不受欢迎的）。

　　当时这出戏的包龙图由周正礼扮演，他那铜锤花脸的功架和震耳欲聋的嗓子，被观众誉为"小金少山"。后边降妖开打，全武行出动，紧凑惊险。我和正秋还赶场扮演女妖，手持双枪参与"双枪五梅花"十股荡（10个人都持双枪在台上对打）非常火爆。最受欢迎的是"摆阵擒妖"，收众妖入阵。此时筋斗、小排头比赛开始，男同学们各显身手，其中最突出的是景正飞。他最后一个入阵，出场即一排小翻，只听得"啪啪啪啪"速度极快，一个节奏，没等翻到20个，观众便给予鼓掌，但他从不贪懒，总是坚持再翻，随着观众掌声的鼓励，他一口气翻三十多个，使全场观众都沸腾了。小翻刚停，一把空顶（倒立）以手代步，在台上走了一圈，归到台当中，即把双腿往头部靠近，以双腿夹住头。他头顶有个特征，即留着一缕头发，以红头绳编扎成小辫子。此时他面对观众，左右观望，面部肌肉牵动，又挤眉弄眼，一副滑稽丑相，头上那个小辫子，也晃来晃去，观众看了无不哄堂大笑，对他表示特别喜欢。因他在前出《三盗九龙杯》戏里，扮演杨香武"盗杯"一场，有从两张堂桌上翻下的武功技巧，已经获得了观众的极高评价，此时又这样不惜力地为观众表演，所以观众高兴极了，几乎同声高呼："好小辫子，再来一个！"他好像和观众有了呼应，立刻把双脚落地，以双手抓住脚腕子，变成一把"元宝顶"，时而在台中走起"腰变""腾空爬虎"等种种亮武功的小排头。台下的观众，无不感到大饱眼福，齐声呼叫："太好了！太好了！"我们后台的师生，也为这种热闹非凡的场面而吸引，都挤在上、下场门来观赏。当大法官（王正堃扮演）念最后一句"收了威严者"，在最后一个【四击头】亮相时，他仍不遗余力，连续走了5个"鹞子大翻身"，最后"跺泥"亮金鸡独立的造型。此时，尾声起，大幕落。我们胜利地完成了首场公演任务，此时全场观众掌声如雷，呼声震耳。"格班小囡真好啊！""上海还从来没看见过介格好小囡戏！"他们都舍不得离去（当时还没有谢幕）。在后台忙碌的诸位老师也都欣喜至极，看到亲手栽培的苗芽已蓓蕾初绽，露出了极为满意的笑容。关鸿宾老师更是欢喜万分，他忙个不亦乐乎，除了向众位老师道辛苦之外，还鼓励同学们："你们今天很争气，给学校露脸了，很好，很好！"此时许晓初校董、陈校长，还有其他在场的各位校董们，都拥到后台来称赞我们……回忆当时的情景，那股从未有过的幸福与欣慰，真是非笔墨可以形容的。

次日，黄金大戏院的门口，那些热情的观众明明知道戏票早就预售一空，而他们还想碰运气，挺早便来等退票，挤得水泄不通。由于首场演出成功，观众们相互通告，才招引来这么多的观众。这第二场戏，持站票的人数就更多了，还没等开戏，场内已经满坑满谷。由于上座率极高，所以消息传开，前台要与我们订合同，每周必须演出两场，以缓解当前的拥挤状况和照顾尚未看到戏的观众们的情绪。第三天上座率同样很高，戏也同样很精彩。

我们上海戏校还有一个特点，即根据戏的需要，学生以出场先后为序不分主次刊登艺名，如：顾正秋，三天炮戏，她都是青衣台柱子，她前面唱完了《法门寺》的宋巧姣，而在《大铁笼山》里也和大伙一样扮女兵。关正明是老生的主演，《天官赐福》中他也跑个龙套。王正堃、刘正忠是挑梁的长靠和短打武生，而在《四郎探母》里却都是扮演穿番邦服装的龙套。不熟悉我们的观众，看到我们满台都是整齐的演员，4个、8个、16个、32个等等，都很出色又都有特长，以为上海戏校有一两百人参加演出，其实总共就只有这几十个学生在变换而已。这都是关鸿宾、梁连柱等老师们精心编排的结果，这样也同时培养我们懂得了同台演员搭配，必须红花绿叶相互配合，才能保持舞台效果完美统一的道理，这就是我们倡导的"一棵菜"精神。

通过这几场公演在上海滩打响后，几乎全上海都知道了江南第一所培育京剧人才的摇篮——上海戏剧学校，在戏曲界也引起了不小的震动。当年的上海京剧爱好者，纷纷以我们人才较多、演出成功作为话题到处传颂，我们也到处可以听到一片赞誉声。此后，我校每周三、六两次日场演出，只要贴出海报，预售票总是很快一抢而空，就这样仍满足不了观众的要求，他们仍希望增加演出场次，后来又改为每周四、五、六白天公演3场。尽管如此，观众还要求我们再增加演出场次。那时，上海有4个剧场专接北京名角，除黄金大戏院和更新舞台外，还有天蟾舞台、皇后大戏院。在上海观众的一再要求下，首先是更新舞台，利用京角儿没来之前和演毕之后中间有空的时间，将夜场让我们演出。说也奇怪，我们到哪儿演出，观众们就跟到哪儿看戏，每演必满。因此，其他剧场也都来邀我们去"填这个缺"，我们就在这4个戏院里轮流演出，真是忙得不可开交。由于我们年轻有生气、台上不惜力，因此很具有号召力，当时甚至出现过某些京角儿叫座不如我们的现象。

20世纪40年代初期，社会上还有办堂会的习惯，有条件的人家，办婚礼、祝大寿等喜庆之事，总要请戏班唱堂会热闹热闹。由于我们正在红极一时，所以请我们演堂会的人也特别多，何况我们剧目中又有《天官赐福》《龙凤呈祥》等等好口彩的戏，所以特受欢迎。甚至把邀请我们唱堂会看成一种时髦，请不到我们，似乎主人就不够光彩。记得最忙的时候，我们一天曾接演过四处堂会，从"康乐酒家"到"大富贵"再从"宁波同乡会"到"一品香"饭店。碰上这样的情况，我们的关老师又要忙于统筹调度了，每个学生都得赶场。演哪几个戏？哪几个角色？谁在先？谁在后？文武戏搭配整齐。有影响的同学，必须每场都演出，这样既满足宾主们的要求，也为我们创造了实践的机会。然而有影响的同学毕竟是少数，再说有时也实在忙不过来，而有些同学平时也很有水平，但由于剧场营业关系演出机会较少，只有在这种场合，才获得担任主演的机会。记得我校校董金宗城先生之子金如新先生（今香港名票）结婚，我校为了酬谢金校董对我们的支持和培养，还特意给他送了一场堂会戏《龙凤呈祥》，以表祝贺，我至今记忆犹新。

随着演出场次的增加，我们的剧目也不断丰富，在3场打炮戏中担任四梁八柱的重点同学，也好像理所当然地占领了各个行当的主要位置，从而也借此得到更多的学习和演出机会。天长日久，他们都积累了不少应工的戏，在观众心目中，也逐渐扎了根。一提起上海戏校，就会联想到这些有代表性的剧目和主演这些剧目的学生。至于其他大部分同学，尽管条件都不错，但由于实践的机会不如我们这几个担任主演的同学多，相形之下，我们就占了优势，戏比他们演得多，也比他们先出名了。

由于营业演出场次增多，势必冲掉我们上文化课和读书的时间。今天追忆起来，又不能不说是个很大的遗憾。顾此失彼，终归也算是一大损失吧！

六、敢与"大角"比高下

1944年，江南某些地方出现严重灾情。上海京剧界为了捐款救灾，举行了一次隆重的赈灾义演。当时，凡在上海的大角、名角几乎全都参加了这场纯义务性的演出。名角云集，自然是盛况空前。大轴戏是各大坤伶合演《八五花洞》。4位真潘金莲由童芷苓、李砚秀、应畹云和张淑娴扮演。4位假潘金莲则由白玉薇、梁小鸾、顾正秋和我扮演。戏报印出后，我高兴得差点跳了起来。上海戏校能被邀请参加这场名伶大荟萃的义演，每个同学都从内心深处感到有股说不出的劲头儿。这台戏的名角都是久经沙场的老将，对此演出当不以为然，可我们戏校的同学却不这么想，大家都想着为母校争光和自己露脸，于是无形中产生一种想超过她们的念头。当我们的想法被关老师得知后，他告诫我们："这场演出是你们最好的学习机会，不要初生牛犊不怕虎，应谦虚谨慎，想取胜也不是不对，但首先要立足于学习。如想在这场合作戏上取胜，首先你们四个扮假潘金莲的演员必须团结好。"

为此我和正秋专程去拜访白玉薇、梁小鸾两位姐姐，沟通了看法，统一了我们的共同愿望。关老师又语重心长地嘱咐我们："只要你们4个小的（白与梁较之四位大坤伶都年轻）齐心协力，再把戏排得细致、优美一些，4个人能像一个人似的，台步、身段、眼神、动作节奏、唱腔、气口完全一致，整齐划一，成为'一棵菜'，这样你们就有可能获得好的评价。"又说："大角有大角的难处，她们每天要演出，应酬也很多，有谁能出头把4位大角组织起来对戏啊？再说，大角都是'台上见'，到了

1998年，邓敏拜梅葆玖宴会上：前排：李砚秀（左一）、吴素秋（左二）、李金鸿（左三），中排：张正芳（左一）、钱浩亮（左二）、曲素英（左三），后排：李卜春（左一）、张逸娟（左二）

台上之后，又都能见到些什么东西呢？只要你们排练时严肃认真，大伙儿齐心协力，加上假潘金莲的表演又能亮出'玩艺儿'，所以你们倒有可能青出于蓝而胜于蓝。"关老师的话好像在我们每个人心里点着了一把火，他的话音刚落，我便接上话碴儿说："关老师说得多好哇！到了台上谁让谁呀？咱们姐儿四个尽管年纪小，艺龄短，可台上也不能示弱啊！"大家异口同声回答说："绝不示弱。"这回答好像是表现南（上海）北（北京）两地青年坤伶初次合作的决心，也使关老师非常高兴。他不辞辛苦为我们四人精雕细琢地反复排练。白玉薇大姐是中华戏校的高材生，未出校门已在北京小有名气。她专工花旦。功夫好，身上美，完全能适应关老师编排上的要求。梁小鸾大姐专工青衣，以唱见长，嗓子特好，而对复杂的花旦行当表演动作不太掌握，但她特别虚心，不厌其烦地学和练。我们四人经过多次练习，都认为差不多了，而关老师还不满意，又在唱腔方面提出了新的要求。他要求行腔、吐字、气口一致，并请来了琴师为我们吊嗓合乐，研究唱法技巧、运用的诀窍及怎样和琴师默契合作来达到严丝合缝的艺术效果。特别在唱词句与句之间的过门，也不轻易放过，而是精益求精，千锤百炼。过门中板、眼、节奏都要配合角色情绪。在身段和眼神表演上，更有严格的规定和要求。哪一板转身，哪一板开折扇与合折扇，而且开扇与合扇的声响都得统一，"哗"的一声齐响，配合整齐的造型亮相，以此引起观众的注意。而后随着旋律和速度一起迈步，举手扶鬟，侧脸藐视真潘金莲，同时要体现出"你怎么能看出我是假的？"这句潜台词的微妙心理。然后又是傲慢而妩媚的暗笑……关老师这些动作身段的设计都符合剧中的规定情景，也符合人物内心的变化。

正式演出时，我们4个假潘金莲从"咳"的一声叫板，4人边唱边做，运用手绢和折扇的多种变化，形成一种美妙而整齐的集体舞蹈；再加上声情并茂的唱腔，又像是一支优美的女声表演戏曲小合唱。这如诗如画的情景，真是美妙之极！就在这群芳争艳的舞台上，我们四个假潘金莲赢得不断的喝彩声。然而观众谁能想到，我们4人并非一个剧团，为排此剧大家耽误自己的演出与其他活动，凑在一起加工过排，这中间我们四人付出了多少汗水，又凝聚了老师的多少心血啊！散戏后，周信芳老师在4个假潘金莲中找到了我和正秋，夸奖说："你们把上海戏校严肃认真、一丝不苟的好作风带到这场大义务戏中来了，是好学生啊！你们俩将来会很有出息的。"我们高兴之余偷偷看了看校方的几位老师，只见许校董和关老师相对微笑着，显然他们对周先生的夸奖也感到欣慰。

通过这次演出，越发使我们认识到：艺术必须认真严肃，一定要下真功夫，才能有成就。不管将来谁成了名，对待艺术都要一丝不苟，半点都马虎不得。此后我和正秋在戏剧爱好者的心目中名气倍增，被誉为"戏校双璧"。

第二章　师恩难忘

一、校董许晓初

上海戏剧学校,在《中国大百科全书》中之所以能与北京的富连成科班、中华戏曲专科学校相提并论,是由于它为京剧艺术事业在上海造就了一大批栋梁之材。后来人们都熟悉风靡一时的"正"字辈演员,也知道培养"正"字辈演员的校长陈承荫及许多著名教师。然而,为什么

1981年11月25日,许晓初(右二)及家属在台北

要在抗日战争的艰苦年代，于江南办起这所京剧专科学校呢？这就不得不说一说它的创办人许晓初了。

许晓初先生毕业于上海复旦大学。"五四"运动时期曾积极投身于反帝反封建的爱国热潮，最后走上了实业救国之路。当1937年日寇占领上海时，他已是一个拥有几十家大中企业的实业家了。1935年秋，北京富连成科班"盛字辈"出科到上海演出，给人们留下了深刻印象。当时爱好京剧的人士纷纷议论：偌大的上海，连一个培养京剧人才的科班都没有，真是遗憾！许晓初先生（当时是公共工部局的华董）是个有心人，不久就在上海名票俞云谷、京剧名家关鸿宾等人的倡议下，约集同学江一平、陈承荫等进行了筹划。1939年许先生联系一些社会人士如虞洽卿、林康候、袁履登等，提出创办上海戏剧学校的主张。目的是使代表我国民族文化的戏曲——京剧和昆曲事业，在上海生根开花，培养出一代江南的戏曲人才。在他的倡导下成立了校董会。虞洽卿任名誉主席，林康候为主席，许晓初、袁履登为副主席。校董有：闻兰亭、江一平、许冠群、顾光明、俞松绮、张敬礼、李润田、李佑震、姚俊之、孙雪影、项康元、高培良、虞兆兴、裘悼其、刘叙云、金宗城、沈长庚、张福康、王皋荪、吴发来、魏廷荣、鲍和卿、金亦阱、李时敏、江子诚、蔡仁抱、李宝森、金信民、董兆斌、费穆、张松山、黄宪中、邱长荫、范鑫培、史致富、陈星五、金廷荪、裘星五、陈承荫等。

这些人都是当时上海的企业家、实业家、影剧家、法律家和大剧场、大饭店的经理，从这些不同职业的人选上便可看出许晓初办学用心之良苦。他把办学前后可能遇到困难而需要的各方面人选，都纳入了校董会。而这个校董会也确实为学校建立了功绩。学校的经济投资，就是由以许晓初为主的民族企业家、实业家承担。就这样，一所私立的上海戏剧学校便成立了。学校不收学费，还发给学生演出补助。这不但吸引了当时一些贫苦人家的子弟，也引起了京剧界前辈艺人的极大兴趣和关注。

那时因为我年龄和认识水平的局限，并没有感到这个学校有什么深远意义。后来，先从演出剧目的积累，逐渐对许晓初先生和校董们有了理解与认识。例如：我们上演的全部《儿女英雄传》《庆顶宝珠》《祝家贤庄》《和番出塞》《平贵回窑》《鼎盛春秋》《缇萦救父》等剧目，这些剧目都是以除暴安良、惩恶扬善和爱国主义思想为内容的。在当时的社会背景下，这些剧目的选择与演出，可以看出许先生的爱国之心是何等之强烈了。后来许老在回顾上海戏剧学校办学之初的设想时曾说："在沦陷区里，如果想办正式学校来教育青年，一定会受到种种限制，如果办个戏剧学校，敌人便不会注意。而我们的戏剧，又都是讲忠孝节义（忠君即是爱国）的。能借此办学机会给孩子们灌输一些国家民族观念，岂不是一举两得？"当然，创办专业京剧科班，还与他的祖籍有关。许老祖籍安徽，他常说："徽调的发源地是我的家乡，京剧是在徽调基础上发展起来，然后才成为一种极高尚的舞台艺术的，我从做大学生时起就非常喜爱京剧。"每当说到这里，一种非常自豪的神色便浮上他的笑脸。

　　说实话，在江南创办京剧学校，无疑要冲破重重困难。首先是学生语音方面的改变较为吃力。被誉为国粹的京剧，有人认为它的发源地是北京，因此人材的成长也应在北京，如：富连成、中华戏校、荣春社等科班都是前例。从语言上说，江南人常用的"阿拉""侬"等这些口语，就与北京"哪儿啊""这儿啊""拐弯儿抹角儿"等走小辙儿口的京腔土语不能统一沟通。当时这语音差异也成了有些人提出江南人不能唱京剧的第一个借口。许老当时很痛快地回答了这个问题，他说："孩子们很聪明，语音可以改。再说京剧不仅用京白，还有许多韵白，韵白都是湖广音中州韵。实在讲，它的老祖宗并不在北京，何况它现在被人誉为国剧。既然是国剧就有全国性，为什么南方不可以也训练一批京剧人才呢？"他这一主张首先得到当年浙江兴业银行董事长徐寄庄（徐是梅兰芳老师的知音）的赞同。关鸿宾老师和梨园界前辈们也为此受到鼓舞，纷纷支持许老的意见。虽说这是个语言关，可在当时也算一大阻力。为了冲破这一阻力，学校便订立了一条特殊校规，即走进校门，一律得讲北京话，不准说家乡话，违者受罚！这条规定很奏效，对较快地改变学生江南语音起到很好的作用。

由于学校免费上学，刚建校时为了解决学生食宿、练功、学戏等问题，每月都要开支巨大金额，加上校舍租金和添置各项应用设备、聘请教师等等。办学头一年，就花了下五万多元（当时币制），后来每年五万都不够了。虽然学校有上海代表人物组成的一个庞大董事会做经济后盾，但仍入不敷出。在困难时候最关心这个学校和对学校投资最多的，仍是我们的许晓初先生。

许老是上海的工商实业家，事务繁重，但对办戏校，却是关怀备至，而且不吝投资。开学后，他在百忙中经常来校了解学生的学习进展情况。他和关鸿宾（教务主任）、俞云谷（总务主任）、陆琮堂（学科主任），校董金宗城、金廷荪、金信民、董兆斌等以及在这个学校任教的上海名师们，共同研究怎样又快又好地把学生培养成材。例如，学校为了吸取北方科班基本功训练扎实的长处，学生入校先集中打好基础，选出"角儿苗子"；学校自身师资力量还不够，于是抓住所有南北名演员来上海演出的时机，重金邀请他们到校传教。名角到上海就让学生去观摩他们的演出，从而大开眼界，重点学生更是每场必看。看好戏、看名角、看精华，博采众长，这些都是许晓初先生提出的主张。再说我们的校董会里有好几位是剧院经理，比如，金廷荪先生是当年黄金大戏院的经理，董兆斌先生是当年更新舞台的经理，这两个戏院专接北京来的名角。他二位又都是前台的负责人，只要学校提出要求，两位校董为了培养扶植后一辈，没有一位推辞的。这就为实现多看戏和看好戏的主张带来了方便。所以，只要有名角儿到上海演出，我们全校师生70多人便整队出发，集体观摩学习。当时的上海戏校同学们就是统一着装并佩戴一枚很有特色的校徽，身穿阴丹士林布大褂，佩戴铸有引吭高歌金鸡的三角型校徽，男生剃光头，女生大多扎小辫，两个一对排着整齐队形，从白莱尼蒙马浪路（今马当路）学校出发，步行到剧场，好多路人止步伫立观看我们这支队伍。其中有时碰上知情者，便津津乐道地向人介绍说："这是上海戏校的学生啊！他们学戏很快，不久就要登台演出了！""格般小学生好整齐，格里小囡蛮守规矩格"。这些议论和赞扬声，在同学中间相互传递着，鼓舞着我们，老师们听了自然也很高兴。由于能看到好戏、好角儿，所以走路不论多远，我们没人叫苦喊累，而且戏看得很认真，真是大开眼界，增添见识。应该说：幼年学艺时的观摩，为我们以后取得艺术成就，打下了良好的基础。

　　1940年—1945年期间，我们不但看到了很多的好戏，而且看到很多名角儿。在名角三天打炮戏后，许老往往要和陈校长并与其他几位有关的校董以及关鸿宾老师等商量该让学生们去学什么戏了。研究妥当之后则由许老出面请名角儿吃饭，地点一般都在金谷饭店，因该饭店是我校董事金信民和俞云谷二位合办的，收费可以低廉。如果请的是旦角老师教戏，我和顾正秋俩便能参加。吃饭前先拜见老师，然后，就定下学戏的日子。说来也怪，凡来上海的名演员，见了我们这些"正"字辈学生，无不喜爱。例如：宋德珠老师教《杨排风》《扈家庄》《金山寺》《擂鼓战金山》。王瑶卿和王玉蓉老师教《王宝钏》。萧长华老师（当时我们称师爷）教《连升三级》《扫地挂画》。又如张君秋老师教《汉明妃》《祭塔》。程玉菁老师教《棋盘山》。郭春山老师（当时我们称师爷）教《回营打围》。马连良老师教《火牛阵》《骊珠梦》即全部《梅龙镇》。李洪春老师教《截江夺斗》《大名府》《小商河》。当芙蓉草（赵桐珊）老师见了我和小秋竟赞语不迭地说："这样的好学生，找都找不着，给不给酬金我都要教。"就这样，我和小秋很顺利地向赵老师连续学了《樊江关》（小秋饰薛金莲，我饰樊梨花）、《乾坤福寿镜》（小秋饰胡氏，我饰寿春）等剧。丁永利老师(当时我们称师爷)和王金璐老师教《林冲夜奔》。瑞德宝老师教《天霸拜山》。陈富瑞老师教《钟馗嫁妹》。傅德威老师教《艳阳楼》《铁笼山》《状元印》《战濮阳》《四平山》。杜富隆老师教《岳家庄》《八大锤》《虹霓关》。李多奎老师教《目连救母》,李盛泉老师教《断后龙袍》,李盛佐老师教《盗双钩》。殷金振老师教《时迁偷鸡》《打瓜园》,赵德钰老师教《白良关》,黄桂秋老师教《双官诰》《春秋配》《别宫祭江》,魏莲芳老师教《凤还巢》,吴富琴老师教《碧玉簪》《玉狮坠》,周斌秋老师教《宇宙锋》,朱传茗老师教《双思凡》《游园惊梦》《费贞娥刺虎》《贩马记》,张传芳老师教《春香闹学》,周传瑛老师教《雅观楼》。陈桐云老前辈是荀慧生老师的师尊,当时已70多岁,拄着拐棍教我们全部《儿女英雄传》《大英杰烈》《穆柯寨》《穆天王》《马上缘》《翠屏山》《胭脂虎》《玉玲珑》《浣纱溪》《下河南》。梆子名伶四盏灯(周咏棠)老师教《蝴蝶梦·大劈棺》《红梅阁》《阴阳河》《梵王宫》,谷玉兰老师教《打杠子》等等。几十位名家到校传教,在短短几年里,对各种流派技艺博汲广受,这也是上海戏校培养学生成材的重要途径之一。我们学校的特点是:每当这些剧目教毕学会,立即组织排练,进行实践演出。这样在老师们上海演出期满离沪北返之时,他们留传下来的优秀剧目,已经成为我们经常上演、而且十分叫座儿的好戏了。

为请著名老师来校传戏,许老从来不惜重金,他曾说:"花几个钱

1986年,张正芳专程赴沪,与童年严师吴富琴合影

算不了什么，培养人才就得花钱。把艺术留在咱们学生身上，钱就没白花。"当时他身兼好几个企业的领导职务，忙碌非凡，但只要戏校有活动，如请各界来校参观、响排、彩排等，他必赶到，并恰如其分地指出戏中的某些不足和学生的某些缺点与失误等。他不仅是一位能干的企业家，也是一位艺术教育家。1989年，一位朋友转来他在台湾与新续夫人合影的一帧相片，我端详他那和蔼可亲的慈祥笑容，心中感慨万千。他为了培养我们这些"正"字辈学生花费了大量心血，那时的他虽寿臻期颐，但老而弥笃。从他的照片笑容中可以看出无限的欣慰与自豪。

二、教务主任关鸿宾

上海戏剧学校，在短暂的5年多的时间内，传授并演出了400多个剧目，不但丰富多彩，而且人才辈出。这里自有诸多方面的原因，其中我校教务主任关鸿宾先生的辛勤劳动，功若丘山，不能忘怀。他从创办、主考、选苗、拔尖、定行当、定剧目、定角色，掌握这一整套培育戏曲人才的程序，到通过三台打炮戏为试金石，审核要培养的重点对象，从而加时加点严教博施，终于使这些学生成为我国京剧界有目共睹的一代栋梁。如果没有恩师关鸿宾的果断定局，恐怕是不易收到这个良好效果的。他教务计划安排周密，我们所学的戏，都能实践演出，而且不到6年演出场次达一千余场。不仅整理了即将失传的老戏：《九莲灯》，还把《古中国之歌》(即《王宝钏》)搬上银幕(由金信民校董的民华电影公司拍摄)。另外又编排创作了革新京剧《红楼梦》。关先生是总导演，又是全剧的唱腔设计，所有人物角色的安排也全都由他选定。这出戏是顾正秋的林黛玉，我的王熙凤，朱正琴的贾母，黄正勤的贾宝玉(正勤本应工老生，在这出戏中由关师决定，让他改演小生，由此确定了他的行当)。《红楼梦》演出后效果很好，不仅获得京剧界的嘉许，也博得话剧界的赞

1940年，与关鸿宾老师、顾正秋等十名女同学师生合影：前排：陆正梅（左一）、张正芳（左二）、关鸿宾（左三）、顾正秋（左四）、张正芬（左五），后排：童正美（左一）、杨正珊（左二）、夏正兰（左三）、朱正琴（左四）、唐正仙（左五）、孙正璐（左六）

赏。著名导演吴纫之观看此剧后，给予很高的评价。

　　正是由于他独具慧眼，准确决定了当时学生的行当，并对重点学生给予重点培养，使他们通过脚踏实地的学习和练功逐步提高，有很多同学后来都成了大器。

附：上海戏剧学校"正"字辈同学名单
（根据当年演出戏单共列149人）

生行

　　老生：关正明　周正荣　陈正岩　程正泰　汪正寰　郑正学

　　　　　武正豪　王正祥　夏正峰　景正春　谢正喜　王正棠

房正年　季正培　徐正光　穆正根　何正贵　朱正骅

李正东　朱正福　杨正兴　傅正时　李正昌　常正立

周正和　罗正民　冯正昆　王正国　毕正耀

武生：王正堃　刘正忠　董正豹　孙正侠　关正良　陈正柱

姚正德　钱正伦　宋正锡　刘正山　孙正田　刘正勋

沈正升　沈正璜　沈正斌　沈正鸣　张正焕　张正乐

陈正兴　陈正喜　陈正廷　陈正国　景正茂　李正恒

卞正鸿　王正方　金正坚　徐正杰　邢正贤　任正武

刘正管　方正谊　郭正发　郭正达

小生：薛正康　黄正勤　胡正安　罗正柏　徐正信　徐正培

武小生：刘正裔

旦行

青衣花衫：顾正秋　周正雯　张正芳　张正薇　武正霜　陆正梅

唐正仙　童正美　孙正璐　杨正珊　张正瑛　沈正艳　彭正芝

林正英　赵正珠　李正珍　魏正莲　费正菌　顾正慧

刀马花旦：张正芳　夏正兰　沈正霞　贾正云　吴正秀　毕正琳

梁正莹　陆正红　吴正菊　张正君　张正丽　洪正英

王正芝　王正淑　林正玲　林正妍　沈正华　刘正娜

武旦：张正娟　陈正葆　马正凤

老旦：朱正琴

净行

铜锤架子：周正礼　徐正钧　张正鹏　王正屏　施正泉　王正森

郭正标　朱正海　何正卿　魏正奎　李正皋　周正和　孟正甫

武净：刘正奎　孙正琦　王正龙　万正楼　章正元　祝正志

朱正为　朱正雷　章正宪　钱正雄

丑行

孙正阳　王正廉　邢正浩　李正福　赵正庆　崔正龙

李正常　彭正麟　孙正才　何正铃

武丑： 景正飞　马正禄　侯正仁　杨正义　张正武

恩师关心每个学生的发展前途，又善于发挥每个同学的优点，如对我这个在童年时代没有小嗓的学生，真是费尽了苦心，练功时忽而教我练这么一招，忽而又让我随他念各种各样的白口，他根据我的天赋条件和学习精神，反复琢磨研究。有一次恩师把我叫到一边，深切地对我说："孩子！你没有小嗓，这是最大的自然缺陷，咱们只能藏拙。我给你另选老师，另选剧目，根据你有本嗓、撒得开、又肯苦练的长处，咱们就来个扬长避短，藏拙露秀，免得因某些资质不足而埋没了你这个人材。"我听了这话，感动极了！心想，如果没有恩师的高见卓识，恐怕自己是不能被列为重点学生来培养的。后来他请关师娘（刘玉楼老师）为我选了5个剧目：《打花鼓》（昆曲）、《打樱桃》《小放牛》《小上坟》（吹腔）、《辛安驿》（梆子），这些都是以

1941年，张正芳12岁，绑跷演出《小放牛》，饰演村姑

表演为主、很见功力的花旦戏。这样就避开了西皮二黄等用小嗓的唱工戏，可以充分发挥我固有的天赋，从而因材施教，收效良好。关师娘只教我一个人，让我单独"吃小灶"，这又是特殊的偏得。她教戏非常严肃，又非常细致，在花旦表演为主的各个剧目中，把"四功五法"的巧妙运用与弦乐、打击乐有机地结合在一起，从而使花旦表演达到了一个完美而协调的艺术境地。特别是在教《辛安驿》一戏时，对女店主周凤英改扮花脸后"走边"的设计上施展了许多基本功，不仅亮腿功和飞脚，上桌子之后还表现出跷功的各种造型。经过努力、苦练、奋斗，我终于较出色地完成了关师娘的要求，使她露出了满意而又少有的笑容。通过以上五出戏的排演，她还发现我的本嗓适合唱梆子，并把这个发现告诉了关鸿宾老师。关鸿宾老师认真听了我的梆子唱段后，认为本嗓确实不错，于是便积极给我开辟了一条梆子戏路，他特地为我聘请梆子名伶"四盏灯"（周咏棠老师）为我说戏。如《蝴蝶梦·大劈棺》《红梅阁》《阴阳河》《梵王宫》《翠屏山·杀山》等戏都用本嗓梆子腔演唱，破例地把京剧和梆子在我们戏校进行同台演出，这在当时是很鲜见的，在上海的京剧舞台也是独一无二的。回想起来，这都是关鸿宾老师对我的苦心栽培。

关老师为我安排的戏也很多，比如《全部〈十三妹〉》，现在已经失传了，也叫《儿女英雄传》。这个戏从红柳村开始，悦来店、能仁寺、青云山、弓砚缘、双凤村、女元帅、雪冤仇，后边大团圆，这个戏要演4个小时。还有一出《大劈棺》，在当时是很叫座的，因为这个戏它有功夫。年过古稀的"四盏灯"很喜欢我，因为唱梆子不用小嗓，用的是真声，我能适应。在40年代的上海，允许梆子和京剧同时演出，这叫两合水。所以关老师看准了我，虽然没有小嗓但是我有武功，我有跷功。关老师很器重我，还特别为我请了当时已年过古稀的陈桐云老师。

关老师请来的周咏棠老师教戏很严，梆子戏中有好多难度较高的特技，他一点都不放过，还严肃地对我说："每出戏都有每出戏的技巧和功夫，你练不好这门功，就别唱这出戏，咱们不能凑合。戏是我教给你的，你唱对了，给我露脸，你要是偷工减料唱砸了，那就是给我'现眼'了。"老师语重心长的教导，使我认识到自己身上的担子何等之重，因此，在学每出戏之前，我都下了"一定给老师露脸"的决心。在学《大劈棺》时，老师问我："你有从桌上往上窜再往下翻落地的'硬抢背'功夫吗？"这句话可把我问懵了，我从来没有听说过这个名词。要从桌子上往上窜，怎么窜？然后还要"硬抢背"落下，这难度可太大了。我只好含含糊糊地说："我有这个功夫"。周老师说："有就好，劈棺这出戏就要亮你的'硬抢背'功夫，你要是没有这个功，就趁早别学这出戏！"我虽然满口答应我有这门功，其实也就是随大流集体训练时练过的那种从桌上往地下翻的普通"软抢背"，平平无奇。如果按周老师的要求，作为特技"绝招"表演的话，就很难达到标准。为这个翻下桌子的"硬抢背"，我犯了愁。

从周老师的谈论中我了解到，他要求采用"硬抢背"这个绝技是合乎剧情的。田氏去劈棺根本没想到棺材盖会突然开启，庄周起死回生从棺材中站起，完全出乎她的意料之外，她吓得先往上一窜再翻下，恰如其分地表现出她急速惊吓的神态。老师说这个绝技虽然难度大，但观众是奔着你这个'绝活'来的。你如果不会这个技巧，就别学这出戏，咱们改说别的戏吧。当时我急着说："老师，老师，我从来不怕苦，不怕累，你就教我吧"！

为了演好这出戏，我特地拉顾正秋陪我去观摩当时一位最走红的著名坤伶，看她的《劈棺》是怎样演的。这出戏是她的拿手杰作，每演该剧总是客满，她表演细腻逼真，很受观众欢迎。但看到她在劈棺时，并没从桌上往下翻"硬抢背"，而是从桌上跳到地下，然后再走了一个"软屁股坐子"，表示受到了惊吓，观众也照样给予鼓掌，并没有什么不满意。当时我还不太懂事，心想，这下可找到了避免"硬抢背'的依据了，即对正秋说："人家是名角儿，她劈棺下桌子走'软屁股坐子'，不也很好么？你帮我跟周咏棠老师说说，也让我那么下桌子行不行？"正秋马上斩钉截铁地回答我，"不行！你怎么想偷懒，真没出息！你那股子冲劲上哪儿去了，你要学人家好的地方，怎么单学她这点儿？虽说她是名角，但名角儿也不可能十全十美，再说她也许是没练过这个'硬抢背'，而你有这门功底，只是还没达到周老师要求的标准。你年龄不大，把冲劲儿拿出来，咬咬牙，再使一把劲，没个练不成的！等练好了，亮在舞台上跟她打个对台，这不正说明咱们戏校的学生，已能超过名角了吗？"这一番话不仅说得我脸上火辣辣的，同时也起到了极大的推动作用。

说心里话，那时我真是想逃避练这个绝招的，因我在练这门功时曾经戳过膀子，受伤后很痛苦，而今天这种翻下桌子的"硬抢背"更具有危险性，弄不好很容易把脖子窝在脖腔内，那就将成为终身残废了！当时我在社会上、在戏校内已经小有名声，也有专爱看我戏的观众，所以我就不愿意冒那么大的危险去练功，在勇气方面就不如刚进校时那么冲了。经正秋的指点与帮助，使我猛悟，使我知道了正是因为难度大、技巧高，练好了才算是真本事，才有可能出人头地，否则你会、我会、大家都会、这又有什么稀奇的呢？

此后，我真咬着牙，拼着命练。关鸿宾老师看到我这么要强，非常高兴，每次练功的时候，虽有练功老师看着，他还是要站在边上保护。经过锲而不舍的苦练，我终于达到了周老师要求的标准。演出之后获得了台下观众和校内师生们的一致赞扬。这出戏的演员也搭配很整齐，周正荣的庄周，薛正康的楚王孙，孙正阳的春云，王正屏的"二百五"，他们的表演都有独到之处，也确实和那位名坤伶打了对台。当时戏曲评论家苏沙卿在《梆子戏将抬头》一文中写道："如今张正芳是梆子老手'四盏灯'的传授，正芳本人身材、脸盘、眼睛、嗓音、武工诸项全好，她又规规矩矩地演唱，毫不偷工减料，把所有演田氏的坤角全盖罩了，扮庄子的周正荣身段灵活，嗓音可惜不大，唱腔却很稳当，扮书童春云的小丑角孙正阳，人小鬼大，聪明之极。扮'二百五'的是王正屏，花样也不少，不大惹麻烦，尤为可取，本来春云喊他'二百五'他喊春云'三百三'，有一次他错呼春云叫'二百五'了，这事很有趣，如今世上'二百五'（半吊子）很多，自己是'二百五'自己不承认，而呼别人是'二百五'，不能只怪王正屏一人呀，从这一出《大劈棺》的成绩看来，梆子戏一定要抬头，但能教梆子戏的老伶和拉'胡胡'吹短笛的人，都死故逃亡，生存的很少了。他们倒霉有三十年之久，也该走走运了。"

后来才知道，演这个戏时，关鸿宾老师为了保证我的演出安全，还特地找许晓初校董，专程到人寿保险公司，为我投了50000元人身保险。这是校方对我的安全负责，也是关老师在我身上倾注全部心血的表现，此恩此德真是终生难忘。

顾正秋对我的这个戏，印象也非常深。她在台湾口述的《舞台回顾》一书中，在"好同学张正芳"的那一章节中说："她（指我）会用眼睛，脸上有戏，功夫也练得到家。唱《大劈棺》的时候，她能踩着跷，站在桌子上，一个'硬抢背'摔下来……"她的这番话使我非常感动。在我们学校里，从来未有过"同行相轻"的旧习气，往往是一个人有了成绩，大家都引为自豪。正秋正是这样的人。

关老师在革新传统唱腔方面也很有能力，如"一句苏三惊四座"，就是关老师的创作。原来《女起解》中"苏三离了洪洞县"一句"苏三"两字的唱法开始很简单，"苏三"两字用32 1，这样听起来很不突出，经关老师精心设计，在"苏三"之间加了一个花腔形成23 21 61 231——，强调了人物思想感情，抒发了苏三离开洪洞县去太原时的忧怨、感叹等情绪。再经正秋委婉细腻的行腔一唱，更觉撼人心弦。因而每当"苏三"两字行腔刚一落就引得满堂彩声，从而获得"一句苏三惊四座"的好评。当时我校只要贴出全部《玉堂春》，便会每场必满，这和关老师辛勤劳动的功绩是分不开的。

关鸿宾老师是一位德艺双馨的京剧艺术教育家，他为上海戏校培养人材，为扶植我们成为京剧事业的接班人而任劳任怨，呕心沥血，6年期间做出了卓越的贡献。其恩德真是车载斗量，不可胜数，我们上海戏校的学生永远铭记于心，不会忘怀的。

三、教我"绝活儿"的陈桐云老师

（一）高难度的硬跷功

跷功是京剧表演的一种特技，是花旦演员必学、必练的一项专门技巧。演员绑上跷，就像古代缠足的妇女，足下是三寸金莲，借助跷，演员既能走出各种轻捷的脚步，又能亮出多种优美的身段和高难度的技巧。

当年我在戏校学戏时，凡是唱刀马旦、花旦、武旦的演员，没有一个不绑跷的，没有跷功就别想上台演戏。我们戏校规定，凡是女生，一进校门就得立刻绑上硬跷，不论上下楼、跑圆场、打把子，或是上戏课，都得踩跷站着。看我们功的是教文武花脸的梁连柱老师，他除了让我们练站功，还让我们站在一条约两米长、四寸宽的长板凳上站立着练立功，而且是只要上去了就不可能再下来。

在练站功的同时，还要练习做各种手势，比如左右云手、左右绕手翻掌、扶花、摸鬓等，以此来配合脚底下的站功。除此以外，还要练四个字："你、我、他、您"。这四个字指向四个方向，在站立的跷功的基础上，左手叉腰，右手往左边、右边绕一个圈，再回到肩膀头这儿再指出去，然后顿住，"你"，亮出一个指你的方向；然后双手点着自己的胸脯，用双手绕腕花，"我"；第三个动作就是从右手又画了一个圆圈，指向左方，"他"；然后从手往下走，又转一个圈，翻过腕子来，指向右边，"您"。这些贯穿着手眼身法步，表现旦角手势之美的动作在舞台上是用得着的。总的来说,我们踩跷站在那里是不得闲的,对于这种练法,我们已经挺吃力的了。可没有想到的是,这些在我的恩师陈桐云先生眼里,只能算是"傻练"。

陈桐云老师教花旦是很有名的,当年荀慧生先生还跟他学过戏。当时戏校请陈老师来担任花旦的主教老师,那时他已经古稀之年了。我是花旦的代表,陈老师一来,看我在椅子上练比较简单的功法,什么也没说就走了。我赶紧到他的课堂,说:"陈老师我来了。"陈老师说:"你刚才练的是什么功啊?"我说:"梁老师让我们练云手、'你、我、他、您'。"他说:"你觉得这种功夫在你现在练来是不是有点太容易了?"我说:"也不算容易,梁老师要求很严格的。"没想到陈先生说我们这是傻练。我一听觉得很纳闷,问他:"您说应该怎么练?"他说:"你现在应该巧练。"我又问他如何巧练,他反过来问我:"你怕吃苦吗?"我说我不怕。"你受得了那个罪吗?"他又问。我说我能受,您教我,我就能练!陈老师听后,让我去找两块新砖来,要一边长,一边宽,一边厚,说明天上课的时候就教我巧练。我很高兴,就去建筑工地跟师傅商量,看能不能卖

1953年,张正芳演出由宋德珠、赵德勋亲授的《杨排风》,1959年,张正芳以此戏参加辽宁省建国十周年好剧目汇演,获得"活排风"称号

给我两块砖。师傅问我买砖干什么，我说我是上海戏校的学生，买砖练功用。师傅说："哦，是小朋友学戏啊，好好好，支持你，送给你两块！"

第二天，我把砖拿到课堂上，陈老师先让我把砖摆在地上检查了一番，看是否是一边长，一边高，然后对我说："正芳，能不能吃苦，能不能下功夫就看你的表现了。"我说您提要求吧，我准能让您满意！他说："好，把这两块砖摆平了，你站上去！"这砖一寸多宽，正好跟我的跷的宽度差不多，放平了离地也就两三寸，不算太难，我就站上去了。站上去以后，陈老师让我左手掐腰，右手搁在胸口，提气。他没有让我下来，而是就这样给我上课。当时我跟他学的是《得意缘》，连念带唱，起先还行，后来时间一长我的腿就有点哆嗦了。这毕竟不是站在板凳上，板凳上平还可以稍微活动活动，砖不行，一活动就摔下去了。他看我有点累了，就让我下来。又让我蹲下练拾钱。像《拾玉镯》，去拾那个玉镯时，双手一晃，右手在上面抬着，左手到地上去捡那个镯子。我们绑着跷，蹲下后手和地是有一段距离的，所以这个动作也比较难。练这个动作时，陈老师让我左手拾起来，右手翻一个腕子再拾起来，来回走五十个，累得我满头大汗。他问我："还行不行？"我说："行！""苦不苦？"我说："不苦！""累不累？"我说："不累！"他又问我还能再难些吗？我说您提吧！陈老师让我稍微休息了一下，又让我把砖立起来然后站上去，这离地就高了，有六七寸，而且可以站的面积也小了，正好和跷一样大。他问我："敢上去吗？"我说："有点害怕。"老师说，两边的同学帮她一把！那时和我一起学《得意缘》的小生是薛正康，还有一个同学学丫鬟，叫张正芬，他们两人就一边一个扶着我，把我扶了上去。我胆战心惊地站在砖上，老师让我提气，别哆嗦，我不敢哆嗦。老师让我先歇一会儿，然后继续上课，没到十分钟，我腿就不行了。老师说："下来吧，以后你就要这样，带着砖来上课，咱们就站在砖上学戏。"

经过一个阶段这样的巧练，我基本掌握了这个功夫，也不像以前那么费劲了。因为我心里找到了平衡,站上去以后眼睛平视向前看,就像站在平地上一样,久而久之就自如了。老师看我练会了,又问我还想练再难的吗,我说当然想。他就让两个同学搬两把我们舞台上用的椅子来,背靠背放着,让我踩跷站到椅子背上去。我想,椅子背离地那么远,摔下来可就摔坏了,但我不肯说,还是咬着牙上去了。上去以后,他们扶着我一站,我反而觉得这样比站在砖上还容易,因为椅子是固定不动的。老师问我适应了吗,我说适应了。老师说:"还想练再难的吗?"我说您提吧,再难再苦我也能练。老师又让那两个同学把两块砖放在椅子背上,让我上去。第一次上去的时候不是太稳当,确实有点害怕,但我还是克服困难练了。用了一周左右的时间,算是有了些把握,之后又到了把砖立起来我也能上去的程度。陈老师让我们班的女同学过来看我,说:"你们看看她是怎么练的,你们能行吗?"她们都摇头说不敢。他说:"你们不敢你们就没出息!你们就得跟她学!她不跟你们一样吗,你们同时进戏校,她为什么能行,你们为什么不能行啊!是要强的学生就练去吧!"后来我们班的女生也有练的,但都没有达到老师的要求。

正是因为陈桐云老师耐心且有层次、有步骤地教我练就了高难度的硬跷功,使我在舞台上可以开打,然后表演金鸡独立,我就可以站在那里纹丝不动。今天回想起来,我真感谢陈老师啊!

(二)传授《大英杰烈》

陈桐云恩师早年在北京也是响当当的好角儿,专攻刀马旦、花旦,会戏很多,四功五法非常讲究,功底又深,为此对学生极为严格,他也曾给荀慧生老师传艺,晚年在上海教戏。我自被学校定为专攻刀马旦、花旦,就由陈师担任我的主教老师。在戏校,我演出了好几十出刀马旦、花旦戏,如《拾玉镯》《荷珠配》《铁弓缘》《下河南》《胭脂虎》《玉玲珑》

《花田错》《查头关》《探亲相骂》《背娃入府》《得意缘》《鸿鸾禧》《挑帘裁衣》《战宛城》《翠屏山》、全部《穆桂英》、全部《樊梨花》、全部《儿女英雄传》《乌龙院》等等都是陈师传授给我的。陈师经常教导我们,"戏好学""功难练"。陈师说,每出戏都有不同的亮功力之处,如果你没有这门功夫,就趁早别演这出戏,否则即使演了,也是"老和尚帽子平平塌塌",得不到好评!给观众留下不好的印象,那你就是演砸了,这很难挽回。既然要演,就要演出个样来,亮出你的技巧、特点和功力,观众爱看,同行也服气,想着你这出戏好,你这出戏就算是落下了,久而久之你就能成为受观众欢迎的好角儿了。所以要想成为好角儿,就得吃苦受罪,练出真功夫!当时我们都是苦孩子,谁不想成为好角儿啊!因此也就心甘情愿地吃苦受累。直到今天,我还记得当年陈师教我《大英杰烈》时对我的严格要求。

1941年时,我的《铁弓缘》已公演了多次,由薛正康饰演匡忠、孙正阳饰演陈母,我们合作默契,相得益彰,很受观众欢迎。观众多次提出,想看我演全出的《大英杰烈》。了解到观众的需求,关鸿宾教务长也很想让我多增加一出连文带武能叫座的大轴戏。于是,关师兴致勃勃地来到我们课堂,来和陈师商量,暂停《乌龙院》的课,改教《铁弓缘》的后半出,即陈秀英女扮男装,后面还有扎大靠"起霸"和很火爆的大开打的场面。关师说:"这出前文后武的好戏观众肯定欢迎,也让正芳多增加一出能叫座的大轴戏。"

不料,陈师并不配合关师,却用冷漠的眼光瞄了我一眼,然后反问关师:"你净想让她唱大戏,你问问她有穿厚底靴子的圆场功夫吗?她还没穿过厚底,我看她穿上厚底恐怕连脚步都迈不开了!再说她能扎上大靠亮出武生'起霸'时那一整套吸腿、骗腿的动作吗?她有做各种各样的难度很大的大鹞子翻身,还有双脚都能踩泥的本事吗?我看还是让她把那后半出的各种功夫练好了再让我给她传授吧,这出《大英杰烈》可不是谁想唱就能唱得好的。"听陈师这么说，关师也感到排这出戏尚有难度，一时沉思无语。而我却不甘心，忙插话说："陈老师，这后半出扎大靠肯定没问题，我扎大靠的戏也演过好几出了，《擂鼓战金山》、全部《穆桂英》、全部《樊梨花》，哪出大靠戏演砸了，观众不也都认可我了吗！要说穿厚底靴子我是没练过，只要关老师给我发双厚底，我从今天起马上就蹬上厚底开始练，我看没有什么功是能难倒我的，您不是也肯定我巧练硬跷之后有进步吗？我能在跷功上下苦功，当然也能在厚底功上下更大的功夫。我要把每项都练得让您满意，到那时候您就能传授我全本《大英杰烈》了。"关师听到我这番振振有词的答话，十分高兴，他用似是鼓励又似是激将的语气笑着跟我说："看你又逞能了吧，你老师提出的那几项难练的功夫你得何年何月何日才能练出来啊？"我忙答，从今天起，加班加点地练，不出一百天，请陈老师检查，看我合格不合格，能不能演好这出戏。陈师又似乎还是没有信心似的问道，就算你咬牙吃苦把那套功夫练好，可你这不争气的小嗓，改扮小生之后，那一大段【娃娃调】你能唱得下来吗？可不是你逞能苦练就能把小嗓练出来的。这番话可真刺痛了我的心，想到因为没有小嗓而落人之后，我一阵心酸，眼泪夺眶而出，亦无话可答，刚才那股子冲劲也全都消失了。关师看我这么伤心，特别同情我，忙说："正芳别难过，没小嗓咱们想办法呀，只要你各项功夫都过了关，【娃娃调】咱们请乐队的老师给你降调门。"我一听降调门，似乎看到了一丝希望，立即惊喜地问："真能降调门吗？"要知道，当年在戏校，学生们演出统一都是【正宫调】，若谁的嗓子达不到这个调门，就不能安排演出，降调门在戏校是前所未有的。没想到关师从容地回答："别人不行，为你破例。这段【娃娃调】由我做主，如实在唱不下来，把那大段唱词的内容改为念白交代，不也照样是《大英杰烈》吗？"陈师马上表态说："不唱这段是不行的，如果这样，我还是不能往下教，降调门倒可以试试。正芳在观众中是有人缘的，大家也都同情她没有小嗓，把调门降低点儿，不影响全剧的精华，只要不改变【娃娃调】，等她把各项功夫都练好了，我就给她说这全部的《大英杰烈》。"

（三）成功的公演

仅用了两个月，在陈桐云恩师的精心教导下，我就攻破了这出戏中的所有难关。公演那天，盛况空前，戏码刚贴出，热情的观众就将所有戏票抢购一空，演出当天又卖了很多站票，真是从未有过的大满员。各位校董也都专程来看我这出戏，关师是既高兴，又紧张，没开锣就急匆匆地跑到后台，对我说："孩子，今天可是你露脸的日子，各位校董都到场了，喜欢你的戏迷也都等着看你这出《大英杰烈》呢！你演对了，就此多了一出能叫座的大戏，算是你露脸了；你要是稍有疏忽，演砸了，别怪你关老师大公无私，恐怕今后你的戏，我就很难安排了，总不能老让砸锅匠占领舞台吧！"我信心十足地回答："恩师你就放心吧！肯定不会让您和众位恩师失望的！"关师又关切地问："瑞德宝老师特意给你编排的难度很大的小生上马后的一系列动作，你都练好了吗？"正秋那天不上台，但从我化妆开始，她就一直陪着我，为我助威压阵，她抢着回答说："您就放宽心吧！她已经练得有十二分的把握了，瑞老师也已看过多次，认为她肯定会成功的。"关师还不放心，又问道："你那段降了调门的【娃娃调】，赵大刚老师（琴师）还想和你再合一合，要不要把赵老师请过来你们再合一遍？"我忙答："不用了，我已经很娴熟了，现在都能倒背如流了。这段【娃娃调】赵老师为我改得好，我唱时没感到有多难，您就放心吧！"关师还不忘郑重其事地对我说："孩子，多位老师为你这出戏操心，真可以说是众星捧月啊！如果你是个'捧不起的刘阿斗'，不仅你自己今后抬不起头来，连我这个主张给你排这出戏的老师，从此也照样会栽在你这出戏上，抬不起头来了！"我急忙搭话："恩师您言重了！我一定会让您满意，我也要为自己争口气，一定能演好这出戏！不信您就等着瞧！"正秋也抢话说："老师您就放心吧！马上要开戏了，快做准备工作吧！"

那天的戏，真是特别顺利，凡预料中该获掌声之处，都如愿了。印象中，我从这出戏中获得的掌声似乎比李玉茹老师公演时获得的掌声更多，更热烈！由于戏中每个高难度的动作我都已熟练掌握了，因此演出中并没感到有多累，而戏已圆满结束了。我瞬间被观众如潮的欢呼声和经久不息的掌声所包围，"太好了，太好了！我们要求下周还演《大英杰烈》！"此时，我心中涌起一阵阵暖意，那种演出后得到观众承认的幸福感和喜悦感可真是花多少钱也买不来啊！

后台也是一片欢腾，上下场门挤满了老师和同学们。正秋首当其冲上台和我拥抱，并诚挚地祝贺我，"你功夫没白下，终于演出成功了！"关师娘抱着婴儿也急忙上台，用一只手搂着我，心疼地说："好孩子，今天把你累坏了，可你也给学校争光露脸了！你自己也争气啊！每个女生要都像你一样苦练，你关老师心里都得乐开了花，整天笑得都抿不上嘴了！"女同学们都围着我，祝贺我演出成功；男同学们都故意绕到我面前伸出大拇指，冲着我点头微笑，以示祝贺。那时母校有规定，男女生是不允许讲话的，但从他们的眼神中可以看出，他们是在肯定我刻苦练功的毅力，是在称赞和承认我啊！

正当我准备到后台去卸装之时，关师陪同以许晓初董事长为首的多位董事以及校长陈承荫来到了后台。许老满面笑容夸赞我说："小芳，今天你演出非常成功，我们董事会对你的表演以及你所亮出来的功夫都很惊讶，时间不长，你的武功进步太大了，说明你是个很要强的好学生，你们校长也特高兴，我们一致认为，一定要重点培养你。听关老师说，你虽然没有小嗓，但大嗓很好，很适合唱梆子，你们关师娘也主动要教你梆子《辛安驿》来试验你是否适合唱梆子，真要试验成功，我们戏校又可以恢复京剧和梆子两个剧种同台演出的好传统了，这对观众来说应该是很好的享受，小芳就看你能否承担起这个重任了！"我很勇敢地向在场的各位校领导表态："许校董、陈校长、各位校领导，您们这么鼓励我、肯定我，我一定不会辜负各位校领导对我的期望。我今天能有一定进步，都是各位老师栽培的结果，我自己知道我的功夫还差得很远，但我听话，只要关老师安排我学什么，我肯定努力钻研，一定学好、练好、演好，为母校争光！为我们'正'字辈同学争气！别看我们现在是上海滩的'小囡戏'，长大以后有真功夫，也不一定比京角儿差！不信各位校领导你们就等着瞧！"

我的表态使校领导满心欢喜，许校董马上表态："关老师，你安排一下，今天为了鼓励这出戏的演出成功，校董会决定要犒劳老师和同学们，我们在金谷饭店已经定了饭局，凡在场的师生全都参加。已卸装的学生由总务处老师负责带队先行，小芳和正秋等跟我们车走，其他老师由总务处安排车送到金谷饭店，你们大家都辛苦了，我们董事会请你们吃饭向你们表示慰问。"师生们从来没享受过校董会的会餐邀请，没想到今天"口福"从天而降，大家立即集体鼓掌表示感谢！正秋拉着我悄悄地对我说："今天大家可都沾你的光了！"我心中暗喜，但哪敢逞能，立即推脱说："校董会是看我们集体有进步，请大伙吃顿饭，也是鼓励大家更加努力办好学校，我也是沾大家的光啊！"

四、师娘刘玉楼

（一）受益终生的小花旦戏

就在我为《大英杰烈》苦练功夫的时候，有一天快到下午1:50分时，关鸿宾老师和师娘刘玉楼老师来了（他们每次上课都会提前十分钟到），

1941年,张正芳在《打花鼓》中饰演花鼓女

今天师娘是专心诚意来为我传授《打花鼓》的。师娘怀抱着还在吃奶的婴儿和关师夫妻双双准点步入练功场。关师看我身披大靠边压腿边上昆曲课甚是欣喜,他先微笑着和郑师点头示意,打了个招呼,又用手指着我,似乎在问:你同意她这样上课?郑师似乎明白了关师的询问,立即含笑点头,表示我同意她这样的。此时师娘除了和郑师打招呼之外,又以好奇的眼光询问关师,好像在说:"正芳这是……"而关师也没有多说什么,只是拍拍她的肩膀,示意她:"走吧,走吧!"把师娘母子引进他的办公室,随即回过头来用手指着我频频点头,含笑而去。两位老师这段无声的表演给我吃了个定心丸,他二位都同意我上正课时还可以附带练私功,这就给我节约了好多时间,我自己规定的用一百天完成提高功力的任务也就肯定可以做到!想到此,我心情格外舒畅,似乎觉得腿的筋络也伸开了,背上披的大靠也不勒得难受了!

这时下课铃响了,我立即收回压在窗台上的腿,连续不断地猛踢,以此缓解压腿时间过长带来的筋络不适之症状。紧接着正艳师姐帮着我急速卸靠,我又忙着脱靴换鞋,匆匆忙忙赶到后台师娘的文戏课堂。由师娘为我一对一地上课,给我"吃小灶",是戏校破例为我创造的特殊而又优越的机会。师娘特喜欢我,她不相信没有小嗓这个弱点会限制我的发展,所以自告奋勇要为我"找出路"。但她有四个孩子需要看管,最小的孩子还需要喂奶,且家务繁重,因此她希望校方同意她可以抱着孩子来上课，而不等下课就可以先行离校。师娘说，只要能把我培养成才，她可以不计报酬。就这样，师娘以特聘教师的特殊身份来校为我传艺。

师娘看我来了，还很心疼地问我道："孩子，今天把你累坏了吧！"我忙答："不算太累，我长功了！"师娘又说："你怎么非要去碰这出《大英杰烈》呢！那一套功夫只用在那一出戏上，你跷功这么好，又有大嗓，我跟你关老师说了，梆子戏有很多亮功夫的大戏，肯定适合你，赶明个，我先教你一出梆子《辛安驿》试试，如果成功了，咱们要求校方给你请梆子名师，再来教你几出适合你唱的既能亮跷功、又能亮技巧功、从表演上又能撒得开的大戏，像当前最受欢迎的《大劈棺》《红梅阁》《阴阳河》《梵王宫》啊，你就不用再为这出女扮男装的《大英杰烈》受那么多的苦啦！"师娘是疼爱我，怕我累坏了！岂知我心中在想，师娘说的这几出梆子名剧我要学，也要演，但我也要以李玉茹老师为榜样，学好演好《大英杰烈》！师娘的关心我铭记在心，但自己的诺言也绝不反悔！

《打花鼓》与我之前学过的《小放牛》《小上坟》《打樱桃》等不同，是一出身段繁多、舞蹈性很强、也很有特色的小花旦戏，难度虽然较大，但是非常好看。这出戏的台词和唱腔都不多，单就是将那经过了美化有几缕小穗打花鼓的小棍拿在手中，就能创造出千变万化的舞姿和绝不雷同的优美身段。虽然有难度，但师娘对我很有信心，她认为我这出戏一定能成功！

师娘教学特别严厉，对课时也抓得很紧，每次上课，她只教我一个人，每当她抱着孩子走进课堂后，我那两位师姐夏正兰、杨正珊就立刻接过孩子，站在一旁看课。当师娘按计划教会我该剧的一个片段后，她就算完成任务了，两位师姐未学会之处，则完全由我来辅导，这样我既能反复地复习，也达到教学相长的良效，师娘的这套教学方法虽不正规，但也收到实效。二位师姐与我同时学会了这几出戏，她俩虽没被安排在大众、更新舞台等大剧场公演，却有机会可以在应接堂会的小舞台上展示她们的这几出小花旦戏,演技都相当不错,很受观众欢迎。

而我更是得益于师娘的栽培。这几出小花旦戏,都不用西皮、二黄的京剧唱腔,而是用笛子伴唱的昆曲曲牌,因此使我躲开了没有小嗓的缺点,能够不断上台施展新剧目,且可以载歌载舞地展示我的优美身段和各种功力,显示出小花旦独特的艺术魅力,久而久之观众就熟悉我这个讨人喜欢的小花旦了,我也通过实践不断地提高了我的专业水平。若没有师娘,我焉能获得那么多的演出机会,又怎能在当时成为上海戏校的高材生呢!所以我从心眼里感激师娘,她的赏识我一辈子都会记在心里。

(二)功到自然成《辛安驿》

在我演出《大英杰烈》之后,我心里只惦念那出梆子《辛安驿》,因我早就听关师娘说过:"《辛安驿》这出戏,剧情很别致,旦角假扮花脸,有一场'走边',绑着跷要亮出很多高难度的功力,如连续打三个至五个飞脚,还有搬腿到耳边亮住,走三起三落,连着还要走探海、射燕,还有乌龙斗争并打脚尖,推门时必须以矮步而行,紧接着还要跳上桌子左腿,把右腿抬到耳边,亮住相!"这出戏难度太大了,我能演好吗?心里真是没底啊!为演好这出决定我能否有较大发展的重头戏梆子《辛安驿》,我下定决心,咬定牙关,心想:不管多难,也得把这出戏拿下来!

第二天,我兴冲冲地来到教室,信心十足地想提出要向师娘学《辛安驿》的要求。只见恩师关师娘笑嘻嘻地走进课堂,我心里豁亮极了:昨天的演出,师娘肯定满意,我就等着听表扬吧!师娘的开场白也果然是以表扬为主,我听得心里美滋滋的,正欲得意之时,不料师娘调转了话头,用很严肃的语气问到:"你是不是觉得你现在已经很不错了?"我立即从刚才的独自兴奋中回过神来,急忙回答:"没有,没有!""你昨天的戏又唱对了!你红了?"关师娘又说。我急于解释:"不不不,我昨天也只是懵对了，离唱好了还差得很远很远呢！"对我这番话，师娘似乎还满意，她稍微缓和了一点情绪，对我说："孩子，我真怕你被昨天的掌声和校领导的称赞声冲昏了头脑！要知道，胜必骄，骄必败，只要你自以为是，那你肯定要走下坡路，我是疼你，才提醒你别犯那样的错误！"我忙应答："是是是，我自知还差得远呢，哪敢骄傲！"师娘接着说："按说在女生中，你的功力应该说是不错的，可要是和男生相比，就你这点基本功又哪到哪啊！你敢跟你二师哥刘正裔比腿功吗？"我心想，这我真不敢。"他的《八大锤》，穿着厚底搬腿都能靴底朝天耗上一分钟，然后再转向'射燕''探海'，最后用双手耍双枪花，再亮个单腿独立的很美很帅的威武相，这些你行吗？"我羞臊地低下头，自叹不如地回答说："我不行。"关师娘说："你还知道自己不行，这就说明你还得加把劲儿苦练，要向你二师哥好好学习，你的目标就是腿功要超过他！"我表态说："我一定刻苦练功，争取能超过他。"

关师娘接着问我："我知道你是想学《辛安驿》，那你能连续打几个飞脚？"那时我们女生每天早上练功的时候集体挨着走，一般都是打两个。虽然没试过，但我想连续打三四个应该没问题吧。"我要让你一口气连着打五个，单脚落地，不许打顿，紧接着第二个起范儿，如能连着打五个，都能达到我的要求，就算你会打飞脚。"我心想这有什么难的，马上答复"我试试看。"我面对师娘马上起范儿，谁知并不像想象中那么容易，刚打第一个飞脚落地时，脚尖的位置就有一点儿偏，待连续打第二个飞脚落地时，我已经背对观众了。师娘马上说："停！你看看，这刚第二个，你就偏台了，等你打完第五个，这人还不掉到台底下去了！"当时我也懵了，这一试方知师娘提出的要求肯定是难以完成了。因起飞脚时旋转力很冲，单脚落地根本站不住，另一只脚必须搩一步才能再起范儿打第二个飞脚，如搩脚的方向略有偏差，待飞脚落地，肯定偏台，别说是连续打五个，就是连续打三个，以"啪、啪、啪"清脆的声音亮给观众，待单脚落地时不偏台，脚绑着硬跷站立得纹丝不动，再亮个很漂亮的相，恐怕也很难做到啊！师娘已看出我的畏难情绪，说："怎么样？你试的结果说明了什么？"我脸涨得通红，低头回答："有难度，现在连打3个都困难，连打5个肯定不行，师娘请您多多指教，再给我点时间，我加倍努力练，肯定能让您满意！"听我这么说，师娘说："好！我现在给你任务，每天必须按我所说的，一次先打3个飞脚，方向要准确，不能偏台，单脚落地不能摇晃。站稳之后，立即搬起左脚亮'朝天蹬'，要连续5个三起三落，然后单脚下腰达到身体平衡，亮'射燕'相，再翻转身来改变为探海相，待单脚旋转扭过身来，面向观众，要以"嘣、噔、呛"的锣经来约束自己，亮一个武花脸式很帅的栽拳相。这个亮相必须耗上一分钟，才能结束。这个从飞脚开始，连续不断显示你各项功力的组合，我要求你从今天开始，每天要练10遍。等10天之后我再检查，如果练得差不多了，我还要给你加码，就是说要从打好3个飞脚，增加到5个飞脚，从现在的5个三起三落，增加到10个三起三落。天下无难事，就怕有心人！你不是能苦练吗？那就看你的了！10天之后，让我满意了，咱们就一点点给你加码；如果10天之后你达不到我这个要求，那这出《辛安驿》咱们就免了吧！"师娘的话就是将军令，我必须遵令而行，我在深深向她鞠躬行礼感谢她的指点时也暗下决心：练不好这几门功，我誓不为人！

师娘没等我这羞臊劲儿缓过来，紧接着又问："你打脚尖的功夫怎么样？"我说："还行吧，接连打20个没问题。"师娘又以讽刺的口吻反问："20个？这是刚起步！你自己以为还行啊！告诉你，至少得能连续打50个，到了台上才能轻松、顺溜地打30个。还得看你蹲的姿势正确不正确，打起脚尖的脚，是不是能伸直、伸平，这些必须都得规范，之后再说打脚尖的数量和快、冲的质量，还要和锣经配合得非常默契，这才算是好！如果光有数量，没有质量，等于你不会打脚尖，你也别来糊弄我！"

师娘对我说："你先打30个让我看看。"当时我想，打脚尖应该是经得起考验的，在公演《小放牛》时，没等我打完20个，台下观众都已经掌声如雷了，因此立即信心十足地蹲下，"踢踏、踢踏……"自鸣得意地做了起来。没费多大劲，就打完了30个。我看着师娘，满以为她会表扬我，哪知师娘不但没表扬我，却反问我："孩子，你的打脚尖，你觉得能算合格吗？"我立即感到师娘语气不对，焉敢逞能，只好顺着她的话说："不太合格吧？""哪儿不合格，你自己不知道吗？"师娘又问。我忙答："请师娘您指教吧！"师娘说："看看你蹲的姿势，撅着个屁股，哈着个腰，腰不挺拔，你的脚能抬得起来吗？脚不能伸平，你的双手怎么能巧妙地打到你的脚尖上？"师娘像是看穿了我的心思，说："别以为你演《小放牛》时，观众给你鼓过掌，你就自以为你的打脚尖很不错了！你别吃错了药！观众是看你年龄小，在台上很出力气，给你点掌声，是为了鼓励你。依我看啊，你距离合格还差得远呢！你到镜子前去对照一下，你的蹲相和打起脚尖来的姿态，这三者都不能协调和统一，能算是合格吗？"我立即到镜子前，注意把腰撑住劲，蹲下时不撅屁股，哪知此时此刻我的腿脚竟难以伸平，平时打的特溜的"脚尖"，也不听我的话了。

这我才意识到，师娘说我"不合格"，是用规范的范儿来严格要求我，而我原来自知打脚尖是不太规范，只能蒙外行，虽也能获得掌声，但走出来的姿态是经不起仔细观察的。这也说明，每一项技巧，虽然会了，但若没有达到好的标准，就不能算是合格！师娘对我的要求太正确了！我马上对师娘承认自己是不合格的，并诚恳地请师娘给我纠正、改范儿。师娘又露出了慈祥的笑容，安慰我说："现在我给你泼盆凉水，是降降你的傲气！你现在已从小花旦的基础上往大花旦的路上奔了，大花旦的戏路很广，你真要把梆子这几出有技巧、有特点的大戏都拿下，将来就能挑班挂头牌！孩子，你可得知道，每出戏都有不同难点的绝活，你都得把它演好了，观众才能买你的账，若是哪门功不合格，这个基础打不好，你还想出人头地？没门！再说这些功都是年龄越小就越好练，这叫童子功！你现在如不马上纠正范儿，等你长大了，你想改，都改不过来了！"

关师娘说，我还想问你，男生"边挂子"走边中有一段"飞天十八响"，你会吗？我毫不犹豫地回答："我会，我给您走一遍。"说时迟那时快，我已经很顺溜、脆快地给师娘走了一遍。师娘满意地说："这个还行。打今儿个起，每天必须走十遍，要达到滚瓜烂熟，而且要练得特别飘才行。"师娘又不忘嘱咐我："其他那几项功夫，十天之内，也要按我的要求每项都合格才行。我对你严格要求，都是为了你好，如你能接受我不断地加码，那么一个月之后，你这几项功夫都合格了，咱们就开始学《辛安驿》；如果你一不改范儿，二不加班加点地练私功，到时候功夫不过硬，我能给你说戏吗？别忘了，戏好学，这功可不好练啊！别看这出戏只占四十分钟，可是从周凤英女扮男装（大花脸）上场开始，一段'走边'，合情合理地安排了多少卖弄技巧和显示功力的机会啊！如果你有一项功夫不到家，这出戏就算白唱！不仅是唱砸一出戏，那几出功夫比这出更难的大花旦戏，像《蝴蝶梦·大劈棺》《红梅阁》《阴阳河》《梵王宫》等，你就休想再唱了！孩子，成败可就在此一举了。"

师娘的态度非常严肃，这也给了我很大的压力，我焉能放弃这学演大花旦戏的机会！何况那时正是上海滩各坤伶争演《大劈棺》的鼎盛时期，我早就向往也演这出戏，和大角儿争个高低了！当时我想，上海滩的舞台上没有唱梆子的，而唯有我唱，各大坤伶能绑硬跷唱这出戏的也为数不多，而我是个小学生，跷功、特技功都还可以，即使不如她们，观众也会体谅我是"小囡戏"，我要力争比她们强！这口气非争不可！我也不知又从哪儿冒出一股冲劲儿，说："师娘您就放心吧！有您这样的恩师时刻督促我，我能不知好歹吗，我先把《辛安驿》唱好了，再早一天把《大劈棺》推出公演，让我们上海戏校的'小囡戏'跟她们各大坤伶打对台。我要为自己露脸！为母校争光！"师娘马上接茬，"看看，你又逞能了吧！孩子我告诉你，这逗能可不是优点，早晚你会栽在逗能这个毛病上，快收起你这瞎逗能的劲儿吧！"

师娘的金玉良言为我敲响了警钟，我顿时感到当务之急就是按恩师的要求改范儿，正确、规范地苦练各项基本功。我也懂得了一个道理，那就是"将就"和"讲究"的区别。我们练基本功时，两位老师既要看40名男生，又要看20名女生，且众生所练的内容均不相同，看功老师真是顾不过来，而我们大部分学生又都是不懂艺术技巧的"白丁儿"，所以只要老师给我们开范儿练一门功，例如"打飞脚"，我们就照猫画虎一招一式地学着练，满以为完成在垫脚起范儿急旋转身的同时，用左手拍响高抬如飞来的右脚的鞋底，同时发出"啪"的一声，这种形似动作，就算是已学会"打飞脚"了，哪知这其中的奥妙极深，好坏大有区别。这就必然形成教、练都是"大锅饭"。过去我每天练的功夫都不太规范，只能算是"将就"会了，如按师娘严格的高标准来考核，用她"讲究"的规范来要求我，那我就不合格了。不过幸好问题发现得早，经过师娘的纠正我更加努力地加倍苦练，仅半个多月，我这几门功也算走上正轨，达到了让师娘满意的程度。现在想想，我是多么幸运啊！若没有陈师教我"巧练跷功"，若不是师娘对我严格要求，我岂不还停留在"将就"的阶段上自以为是？这也可以说是我从自身的失败中得到的教训，晚辈们一定要引以为戒啊！

功到自然成。各项功夫都练到位了，戏并不难学。经师娘精雕细琢，一出梆子《辛安驿》很快就对外公演了。别看"店房"这一片段仅40分钟，但情节曲折，随内容所展示的技巧很多。且当时上海已经很久听不到梆子腔了，而这出《辛安驿》是用高昂激越的梆子声腔来表达。在演出中，我遵照师娘的要求，亮出过硬的功夫，而我的大嗓很冲，非常适合唱梆子腔，再加上我在舞台上很撒得开，观众觉得我表演细腻逼真，功夫过硬，小小年纪很卖力气，给予我很多掌声和鼓励。

五、梁连柱老师教我练武生硬功

梁连柱老师对我们每个同学的成长都非常关注，他经常根据每个学生的特点帮助练好基本功，还经常加班加点给没能承担演出任务的其他同学另开小灶，教会他们应该学会的各项基本功。

在陈桐云老师已经许下我练好各项功夫他教我全部《大英杰烈》的诺言后，为让我练好厚底的基本功，梁连柱老师嘱咐说，从明天开始，你进校门就别绑跷了，改穿上厚底靴，跟男同学一起跑圆场、打把子，要以武生的规格来要求自己，男生所练的一切你都得跟上，不会之处就来问我。我遵照师命，第二天一进校门就蹬上厚底靴，谁知顿时感到，这和绑跷功的范儿完全不一样。跷功的重心在脚的大拇指上，需要绷脚面；而穿上厚底靴，脚的重心在脚后跟上，需要勾脚面。生行的台步和跑圆场都必须勾着脚面，把脚跟先踹出去，然后着地，渐渐地脚心和脚趾再着地，双脚相同，交叉地往前走。在跑正圆场的同时，还得举起双手托着大刀来控制住上身不能摇晃。这些每天必练的基本功对男生来说习以为常，像学武生的王正

1954年，梁连柱老师刚进中国戏校任教

埕、刘正忠等，跑起快步真像一阵风似的，而这可真把我给难住了，厚底很沉，我哪里勾得起脚面！右脚刚落地，身子晃晃悠悠的，左脚竟也不受我支配似的很难抬起。怪不得陈师说，恐怕你一穿上厚底，该迈不开步了，我真是迈不开步了！当我拖着沉重的脚步进入男生跑圆场的队伍，真是很难跟上他们，就更不要说双手举大刀来控制自己的上身了。

但也不能显得我不行啊，我就强努着劲儿一瘸一拐地落在队伍的后面。梁师知道我还没找到范儿，就很慈祥地让我出列，还耐心地教导我说："你没练过厚底功，得先找找范儿，这和你踩着跷跑圆场不一样。今天你就别跟着队伍一块儿练了。"说着，他转身叫我二师兄刘正裔，对他说："你今天给正芳找一找武小生的脚步和跑圆场的范儿，让她尽快掌握，好练成武小生的这套基本功。学校给她安排学女扮男装的戏，你辅导她最合适，要尽到你二师哥的责任。"二师兄刘正裔是唱武小生的，他功力很深，也是我校的高材生，如《林冲夜奔》《石秀探庄》《八大锤》

1980年，在梁连柱家。前排：梁连柱（左一）、关盛明（左二），后排：关正明（左一）、张正芳（左二）、陈正岩（左三）

《雅观楼》等都是他的拿手戏，屡演不败。从此刘正裔就成为我的辅导员，带我单独练，他很耐心地教我一招一式，果然很有成效，没过几天，我的小生台步以及圆场功夫就有了明显的进步。

梁师又让我在上把子课时披上大靠，扎上四个大靠旗，全身披挂后再打把子。练功的大靠和靠旗都是用麻袋片做的，份量比女靠重一倍，男靠的靠旗杆又比女靠的靠旗杆长，这在无形中又给我增加了难度。穆盛楼老师给我扎大靠时，很严肃地对我说，你看你多"偏得"啊，男生上把子课也没让他们扎大靠，这是让你多练练靠功啊！你能得到这种特殊待遇，还不下决心刻苦练功。要知道功夫不亏人，下一份功夫就见一份成绩，要怕苦怕累你就别干这个。穆老师语重心长的教诲我永远铭刻在心。我立即答话道："老师您放心，再苦再累我也不怕，您就看我通过努力长能耐吧。"话是说出去了，而这身靠披扎在我身上，真把我给捆住了，我随意转了几个身，即兜起很大的风，心想若到了台上，打起把子，必然身段多的是，我能玩得动吗？我边想边回练功房，男生们都用好奇的眼光盯着我看，还说她怎么扎上大靠了？梁师马上对他们说，学校要给正芳排女扮男装的戏，所以她要改练武小生的功夫，但她没有穿过厚底，你们都要帮助她，让她早一点把武小生这套功夫练好。梁师问男生们："你们都能帮助她吗？"没想到，男同学们异口同声说："愿意帮助她！"这句话多么暖人心窝啊！对我是多么大的鼓舞啊！霎间我勇气倍增。要想演好这出戏，就是要准备迎接困难的，怕什么劳累辛苦呢，迎难而上吧！

迎难而上，就是要在短时间内练好这几门功夫。于是我决定每天中午不回家吃饭了，利用中午的一个半小时在空闲的排练场上多下功夫，多长功力。想到只要把武小生的这套功夫都练出来了，陈师定能教会我这出《大英杰烈》；想到将会有更多的观众喜欢看我的戏，我将会在舞台上获得更热烈的掌声；想到那样我就有可能成为好角儿，有可能挣钱养家……我的勇气顿时倍增。

我抢先排在打把子的队伍中，争先对打"小快枪"。按把子课的规定，学生们排好队，先由两个学生对打，分上、下把，上把是胜者，下把是败者，一套打完，下把（败者）下场，再上一个同学和留在台上的胜者，漫头一别，过来过去，新上来的则是上把，留台上者则变为下把（败者），其目的是让学生既练上把，但也必须学会下把，到了舞台上才能适应各种各样不同的把子对打。同学们都是按此顺序来练把子功，而梁师对我的安排是第一套"小快枪"我是上把，开打时没有过高的要求，而最后【四击头】必须用背枪式，先用右腿向左踢，然后身体往后闪腰放平，略为停顿，立即翻身形成"探海式"，待右腿落地半蹲后，再走一个用四个靠旗子扫地，像车轱辘飞快走动一样的大"鹞子翻身"，然后将背枪式通过云手把枪晃到胸前，和左手配合，双手绕一圈腕花，最后伸平右手，提吸起左腿，同时右脚"跺泥"，亮一个大将得胜后很洋洋得意、又很自豪的相。而这些复杂又有难度的动作必须在一个【四击头】中紧密地配合锣经节奏同时完成，这就有一定的难度。梁师还强调："你打完了头套'小快枪'后，紧接着第三个同学上场，他对你漫头一别，仍把你归在上把，接着打'大快枪'，这次的结尾【四击头】的亮相，不能和前面相同，我再给你设计一个动作，肯定也得有亮腿、亮功力，有技巧的结合，这才能让观众看得满意，他们才能欢迎你，为你鼓掌！"

梁师这个要求，完全是为我练真功夫设计的。以往，我绑跷打把子时，可真是身轻如雁、随心所欲的，不管是接蓬头，还是手舞弄枪杆，几个转身，既快、帅，又冲，同学们都羡慕我身上灵活、漂亮，我也以此自豪。而现在，我身披这身非常沉重的大靠，这套"小快枪"刚打一半，几个连续的转身，再加上枪支的舞动，已经累得我上气不接下气，体力精力都跟不上，而最后还得来个"金鸡独立"亮相，这单脚落地怎能站得住啊！我勉强用了"金鸡独立"单脚跺泥落地，但实在是站不稳，身体晃晃悠悠，左腿马上落地才没有倒在地上。真是隔行如隔山啊！同学们看到我的丑态，都止不住地笑我，当时真羞得我无地自容，忍不住内疚地泪流满面了！梁师又急忙安慰我说："看你这点出息，还有脸哭！没站住说明你功夫还没练好，那就接着再练呗！功夫是靠吃苦受累练出来的，不是哭出来的，你要是怕苦怕累就别唱这出戏了！"我立即止住眼泪向梁师表示："我不是怕苦怕累，我哭，是哭我自己没出息，打今儿个起我非把这几门难度较大的功都练好，我要是练不好，我就不是张正芳，希望老师和同学们都来督促我。"梁师面带微笑点头称赞说："这就对了，我相信你一定能把这一整套武生动作都练好。你先歇一会儿，让他们先打过两对儿，等第三个你再接着上场打'大快枪'的上把。"梁师是让我休息片刻再打"大快枪"。

这一次好像比打第一套时略有进步，结束时，梁师要求我用另一个腿踢枪花，即背枪走大翻身，最后还是要用跺泥亮相。我虽然仍站不太稳，但我明白了一个道理，这样高难度的动作，必须持续不断地每天练几十遍，甚至几百遍，才能达到站稳的目的。我深感要想在短时间内练好这套功夫，练功的时间真是远远不够，即使中午不回家吃饭，仅加这一个多小时的训练，也肯定练不出过硬的功夫。苦思冥想，我终于眼前一亮，想出了个"巧练腿功"。或许只有这样才有可能实现愿望！下了把子课，我没有卸靠，背着靠大摇大摆地走进陈师教文戏的课堂，陈师抿着嘴朝我笑着问："怎么不卸靠了？"我说："接着练勒靠的功。您教我《乌龙院》时，我能不能同时练吸腿、耗腿、片腿？这并不影响您给我上文戏课，您说可以吗？"陈师理解我的心思，马上说："好啊，亏你想得出来，这不也是见缝插针巧练厚底功和耗腿功吗？我同意了，咱们就这么上课吧！"就这样，陈师一边为我传授《乌龙院》之阎惜姣，同时又监督我练静止动作的腿功等等。

"当啷！当啷！"下课铃响了，送走了陈师，霎时间，同学们欢声笑语，忙作一团，男生脱靴，女生卸跷，恨不得立刻飞回家去吃午饭。而我此时只想利用排练厅的空闲练私功，哪顾得回家吃饭啊！虽有雄心壮志，但此时我已疲惫不堪，脚踏沉重的厚底勉强迈步，刚踏入排练厅，咕咚一下子，我就坐在了地毯上，呼呼直喘，要不是身后背着四面靠旗子，真恨不能马上躺在地毯上好好地歇一歇。真是好累啊！累得我都睁不开眼！就在这闭目养神之际，李玉茹老师改扮男装、扎大白靠饰演的陈秀英英姿飒爽地正在起霸的形象出现在我眼前。

六、宋德珠老师亲授

1941年，"四小名旦"之一宋德珠刚成立了颖光社首次赴沪，在上海更新舞台公演，学校领导即请他来校传艺。当时我们在更新演日场，宋师在更新演晚场，北京中华戏校所培养的"德、和、金、玉"众师兄弟都傍他演出。当时由赵德勋、何金海两位老师先替宋师为我们说戏路子。萧德寅教焦赞、赵德钰教孟良、林金培教杨延昭。这些老师对我们都非常负责，一对一地教，很快我们全都学会了这出《杨排风》，老师们都非常高兴。那时我才12岁，老师们都亲切地叫我小芳。我

1982年，张正芳与童年老师宋德珠（四小名旦之一）合影

白天演戏他们看，晚上他们演戏我也天天看。

恩师赵德勋给我出了个主意，说："我给你说这出戏，只能说《杨排风》的戏路子，宋德珠的俏啊、媚啊、脆啊我走不上来，你等宋师演完戏去找他，让他给你再看看。"我说："宋老师演了一天戏了多累啊！我怎么好意思。"他说："没关系，你找他，他准能给你说，他挺喜欢你的！"于是我就按照赵老师说的，等完了戏到后台，见宋老师搌了头正抽烟呢。"哦，小芳来了！"宋老师见到我问。我说："来了！"他说："看戏了？"我说："看了。"他又问我："你的戏学到哪儿了？"我说："《杨排风·打青龙》刚学到昆曲'整凤钗绣鞋，怎知俺女裙钗，哎呀'【垛头】扑虎接乌龙绞柱这段，赵老师说他这段戏教的还不行，没有您那个俏啊、媚啊、脆劲儿，他让我走走，请您给看看！""看！走！"说着他放下烟卷即上舞台。那时候地毯非常昂贵，私人老板特别珍惜，一演完戏地毯立即就卷起来。"放开，放开，放开！"宋老师一句话群起而上，立即把地毯放开。他让我走给他看，我就走了一遍。"不行！你这脚面没有绷直！"他说。当时我绑的是硬跷，脚面没绷直，显然难看。"不行，再走！""这次你的腿没掖进去！重走！"我又走了几遍，都不合格。"起开，我给你走走！"没想

1942年，张正芳首演由宋德珠、赵德勋、何金海亲授《杨排风》①

---

① 《杨排风》是一出传统武旦戏，四小名旦之一宋德珠先生曾以此剧打炮。张正芳学成后，由于她的基本功扎实，初演时即受观众热烈欢迎，被誉为"小宋德珠"，其后到各地演出，即以此剧打炮，由1942年到1964年期间演出了100余场。

1986年，张正芳与童年时代老师赵德勋（右）、何金海（左）合影

到，当时他竟亲自给我示范！我太幸运了！那时候哪儿有几位老师能亲自示范呢，何况他可是"四小名旦"啊！

就这样，我按德勋老师说的，每天晚上都去找宋德珠老师，请他为我指点。宋老师在更新舞台演出一个多月，我也得到他的嫡传，宋德珠老师为我传授了《杨排风》《扈家庄》《金山寺》《摇鼓战金山》四出"宋派"代表剧目，因此，我学到了这四出戏的精华。之后宋老师离沪返京，这几出戏就成为了我的代表作，《杨排风》更是成为我的叫座戏，在戏校时期就曾演出100多场，后来我自己挑班，成立张正芳京剧团，到全国各地巡回演出，打炮戏第一天准是《杨排风》。我武戏文唱，并坚持在"一切从人物出发"的基础上演这出《杨排风》，所到之处均获得好评。1959年庆祝新中国成立10周年，辽宁省组织新剧目会演，我的《杨排风》获得第一名，并获得"活排风"之美誉。当年，《杨排风》一剧被各级专家推崇为"推陈出新的典范"和改编整理传统剧目的范本。为此，我还为全省参加汇演的各个团的青年演员传艺此剧,使这出《杨排风》在辽宁省遍地开花。回想起来,宋德珠老师给我留下的经典剧目以及其中精彩的表演使我终身受益匪浅。

七、难以忘怀赵桐珊(芙蓉草)先生

1940年冬,学校特邀赵桐珊先生(芙蓉草)来为我们说戏。在赵老师来校的那天清早,我刚跨进校门,见正秋那天辫子梳得乌油光亮,衣着也特别漂亮。她把我拉到一边,从兜里取出两条红绸带,神秘地告诉我,这是她的阿姨为我俩准备的,让我俩在辫子上打个大蝴蝶结,增添一点喜庆的气氛,以对赵老师表示欢迎。由于那时我家境贫困,得到这条倾注着深切友谊的红绸带时,我感到正秋对我的深情,亲似同胞姐妹。正秋细心地把红绸带在我头上打了个蝴蝶结,我也同样把另一条红绸带给她系好,我俩心里美滋滋的,时而照镜,时而对观,少女时期的喜悦情景至今犹在眼前。从此我俩在学校中更显得格外突出了。那天赵老师来校看见我俩特别喜欢,对校长和教务长说:"她们俩真堪称是你们学校的双璧呀!"

从此,赵老师每隔一天就来给我们上次课。第一出戏是《樊江关》,赵老师教戏特别严格,这出戏本来是派我演樊梨花,小秋演薛金莲,可是在演姑嫂对话时,赵老师时时让我俩对换角色,俩人都或扮樊梨花、或扮薛金莲,这是为了使我俩都能掌握对方的台词,并告诫我们:一台无二戏,你演樊梨花,必须把薛金莲的全部台词吃透;你演薛金莲,也必须把樊梨花的全部唱、念、做学会,这样两个人演戏才能严丝合缝。同时也让我俩都能从语气上表现出两个不同人物的性格。别看都是京白,这作为嫂子又是兵马大元帅的樊梨花和受父母宠爱娇憨天真又爵位不高的督粮官薛金莲,念白语气可是绝不能一样,嫂子对小姑子有疼爱谦让之语意，薛金莲在嫂子面前有撒娇、拔尖、逞能的口吻。所以要求我俩掌握准确的人物语气分寸，在对答如流时，还要充分体现京白艺术悦耳动听的特点，以求给观众留下美的享受，这就比较难了！这出戏我俩真下了功夫，那阶段不仅在赵老师的课堂上用功，一字一板，一腔一调，丝毫不许有差错，我俩下课后，也常边走边对词，互找语气，互挑毛病。在课余之后，只要俩人碰在一起，哪怕是放学、上学的同行途中，也分秒必争地不放过对白机会，而且相互挑剔对方的不足之处，以使这戏达到高水平，让赵老师满意。又一次我俩乘三轮车"赶包"，从更新舞台（现中国大戏院）演完日场去赶堂会，就在车上背起戏来，相互争吵不休，忘掉自己是在车上。三轮车夫听到我们争吵，便突然煞住车，回过头来为我们劝架呢，这下可逗得我们哈哈大笑起来！当我们告诉他"我们是在背戏，不是吵架"时，车夫也笑起来了。他再一看，我们年龄相仿，身材相同，穿着打扮也差不多，他恍然大悟地说："你们就是戏校的姐妹花吧！"就这样，我俩唱、念、做、打、舞的规律彼此心中都是一清二楚的了。后来《樊江关》正式公演时首场在上海黄金大戏院，正秋演薛金莲，我演樊梨花，赵老师在上场门亲自为我们把场。开戏前，他再三嘱咐："孩子，沉住气，要把这出戏唱好，演活！看你们是给我露脸

1988年夏，张正芳为大连艺校学员教授《樊江关》

呢，还是给我现眼？你们放大胆，照排戏的样子演，就给我露脸了。"我们真没有辜负赵老师的期望。上海的老观众说："不愧是芙蓉草的传授，这对姐妹花真是珠联璧合呀！"赵老师也十分满意，逢人就夸："小秋、小芳没给我现眼，是给我露脸了！"赵老师确实是非常满意的。所以随后他又主动教会我俩全部本《乾坤福寿镜》，小秋演夫人胡氏，我演丫环寿春。我俩所合作的戏，都配合得非常默契。赵老师在我俩身上倾注了很多心血，所以凡是我和小秋合作的戏，在观众中的反映都特别强烈，我俩自己也觉得最满意。后来我单独挑班，再演这些戏时没有小秋同台，总觉得别扭。没有人能像她和我演戏时配合得那么严丝合缝的了。1961年我到北京时见到赵桐珊老师，谈起正秋，他说："再找到像正秋那么个演员，难啦！像你们俩那么用功的也太少了！可惜呀，你们不能在一起合作啦，那出《樊江关》，我是真没找出第二对能像你们那样的好学生！"是的，自我和正秋分手后，我虽然也同其他几位知名的演员合演过此剧，但总感到不是那么合手。

顾正秋在她口述《顾正秋舞台回顾》一书时，也提到了《樊江关》。她说："你不知道后来我多么想张正芳，因为每逢我唱这出《樊江关》，别人和我搭配合演，我觉得没有和张正芳同台时候过瘾。"她还把我俩合演，说成是"珠联璧合"哩！她每演这出《樊江关》时，便经常想念着我。

八、朱传茗老师教《双思凡》

昆曲"传"字辈无疑是昆曲艺术承前启后的一代。他们中名角甚多，但是当时只窝在东方书场演出，很少有人看戏，很不得意，到我们学校教学可以稍微挣一点代课费，所以朱传茗、周传英、王传淞等老师都来我们学校教戏了。由于我们演出场次不断增加，为满足观众的欣赏要求，就必须增添更多的精彩剧目。为此，校方又请昆曲名旦朱传茗老师为同学授课，他教了我们许多传统昆曲剧目，如《游园惊梦》《费贞娥刺虎》等等。特别是教了一出《双思凡》，给我留下了极深的印象。

记得那是个风和日暖的好日子，以许晓初先生为首的多位校董，早早到校来欢迎朱先生光临任教。教务主任关鸿宾、郑传鉴老师（朱传茗先生师兄）更是亲自登门去接，将欢迎仪式搞得很隆重。仪式结束后，顾正秋和我被叫到朱传茗先生面前，给他行跪拜礼。朱老师高兴地急忙搀起我俩，不断地端详我俩，边笑边说："你俩可真像一对双胞胎啊！在上海滩已经有点小名气啦！我早就想把我的几出看家戏往下传了，可没处去找这么好的一对好学生啊！这回可太中我意了，承蒙你们校领导这么信任我，我也感到很荣幸，一定尽心尽力地教，你们这一对姐妹花也要努力刻苦地学哦！"在与校领导商量教什么剧目时，朱师坚持教《孽海记》中的一折《思凡》。朱师跟我们说："其实《思凡》不能算最严格的传统昆曲，传统昆曲太文雅，引经据典，你们小孩子都不懂，不懂怎么演得好戏呢？《思凡》这出戏台词通俗，你们一听就懂，观众也听得懂，五段曲子都不太难。"郑传鉴老师在旁边听了，笑着说："曲子不难，可是身段很难，昆曲不像京剧，凡是有唱，都要有身段，一个人在台上四十分钟都停不下来，就凭不断地唱、念、做、舞，来完成这出独角戏。跟朱老师学会这出戏，你们每个人的身段都能达到顺溜、协调、漂亮、美的境界。"朱师的第一课，是讲《思凡》和"拍板"。朱师说：《思凡》这个戏讲的是有个小姑娘，从小削发为尼，取名色空。到了十五六岁的时候，她心里慢慢有了开化的感情，先是在佛堂里念经，感到无聊、厌烦，便走出佛堂，偶尔发现山下有个帅小伙子在关注她，更使她心起波澜。但又不敢与之交谈，带着忐忑不安的心情，走到了'大雄宝殿'。见到神态各异的十八罗汉塑像，似乎给了她启发，应该摆脱目前的困境，去追求和俗人同样的幸福生活，最后她下定决心逃下山去。这个过程是用情感表现出来的，这个情感在我们昆曲里边就是唱曲配合身段的表演，所以唱曲是第一步的，曲子唱不好，你就不知道为什么身段必须要安排在这里，为什么贯穿起来又是载歌载舞的舞蹈。"学唱前先教"拍板"，昆曲的"拍板"和我们京剧是不一样的，朱师告诉我们，《思凡》前四段都是"散"起，昆曲"散"唱要稳，"多多"做"尺寸"，【诵子】是一板三眼到底（相当于京剧的慢板），【山坡羊】、【采茶歌】、【哭皇天】这三支曲子，都是一板三眼后面转一板一眼（相当于京剧的原板），【风吹荷叶煞】从头到尾都是有板无眼（相当于京剧的快板），要注意节奏的变化是否符合小色空的心情。讲过曲式，便开始学念字了，朱师说："学唱先要学吐字，一个字要分清平、上、去、入，然后要讲究字头、字腹、字尾，这才达到字正。"念字后对学唱的讲究就更严格了，昆曲没有过门，朱师对大小气口、偷气讲解得都特别清楚，把唱法中撮、垫、迭、啜、擞、滑等的运用也都教得清清楚楚。朱师教学很严格，唱曲、拍板、吐字、归音、行腔，错一样都不行。

"拍板"完成之后，就开始"下地"了，朱师给我们一人一个云帚，告诉我们："《思凡》是出独角戏，小色空手中只有云帚一种道具，就凭这个云帚的千变万化和水袖的巧妙结合，帮助你表达和台词相符合的连贯动作，塑造出各种优美的身段，才能让观众从看昆曲而获得美的享受。所以说《思凡》这出戏，是给初学昆曲的学生最好的开蒙戏，也是考验这个学生是否有了扎实的唱念和身段基本功的试金石。这出戏的身段比唱念的难度还要大，没有扎实的基本功是演不下来的；如能把《思凡》这个独角戏演好了，说明昆曲的基础打得牢靠，那今后再演别的戏就容易多了。"我俩听后立即表态：不管这出戏难度有多大，我俩一定认真刻苦努力学、练，直到您满意为止。

朱师教我们时，我们才11岁，但已演过好几出昆曲戏，如《扈家庄》《金山寺》《擂鼓战金山》等武戏。由于各师传艺的方法不同，在学那几出戏时，并没感到有多难。而在朱师的课堂，就觉得太难了！他先是从花旦、闺门旦的脚步尺寸说起，还有边唱边走身段时的举止动作，如上几步、退几步，哪只脚在前，重心在哪，举手投足如何运用眼神配合等，都特别规范。凡静止动作，也都要使每个造型都能成为最美的雕塑精品。朱师的这种高标准给我俩出了难题，而同时，也使我俩对昆曲有了更深的认识，艺术上有了很大的进步。"下地"拉戏还算顺利，时间不长，戏已学了一多半。快到"大雄宝殿去数罗汉"这阶段了，郑传鉴老师常来我们课堂看课，看到我俩已经有了很大进步，他也深感自己推荐得当。那天他问朱师："你看这两个学生，哪个学得更好些？"朱师答："都好，难分上下。"郑师又问："那应该让谁先彩排？"朱师被问愣了，一时很难回答。略思片刻，他灵机一动回答："我让她俩同时彩排，同时演出。"这下轮到郑师听愣了，好奇地又问："这可能吗？"朱师立即理直气壮地回答："怎么不可能？这几天我也一直在想这个问题，她俩可真是非常难得的一对好学生，我就应该利用这个好条件，因人制宜，为我们昆曲做个改革，为她俩改编一出《双思凡》。俩人同时上场，台词、唱腔、身段，都是原来的，只让一个尼姑从上场门上，右手持云帚，她算是正的；再让一个尼姑从下场门上，左手拿云帚，她的身段和动作要和正的尼姑相对称，舞台上双人载歌载舞，画面新鲜，肯定要比单人独唱的《思凡》好看得多。如果到了'大雄宝殿'，再让十八个男生扮成罗汉，塑造出罗汉各种不同的威严神态，很生动地亮在观众面前，肯定会给人耳目一新的感觉，这出戏就由前松到后紧，达到了高潮。那我们就不叫《思凡》啦，戏码改贴《双思凡》！你说我这个设想好不好，能实现吗？"朱师侃侃而谈他的这番设想，把郑师和我俩都听呆了。不过郑师接着又问："你的设想都很好，但我想问你，这十八个罗汉，他们怎么出场亮相呢？你还要考虑到不能影响台上两个小尼姑的表演。"朱师很坦然地回答："这个我早就设计好了，她俩走出佛堂就立即拉上二道幕，再让十八个罗汉登台各找各的位置点，小尼姑唱完'绕回廊散闷则个'之后，她俩走出回廊，到大雄宝殿去的途中，这段戏，绕回廊是可长可短的，我叫它有戏则长，为了让二道幕内的十八罗汉摆好各种塑像，我给她们编排一段顺溜又协调的耍云帚的特殊舞蹈，你说我这个安排是否合适？"郑师马上给予肯定，说："真有你的，这个高招只有你能憋得出来，我真服了你了！"我马上拍手叫好，抢着说："老师，我自告奋勇，愿意学那个左手拿云帚的反面的尼姑，多难的动作我都能下苦功去练，一定让您满意，我们演一出别具一格的《双思凡》，把您的设想变成现实！"

其实我心中早就明白，设计这出《双思凡》，正体现了朱师对我的偏爱，他用独出心裁的策略，就顺理成章地把我也推到了首演的舞台上，否则我根本就不可能得到这样的机会。郑师也拍手叫好说："太好了，你想的这个改戏的路子太好了！小芳自找苦吃的学习态度我早就晓得，她愿扮演这个难度较大的反面手，你们师生已经达成一致了，我马上去找关鸿宾老师来商定此事。"郑师立即请来关师告之此事，并征求他的意见。关师的观念很先进，敢于大胆尝试，从不墨守成规，我们刚开学时，打炮戏中之《八五花洞》就是他的革新杰作，所以他对朱师的创新也特别佩服，马上敲定按朱师的想法搞这出《双思凡》。同时又去安排另两位教武净的老师，梁连柱和穆盛楼，请他们两位负责挑选和排练十八罗汉。我校有个好传统，各位老师都非常团结，教务主任一声令下，梁、穆两位老师立即默契配合。好在我校有的是男生，两位认真地选了18个身材魁梧又表演传神的同学，如刘正奎、万正楼、徐正钧等，来研究罗汉的造型。

要把所有正面的小尼姑的表演，都变成反面的，说起来容易，做起来却是很难的，从原来的右手持云帚变成左手持云帚，从习惯的左手耍水袖变成右手耍水袖，将整个形体的手、眼、身、法、步运用来一个大翻转，朱师又对我们两人的舞台调度做了穿插调整，新编了很多过去没有的优美舞蹈身段，而且要求我们的动作，云帚和水袖，身法和步法，眼神的运用，人物情感的传达，都要达到整齐统一、天衣无缝的程度。虽然难度大，但既然揭了榜，就要下苦功苦练。两个尼姑在台上，有时相互看不见，我就和正秋琢磨，什么地方在"板"上找齐，什么地方在"眼"上找齐，什么地方在"步法"上找齐，什么地方在"水袖"上找齐。朱师又提出让我们在表演中从"纯、稳、忆、活、逃"上去找人物感觉发展的支点，要我二人把人物感觉的支点整齐地化在五段唱中，这样戏就活泛、好看了。经过严格传授和精雕细磨，朱师终于对这出《双思凡》点头通过，认为可以对外公演了，而演十八罗汉的同学也都各尽其职，努力塑造出老师精心设计的不同神态的造型，不仅模仿得逼真，而且个个可以定住神态五分钟纹丝不动。

因这是一出老戏新排的剧目，学校对此重视而又谨慎，特意要求先在校彩排，并隆重地请来了全体校董会成员进行鉴定。彩排那天，我和正秋特别紧张。朱师和郑师则分别在上下场门为我俩把场，朱师安慰我说："不用害怕，你俩学得那么瓷实，准没错。一出台帘，你俩都是小尼姑了，演出一定能成功，沉住气，随着锣经上场吧！"这一番鼓励果然奏效，我俩马上带着小尼姑的情绪上场，第一个亮相就博得众校董和在场所有师生的满堂掌声。在那个时代，这种处理太新颖了，当台下观众看到两个扮相、动作、身形完全一致的小尼姑用同一个锣鼓点，踩着合拍的脚步，风摆柳似的上场，亮着一正一反而又同样优美的相，怎能不惊讶，自然就给予热烈的掌声。

由于第一个亮相就吸引了众人的注意力，所以全场观众都在全神贯注地看戏，我俩更是感到来自台下鸦雀无声的关注，便增强了信心，一字一句，一板一眼，每个身段和唱念都按照老师的教授认真无误地表达，如此下来，每表演完一段，台下都会继续给予我们既肯定又鼓励的掌声。一出冷清、难演、较沉闷的独角戏《思凡》，经朱传茗老师的改革创新，而成为了一出载歌载舞，美不胜收，充分展示唱、念、做、舞功夫的活跃好戏。

戏演到【哭皇天】最后一句"绕回廊散闷则个",此时的情景是,小尼姑心觉烦闷,通过绕回廊,到前面的大雄宝殿去。这里原来的处理较简单,小尼姑缓步走个小圆场,锣经配合打个"台大大台台令台",就算到达罗汉堂了。朱师为了让十八个罗汉能在此时在二道幕后做准备,就特意给我俩在二道幕前加了一段无声的表演,让鼓师开"小锣抽头",且无限反复地打这个锣经点,在锣经的配合和烘托下,小尼姑不断舞弄手中的云帚,表现她已忘却了烦恼,同时,又以龙摆尾的舞姿亮出我俩的圆场功,锣经越打越紧,我俩也随着将圆场跑得越来越快。这种舞蹈设计,是一种特殊而恰当的安排,既符合小尼姑当时的心情,同时,经过三番龙摆尾,二道幕内的十八罗汉也已经全部站立就绪。之后小尼姑念"来此已是大雄宝殿"而进"大雄宝殿"时,二道幕拉开,十八尊罗汉已摆列整齐地站立在特制的"排拉方"(高于舞台一米左右的大道具)上,形貌各异,传神逼真,满台生辉,观众立时眼前一亮!全场沸腾了,怎能不再次给予惊讶而欣喜的热烈掌声?!此时,戏已推向高潮。还没等戏演完,各位校董的脸上都已露出了十分满意的神态。看到此,我俩心中很是得意,我想:假如朱师没有丰富的舞台经验,不具备精湛的艺术水平和敏捷的思路,怎能设计出如此新颖而别致的情节呢?

戏刚一结束,观众就都真诚地鼓起掌来。许晓初校董立即请朱师到前台,众校董除热烈鼓掌之外,都纷纷抢着和朱师握手道辛苦,并赞扬他这出《双思凡》改革创新得好!许晓初校董说:"你把这两个学生教得那么好,上海戏校又多了一出昆曲骨子老戏中之好戏,我们全校校董和老师、学生们都永远感谢您啊!"当时有一位校董总结说:"顾正秋、张正芳,你俩为我们上海戏校增光了,你们要好好地感谢朱传茗恩师,如果没有他费尽心思独创这出戏,又怎么能显示你俩如此默契的光彩啊,你们这出戏称得上'一时瑜亮,无可媲美'啦!还有十八个罗汉,个个活生生的,如此逼真,当前上海滩还有哪个戏校,哪个剧团,有这样强的实力!各位校董，你们说我总结得对不对啊！"此刻，大家一致鼓掌欢呼……

《双思凡》首演是在黄金大戏院，安排在大轴演出。热情的观众早就闻讯昂首以待，不仅客满堂，连站票都卖满了，演出效果比彩排时更为良好，轰动了上海滩。因这出戏对演员的要求很高，一要有两个出色的又肯于合作的旦角；二要有十八个神形兼备的净、生演员，这两个条件限制了当时上海所有的班、社，以至《双思凡》成了我们学校的专利剧目，"一时瑜亮，无可媲美"的誉称也由此不胫而走，观众经常给母校来信、来电话，要求我们重演《双思凡》，他们热爱这出《双思凡》！

然而，1945年，上海戏剧学校停办，我和顾正秋各奔东西，这出《双思凡》也就销声匿迹了。尽管如此，但是那份师生缘、师生情始终活在我心中，凡写回忆我学戏的文章，我总要谈到朱传茗先生，希望能再现《双思凡》，使之接受观众和时代的检验，这该多么好啊！这么好的戏真要失传了，那可真是太可惜了！我心中念念不忘，总想把这出戏传承下去，这不仅是完成我的一个夙愿，也能在冉冉的清香中告慰我的恩师朱传茗先生！没想到这一天真的来了。

2013年5月12日，评剧老艺术家、90多岁的筱俊亭在北京收林童为徒，在这个隆重的拜师会上，我偶遇到了北方昆曲剧院的凌金玉书记。我向他谈及了《双思凡》即将失传的情况。凌书记听后感到惊讶："没想到您在上海戏校还得到过昆曲名家朱传茗先生的嫡传，这出《双思凡》您就传承给我们北昆吧！"他立即和杨凤一院长联系。几天后凌书记就安排了青年演员张惠到我家来学习。我觉得北昆的领导对骨子老戏的传承和青年演员的培养工作都极为重视，这也调动了我的积极性。

从2013年5月16日开始，张惠一周来我家两三次，无论酷暑，还是寒冬，她从不间断，认真探讨和学艺。至11月底，戏基本的大路子已定局，北昆又派来陈娟娟，让她学习左手拿云帚的尼姑，她们二人配合得非常认真。我们师生三人团结一致，这对小尼姑的戏于春节前就全部都完成了。春节后，我又特邀了北昆的非遗项目传承人、老艺术家周万江，请他帮助设计十八罗汉的造型。周老师特别认真负责地带着张惠、陈娟娟到潭柘寺去采风，先学十八罗汉的神态，又结合数罗汉时的台词，给符合台词的罗汉找合理化的身段，使这出戏增加了色彩和亮点。

经过 100 多天的奋战，在各个部门领导同事的配合下，这出《双思凡》终于于 2014 年 7 月 17 日下午彩排了，很多同行、专家、学生们都来观看，难得的是，大家一致认为：这是一出特有个性的昆曲好戏，并一致肯定，朱传茗先生在 40 年代就能这样敏锐地捕捉到时代的审美意识，真是后辈楷模。观众真诚的关心更使我们师生 3 人增强了信心，我们根据大家所提出的宝贵意见再次吸收、改进，连续不断地加工排练，《双思凡》终于于 9 月 25 日在梅兰芳大剧院公演了。

当天，我坐在观众席上，心情非常激动，全神贯注地注视着舞台，也不忘聆听身后观众的反馈。两个小尼姑同时上场，就在亮相的那一

2014 年 7 月 18 日，张正芳在北方昆曲剧院传承由朱传茗教授的《双思凡》，由学生张慧（左）、陈娟娟（右）演出《双思凡》剧照

2014年7月18日，张正芳亲授的《双思凡》在北方昆曲剧院彩排后合影。曹颖（左一）、凌金玉（左二）、陈娟娟（左三）、张正芳（左四）、张慧（左五）、杨凤一（左六）、周万江（左七）

瞬间，观众给予了她们热烈的掌声，我听到周围的观众边看边议论说，"两个小尼姑，一模一样啊！""身段好美啊！""边唱边舞表演多新颖啊！""这十八罗汉的神态，真生动啊！"怎么连观众的赞叹声都和当年如此相同呢？我似乎看到了七十多年前，我和顾正秋在上海演出时的情景，眼泪也有些止不住了，默默对天祷告：恩师您当年革新创造的《双思凡》，今天在北京和观众见面了，没想到70年前的戏，还能有这个时代的精神。正芳我对昆曲没有什么贡献，今天替您传承了这出戏，是我老有所为的应尽职责，我替祖师爷传道了！

九、重金聘请"四盏灯"

校领导和关师夫妇也由《辛安驿》看到了我往梆子大花旦发展的前

景，于是用重金聘请来当年曾红极一时的梆子名伶"四盏灯"（原名周咏棠），为我传授他的"看家戏"，第一出就选定了《蝴蝶梦·大劈棺》。"四盏灯"青年时期跷功绝活很多，各项基本功也都十分过硬，在他所演的剧目中，如《红梅阁》《阴阳河》《梵王宫》等，都以不同的技巧来施展他符合剧情需要的各种功力，所以每到各地演出都极受欢迎。晚年"四盏灯"在上海定居，我校聘请他时他已年近古稀。能得到这样一位德高望重又有专业特长的老艺术家的传艺，真是我的幸运！我必须先做好准备工作。于是，我去看了当时最能叫座的《大劈棺》，就想知道这出戏到底有什么特点？究竟好在哪里？使得众名角都要以此来打对台戏！然而当我连续看了两位名坤伶演出的《大劈棺》之后，就有些失望了，该戏除了情节有些反常，故事内容近似荒唐，其表演技巧都很一般，凭什么观众都这么爱看这出戏？我带着这些疑问走进教室。

别看周师两鬓斑白，但精气神十足，一谈到戏，能让你听得入神，似乎还能看到他当年舞台上的光彩！周师多年来一直想把自己的几出代表作传下去，但一直没找到合适的学生，他看了我的《辛安驿》，认为我正是他所要找的继承者，因而对我十分厚爱。他一再嘱咐我："孩子，我的戏中所用的功力，都是难度较大的，你如果能按照我的要求去练，到了台上亮出你的真功夫，一定能成功！让观众心服口服夸赞你，那你就有了戏范了；如你在台上图省事偷工减料，观众眼睛里是不揉沙子的，他们只要把你的戏和当前舞台上正在演的那几位名角儿的《大劈棺》一对比，就分出好坏了。如果你这出戏没有真功夫，不如她们演得好，那你就算演砸了。"

周师对我说，他这出梆子《大劈棺》的戏路子，和她们演的路子都不同，她们是以卖"思春"那场戏的表演叫座，而他是以卖"劈棺"那场戏不同的真功夫为主，田氏除了表情动作之外，更要注重配合剧情内容恰当运用技巧和功夫。这场戏的内容和情节中，可以表现功夫的机会很多。当她急奔灵堂，要亮过硬的跷功，一阵风似的快速跑圆场；当她犹豫不决,是否下狠心去劈棺,要用跺脚起"双飞燕"(双腿跃起离地二尺,再腾空收腿落地站稳),用这个技巧来说明她已下定决心劈棺;当她向庄周求饶时,要用"跪蹉"(双膝跪地,以膝盖急促紧迫地跪着走)等技巧。其中最难的是:田氏为救她的新欢楚王孙,要用新鲜的脑髓做药引子,田氏急不可待,推开灵堂门一跃跳到放置棺材的灵桌上,举起板斧,猛砍棺材三斧,此刻棺盖突然打开,庄周起立棺中,怒责田氏一声:"呆!贱人大胆!"只吓得田氏以为丈夫死而复生,魂飞魄散。此刻用一个高难度的特技:在高台上以身体往上蹿,起范儿,走一个腾空而起,从空而降的"硬抢背",在此同时,必须撑住自己的头部,从空中降落时,双脚还留在半空中,就在这一刹那,急速走一个"乌龙绞柱",亮出足下穿着红绣花鞋的三寸金莲,配合拧劲,形成一朵在空中开放的莲花。这个动作既美,同时又可以缓解起范儿上蹿时过猛的冲劲,这个"硬抢背"才能安全落地。当然这一系列技巧的连接,硬功夫的表现,并不是单纯表演技巧,而是为了表现人物的内心行为,表现田氏由心情急切而转化为魂飞魄散,这也是这出戏的"戏胆",戏要有艺,也要有技,无艺无技都不成戏。所以必须练好这些硬功夫,这就叫"一招鲜,吃遍天!"

周师告诉我:"这门功属于'童子功',年龄越小身体越轻就越好练,像那几位当前的名角儿,她们都是成年人了,恐怕想练也练不了啦!"周师的讲解真使我听得目瞪口呆!我顿时想到,我看到的那两位名坤伶所演出的那两台戏,既没绑跷,戏中也没有像周师所说的这些精彩表演,周师如把他的真功夫传给我,那我这出《大劈棺》肯定会比她们强!可一想到当时我的功力,深感差距太远,于是扪心自问,我能行吗?但即刻又转念一想,我不是要迎难而上吗,怎么到了关键时刻反而退却了!这不是自食其言吗?这可不是我的性格。想到此,我信心十足地向周师表态:"周老师您不是已经看好我了吗?请您放心吧!多难、多苦我都不怕,您就把难度最大的'一招鲜'传授给我吧,我也一定要像您一样,同样一出戏,'十戏九不同'。'劈棺'这场,我就用这个'一招鲜'的绝活,这样我就可以去和那几位名坤伶争高低了。这就能说明我虽还是个小学生,但功力不比她们差。我要为母校争光!要为老师您争气!"

恩师对我的表态特别满意,笑着对我说:"我就喜欢你这个要强的倔劲,但我倒是有点犹豫了,你从来没练过这个'硬抢背',这门功确实不太好练,如果现在你愣要练,恐怕还是有点风险。这样吧,你马上去请你们教务主任关鸿宾老师来,我们再商量商量,是不是先学出别的戏,等你把这'绝活'练好了,咱们再学这出。"我急忙请来了关老师。关师认为,当前先学《大劈棺》是校领导的提议,先演《大劈棺》也是迎合社会上的需要,因当时我已经成为尖子学生了,为满足观众需求,就要大量增加剧目。而这门功虽很难练,但早晚都得练。关师又请来梁连柱、穆盛楼、沈延臣三位非常有经验的看功老师一起商量,怎样才能保证我练好这个硬抢背而又不出意外。众师都认为,周师有几十年的舞台实践经验,这出戏又是他的代表作,只要他为我开好范儿,凭我的刻苦劲,肯定能练好这个"绝活"。周师点头示意说,好,那咱们就试试看吧!

关师一声令下,排练场上立即呈现出紧张的气氛,摆上堂桌,又搬来大草垫子铺在堂桌前,以备我硬抢背落地时免遭摔伤。众师都非常认真地围成一圈,看周师给我开范儿。周师让我站在桌上,他在桌前边说边给我走示范,我照样而学:提气,用双手从左上方经右甩个大弧形起范儿,用手带动身子往半空中蹿去,上去之后要立即使劲片右腿压在左腿之下,即在半空中走个"乌龙绞柱",此刻头部在下即将落地,要把力气用在双手上,让右手先扶地撑住全身,左手不等扶地就赶紧掖在胸前,让背部落地。此时我基本已经心领神会。周师说:"你记住,我用一、二、三、四做提示,你按我以上所说,有顺序地连接每个技巧进行练习,准能成功。"我按周师所说,将他教的口诀记在心里,并在众师面前朗诵了多遍。周师说,只要你心里有这个数,那咱们就试试看吧!关师也为我加油说："不用怕，你看这么多老师都在为你壮胆，都在保护你呢！"众师也齐声说："你放心吧，摔不着，就看你的了！"当时我就想，只要闯过这一关，《大劈棺》就能开课了。我在心里又默念了几遍口诀，便胸有成竹地说："老师，看我的！"然后甩起双手即起范儿。周师紧密配合，高声朗诵："一、二、三、四……"周师刚念完，我已把这一系列技巧的连接顺序完成，安全落地，既没戳着膀子，也没窝着脖子，更没有摔着腰。我很自豪地问几位老师："你们看，我试的结果怎么样？"几位老师都看呆了，只有周师大声夸奖地说："好孩子！真有你的，这么难的功夫，没想到你一次成功！"我笑着说："这不是您教的好吗，开范儿说得那么仔细，再笨的学生也听懂了。"关师答茬，这可不是每个学生都能做得到的，没点胆量也不敢走。梁师说："这还是她的功底好，这下我们就都放心了。"众师的夸赞更使我增强了信心，我说："要不就趁热乎，我再走一个？"周师马上答茬："对！是应该再走几个，巩固这个范儿，上台就有把握了。久而久之熟能生巧，你就会越练越有自信，这个'绝活'就成为你的看家本领了。你再走，一定要使劲再往上蹿高点儿，蹿得越高，在上面那个'乌龙绞柱'右腿就蹁得越大，拧得再快一点儿就更好看了。"师尊的鼓励真是我上进的动力！我马上一鼓作气，又连续走了两个，一次比一次好！周师又委托那几位看功的老师："这孩子这门功的巩固和提高，就得拜托你们几位了，每天收功前必须让她连续走五个，等她练好了，到台上就跟玩儿似的越走越顺了。"众师也不负周师的托付，每天收功前督促我反复练习，使得这门很难的功夫成为了我后来"一招鲜，吃遍天"的绝活。在公演时，观众对我的这一段表演给予充分肯定，报以热烈的掌声，并赞誉其为"真功夫"。

在练习这门功夫的过程中，我也懂得了"十戏九不同"的深刻内涵，艺无止境，同样一出戏，剧情内容相同，表现方式不同，要在规定情景中，选择以技艺双优的方法塑造人物形象，达到完美，以满足观众对艺术欣赏的要求，这也是一名演员的应尽之责。

十、校长助理倪慰明

母校还有一位劳苦功高，但又很少出头露脸的好恩师，那就是教我们文化课的倪慰明先生。倪先生曾是上海复旦大学的高材生，又是陈承荫校长的得意门生，许晓初校董很器重他，委任他为校长助理，协助校长管理好上海戏校。不仅如此，倪师身兼多职，既主管财务，又兼副总务，同时还担任高年级文化课程教学的工作。

当时上海戏校的学生大多数来自难童，文化程度都很低，经考试仅有10名学生能达到初小五年级的水平，倪师就教我们这个10名学生的高班，学生有关正明、陈正岩、周正荣、刘正裔、周正礼、徐正钧、朱正琴、杨正珊、沈正艳和我，其他低年级的学生则归隔壁西扬小学的代课老师负责。倪师知识渊博，教学水平也很高，他在讲课时灵活地把三国中的文官猛将、水浒中的梁山豪杰等人物以及戏中的情节化入其中，既生动又深刻，使我们受益匪浅。除此以外，倪师留给我们的作业并不容易，而他要求又特别严格，因此经他八个多月的培训，我们10名学生在文化水平上都有了明显的提高。

1940年8月，我们为准备对外公演，全力以赴忙于排练、彩排，加班加点，连晚上也要连续响排，所以文化课只好暂停了。为此，倪师还曾专门与主管专业课的关鸿宾老师协商，看能否保证学生们上正规的文化课程。但无奈校方经济紧张，如再不让学生登台演戏挣钱，恐已无力再维持下去了，为了争取经济来源，也只好将文化课暂停。但倪师非常关心我们的学习，他主动找我们10名学生谈话，问我们是否担心停掉文化课。我们当然也不愿意停文化课。倪师听到我们的看法，思考片刻即说:"那你们可以自学成才嘛!"我们不解他是何意，即问:"怎么样自学成才？"倪师说："虽然学校把所有的时间都用在了排练上，但你们并不是每出戏都有事，如果能见缝插针、忙里偷闲，还是能在一周内写一篇作文的，这也算是文化课之延续。然后你们把作文交给我，我为你们批改，这样一个月也能写四次作文，不也不断地提高你们的文化程度吗？"我们顿开茅塞，都表示愿意每周交一篇作文。倪师又说："你们选一个代表，每周一上午把10个人的作文送交给我，待我批改完再分发给你们。至于用什么题目，你们可以自己定，如演出体会、排练体会，或观摩学习体会等都可以，总之要跟你们学戏、演出都有关联才好。培养好这个习惯，等你们长大了，成角了，也就能写演出日记了。你们看好不好？"

1943年春，郊区"龙华"春游：朱正琴（左一）、沈正艳（左二）、张正芳（左三）、倪慰明（左四）、关正明（左五）、周正荣（左六）

此刻我们真正体会到了倪师的良苦用心和他对我们的关心和厚爱！

倪师真有远见，待我们登台公演后，果真是一炮打红，观众特别喜欢我们，一再要求我们连续公演。我们的演出都是日场，后来场次又越来越多，再加上不时有人邀请我们去为婚礼、寿辰等演出堂会，最忙时我校一天内要演出四处堂会，真是忙得不亦乐乎，从此文化课程只好被挤掉了。可怜那些低年级的同学，进戏校仅学了8个多月的正规文化课，这对他们来说应该是很大的损失。还记得戏校停上文化课后，低年级中有几个要强的同学，如程正泰、武正豪、孙正琦、贾正云等，也自愿加入到我们这个自学成才的活动中来，后来竟发展到有50多名同学都愿意参加，每周写一篇作文，并要求倪慰明老师批改。那段时间可真是把倪师给累坏了，但他还是耐心细致、不厌其烦，对每一篇作文都认真批改，这就是倪师的为人本色，辛辛苦苦、任劳任怨地为同学们服务，他真是一名非常称职的好老师。而我们10名由倪师主教文化课程的同学，虽然算术课免掉，而每周写一篇作文这一习惯一直坚持到1945年学校停办。正是这日积月累的进步，一点一滴为我们打下比较坚实的文化基础，后来我们10人中，如关正明、陈正岩、周正荣和我都自己挑梁组团公演，在此过程中我们也都能书写演出日记并参与编剧、修改剧本、导戏等工作，这都与倪师当年提倡的自学成才以及他的辛勤付出是分不开的！

我校在即将公演前，要把所有学生的名字中都加上一个"正"字，以说明我们是上海戏校首届"正"字辈学生。校领导把这个繁重的任务交给了倪慰明老师，要求他先搞个初定方案，待认为合适时，再请各位老师讨论决定。所幸倪师博学多才，将此任务完成得非常圆满。倪师为我们每个人选名字也真是煞费苦心，我校后来有186名"正"字辈学生，经他改名，既不重复，又都很恰当，这就是他智慧的体现。后来每当我们同学回忆此事，也都由衷地感激这位聪敏的恩师。

1942年初秋，我校受南京、安徽、天津等地邀请，赴各处巡回演出，由副校长黄中、校长助理倪慰明两位老师带队，所到之处都获得观众的热烈欢迎，演出圆满成功。特别是到了天津，先是在新华大戏院，每场爆满，中国大戏院又抢着请我们去演出，同样是天天爆满，后南市的上光明戏院也催我校早日去彼处演出，一时间我校是誉满天津这个"码头"，无论在哪个剧院演出，都是座无虚席，剧场内掌声不断。此时，北京剧场的负责人也专程从北京赶到天津，来看我们"正"字辈同学的演出，并准备待天津演出结束后即约我校到北京去演出。消息传来，同学们都喜出望外，恨不得马上飞到北京的大剧院去显示自己的才艺，江南的小学生谁不盼望到北京去亮亮相，让老北京的众师辈以及广大的戏迷观众们夸我们一声好啊，这该是多么光荣、幸福的时刻啊！然而谁料，正当我们沉醉于向往早日赴北京的美梦时，长春的伪政府忽然派专人来，来势汹汹像下命令似的让我们立即结束天津的演出，马上赴长春为伪皇帝溥仪等演出。这个突如其来的情况并没有让倪师乱了阵脚，他沉稳地接待了这位来者，并告知他自己无权定这份合同，必须请示上海戏校的校长和董事会全体董事长，如他们同意才可以。来者听倪师说的在理，也只好耐心等待回音。此刻倪师机智果断，立即打长途电话向陈校长汇报，并提出他的建议：我校学生必须立即返沪，以保证他们的安全，长春一定不能去，因出了山海关，部分地区归日伪政府的管辖，万一孩子们在那里唱红了，日伪政府要把他们留在长春，不让他们离开，我们怎么向学生家长交待呢！所以全体师生马上返回上海这是上策，希望校长马上做决定为好。陈校长完全同意倪师的建议，当天戏校即回了戏，赔了上光明戏院部分损失，全体师生离津返沪。当时同学们还都不明真相，糊里糊涂地就上了火车，好多同学都认为，好容易听说有上北京演出的机会，可上了回上海的火车，哪辈子还能进北京啊！还有的同学是怨气冲天。待全体师生平安到达上海后，倪师才向我们说明真相，我们才知道。如果没有倪师的英明决定，那我们全校的学生很有可能被日伪政府强留在长春，成为他们的小戏班，那可真是永远也回不了家乡，见不了爹娘了啊！

　　再说顾正秋能未出校门就拜梅兰芳先生为师这件破天荒的好事，其实也是倪师一手策划而成功的。那时纵使戏校有促成小秋拜梅先生为师的愿望，但当时梅先生已蓄须明志，隐居在上海马斯南路，不参加任何社会活动，要想接近他可真是难上加难哪！但倪师想到，浙江兴业银行董事长徐寄庄，他是捧梅的老票友，和梅先生交好甚厚，且可以随时出入梅府，正好这位老票友也是我们戏校的座上客，特别喜欢看我们的"小囡戏"，他对小秋印象极好，因此可以借他去梅府的机会，向梅先生介绍介绍小秋的优点，试看梅先生能否接收小秋为徒。这个设想果然奏效，几天后便传来梅先生有意接收小秋为徒的好消息。校领导和校董会立即委派陈校长和倪师专程赴梅府拜望梅先生，说明上海戏校师生的诚意。最终经倪师的多方奔走和努力，从设想到行动，前后长达一年多的

1972年，在倪慰明家里，大家给倪慰明过生日：沈正艳（左一）、孙正琦（左二）、陈正岩（左三）、孙正阳（左四）、郑传鉴（左五）、郑正学（左六）、倪慰明（左七）、朱正海（左八）、谢正喜（左九）

1944年，顾正秋拜梅兰芳时在梅兰芳家里合影。关鸿宾（左一）、梅葆玖（左二）、福芝芳（左三）、梅兰芳（左四）、顾正秋（左五）、梅葆玥（左六）、倪慰明（左七）

工夫，终于把此事办成了。倪慰明老师默默无闻、尽心尽力地为我校做了很多的好事，我们永远感激他，永远尊重他！他是一位永远值得我们怀念和铭记不忘的好恩师！

写到此，我深感我的母校——上海戏校有那么多位兢兢业业、德高望重的恩师，为了培养我们成才，付出了他们毕生的辛苦劳动。今天我能够清楚忆起的是一些曾经教过我的和我比较熟悉的恩师，而还有很多位其他行当的恩师，因我不太了解，难免有未详尽说明之误，在此也希望得到他们的理解和原谅。

第三章　同窗情深

由于种种原因，在旧中国时期的上海戏剧学校总共办了不到6年。但也是"鲜花灿烂"的6年，但它为繁荣中华文化传统的京剧艺术立下了不朽功勋，在中国戏曲艺术历史的长河中留下了精彩的片段。它为中国京剧事业培养出186名栋梁之才，这些学生在校期间深得名师指点，上演了1000多场戏，使得当时上海的京剧舞台星光灿烂，热闹非凡，同学们丰富的舞台实践经验为日后各自的发展奠定了坚实基础。几十年来，同学们在全国乃至世界各地传播着中华民族传统文化，他们没有辜负母校的培育之恩。虽然很多同学现在已经是京剧界的艺术家、教育家，但时常浮现在我眼前的依然是那些稚气未脱的一张张熟悉的笑脸，而在我同学之中印象最最深刻的，莫过于顾正秋了。

一、好姐妹顾正秋

正秋进戏校时叫顾小秋，所以至今同学们仍亲切地称她为"小秋"。其实她并不姓顾。她的童年，也是极其坎坷的。小秋原名丁兰葆，祖籍南京郊区的一个乡村，父亲去世很早，母亲由于受不了封建家庭的欺辱，被迫带着她们姐妹3人投奔上海娘家，在她舅舅家中生活。然而这寄人

篱下的日子，还是不会使她们幸福。或许由于和我同样的原因：一是为了生活，二是爱好京剧，使她也走上了学艺之路。不过她从丁兰葆到顾小秋还是个偶然的机会。因小秋母女到上海不久，就认识了一位名叫顾剑秋的女士，她和小秋的母亲交好甚厚，后来义结金兰，又收小秋作为自己的义女，对小秋十分喜爱，并要求小秋叫她"姆妈"（算是

1946年，17岁的顾正秋

她的女儿），而让小秋称自己的亲娘为"大姨妈"。好在这是人所共知的公开秘密，所以同学们凡到小秋家中，也随小秋称呼，管她的生母叫"大姨妈"。1939年，当这位干妈得知上海戏剧学校招生的消息后，就让小秋作为她的女儿，用顾小秋之名报考戏校，而丁兰葆这个名字，也就从此不再提了。

小秋到戏校后如鱼得水。她天资聪敏，性格温柔又要强上进，学戏、练功都很刻苦。加上她有一条得天独厚的好嗓子，甜美圆润而且经久不衰，怎么唱也不嘶哑（我看，这是和她正确的发音唱法分不开的）。在校6年她担任青衣主演，开始就能拿下重头唱工戏，如《四郎探母》《大·探·二》、全部《玉堂春》、全部《王宝钏》、全部《双官诰》《缇萦救父》《荀灌娘》《汉明妃》《骊珠梦》等等。在实践演出期间，有时一天要

连演数场（包括堂会），可从未见她哑过一次嗓子，真是难得的金嗓子！按说有这样一个好嗓子，又唱了那么重的大青衣戏，本来不必再苦练跷功和各种刀枪把子功了。但她却不满足于天赋条件和已有成绩，而是更严格要求自己，除唱工外，其他基本功也从不落后，非要全达到一流的水平才行。所以她除了唱文戏以外，还能唱武旦戏，如《大泗州城》《青石山》《扈家庄》等等。在《扈家庄》中，她扮演的扈三娘，前边几场"走边"身段技巧复杂，拿起画戟要耍多种不同的"戟花儿"，身上手里必须干净利落，她演起来非但得心应手，游刃有余，而且还能按照当年宋德珠先生的要求，把宋派特点出色地体现在舞台上。演出该剧，不仅观众满意，赞她文武双全，连亲自教授她的宋德珠、赵德勋二位老师也给予好评。此外，她演唱的一些昆曲戏，如《金山寺》《思凡》《游园惊梦》《贩马记》等也很出色。张君秋老师传授她的《祭塔》和《汉明妃》公演之后，也为张老师露了脸，君秋老师曾多次夸她是难得的全才演员。

我和小秋好像有天生的艺术缘分，入校考试后的发榜名次，我们就是头两名，她第一，我第二，从那时起，6年的学艺生活，好像有什么东西把我俩牢牢地拴在一起似的，始终互为轩轾或齐头并进。这也许与关鸿宾老师独具慧眼有关，他看准了两个苗子后便一手抓住一个青衣，一手抓住一个花旦，作为旦行两个重点而锐意培养。虽然我们行当应工不同，但由于都是重点培养对象，所以在学艺过程中，始终没分开过，同学6年，相互帮助，真挚诚恳，我们的友谊也正是这样建立起来的。

在校时，不管是关鸿宾亲自教戏，还是请外来的名师教戏，总是把我和小秋派在一起学习。比如在跟赵桐珊（芙蓉草）老师学《樊江关》时就是例证。跟赵老师学《樊江关》是我俩学艺史上最庆幸的时刻，通过学这出戏为我俩打下了扎实的幼功基础。赵老师传艺与众不同，他要求严、办法多，既一招一式地示范，让你跟着学，又循循善诱地启发帮助学生进入角色，我俩那段学艺生活真是受益匪浅。我和小秋都是南方人，念京白时稍一疏忽，京音就咬不准，很难听。演员在舞台上和对方说话，如语气不准，或接口不严，尽管台词没念错，也会减弱戏的效果。我是专工花旦的，在台上多是念京白，因而还较好一点。小秋是青衣为主，很少念京白，因此在赵老师的课堂上，她虽特别注意，但略一疏忽，就会有个别字音不准。赵老师的办法是：再示范一遍，然后让我们模仿他的发音吐字，这样连续念上10遍或30遍，背得特别熟练后，台上就再不用为这个字有顾虑了。

在戏校，我俩同入同出，同练功，同学艺。她是梨园世家，姨母吴继兰是当时舞台上有名的老坤伶，姐姐吴小兰在上海共舞台演出，小秋当时已有"小吴继兰"之称，入校时已会唱好几出戏。她嗓子清脆洪亮韵味醇厚，但小秋并不以条件优越而自满，在基本功、武功上她对自己要求很严。经过10个月的培训，在1940年的秋季，我们学校在上海黄金大戏院（现大众剧场）首次公演了。演出前，校方决定将全体同学的名字，一律改为"正"字排列，顾小秋改为顾正秋。打炮戏是《八五花洞》，一时轰动了全上海。在《八五花洞》里，我俩和童正美、孙正璐扮演真潘金莲，由沈正霞（现在美国）、张正芬（已随正秋去台湾）、陆正梅、张正瑛扮演假潘金莲。接着，我们又合演了《双姣奇缘》，正秋的宋巧姣，我在前《拾玉镯》中扮演孙玉姣，后《法门寺》中演刘媒婆。剧终，当台下观众热烈向我们鼓掌致意时，我们都高兴得跳起来！正秋还不住地对我说："咱们这一班同学真整齐呀！"从此"正"字辈的名声在上海真的响起来了，也逐渐红了起来，其中又以正秋为最。

因为我们是私人创办的戏校，经费完全要靠学生的演出维持，因此从首次公演起一直到1945年秋结束，五年多的时间我同正秋合作的剧目有全部《儿女英雄传》（我演何玉凤，她演张金凤）、全部《白蛇传》（她演白蛇，我演青蛇）、《得意缘》（我演狄云鸾，她演郎霞玉）、《乾坤福寿镜》（她演胡氏，我演寿春）、《红楼梦》（她演林黛玉，我演王熙凤），等等。我俩合作的对儿戏较多，由于我们关系融洽，又乐于在艺术上琢磨，所以台上十分默契。当时上海的观众对我俩有"戏校姐妹花"的赞誉。学校也把我俩当做"姐妹花"来培养，凡有著名演员到沪演出，必请来教戏。这些戏有：张君秋教的《汉明妃》《祭塔》，黄桂秋教的《春秋配》《祭江》《双官诰》，程玉菁教的《棋盘山》，吴富琴教的《碧玉簪》《玉狮坠》等，这对我俩是很大的促进、提高。

在台上我们合作默契，台下亲密无间，这是有原因的。入校时两人便从情意相投开始的。那时全校都是走读生，我俩每天从家到校往返同行。我住在圣母院路（今瑞金一路），离校较远，小秋住重庆南路，离校较近，每次放学都往西顺着同一方向回家。途经她家门口时，我总是要把小秋送到室内，然后我自己再继续向西往家走；饭后去学校时，又必经她家门口，很自然地要进门看一看，她大多是在家等我，然后两人又一路同行，这样路上还能多谈几句贴心话。我们同学中，小秋是带艺入校的，进校时她已经学会好几出戏了，唱念都有些基础。而我却是白纸一张，一点基础都没有，这样自然很羡慕她、佩服她，想在和她相处的同时，得到她的帮助，而她心地善良毫不保守也确实起着经常辅导我的作用。启蒙戏是关老师用口传心授方法教我们《八五花洞》。在集体唱念时，她比我学得快，总是起着带头的作用，为此大家很尊重她。我因出身于书香门第，童年受到严格的家教，较懂礼貌，所以每到她家总是恭恭敬敬地先向老人鞠躬，然后按长辈顺序一个不漏地各叫一声，此举博得她家长辈们的满意，很欢迎我。后来我逐渐会演戏了，她家人在看戏时也发现我和小秋她是青衣、我是花旦，是一对好搭档。我俩合作的戏又比较多，日久天长，我俩不仅是台下的挚友，更成了台上的艺友。出科后她成立顾剧团，还特意要我去与她合作共戏。

小秋原来的老师叫吴继兰（也是她的阿姨），是位好演员，她懂得演员之间密切配合相得益彰的道理，所以每次看到我俩同台，就格外高

上篇 / 入科"正"字辈

1940年,与顾正秋在义父何世枚、义母何程婉君呵护下茁壮成长。卵翼之情,铭刻不忘。1986年,在上海大众剧场演出《霍小玉》,何老夫人已逾古稀,特往观剧。谢幕后何老夫人上台祝贺并合影:周玖(左一)、张正娟(张美娟)(左二)、关正明(左三)、何程婉君(左四)、张正芳(左五)、李皎明(左六)、关栋天(左七)

兴,总嘱咐我俩要像亲姐妹一样相互关心。她经常把一些好吃的糕点、水果之类,留给我一份,还希望我和小秋经常在一起切磋技艺。其实我俩早已有了义姐妹的关系,如今又有她谆谆叮咛,这就更促使我们经常在一起而形影不离了。

1940年初冬,我校公演不久,我和小秋由于经常同台而且旗鼓相当,所以给观众留下了较深刻的印象,此时很多京剧爱好者喜欢我俩,想认识我们,经常通过我们的校董、校长和老师们用请我俩吃饭等办法,鼓励我们。有些人干脆提出要认我们为"干女儿"(那时上海是很普遍的),但学校非常谨慎,一般都不答应。当时上海有位名律师何世枚先生,是位京剧爱好者。他曾任上海持志大学的教务主任,对培养法律人材有较大的贡献,所以在上海有一定的声望。特别是他的夫人,最爱看我和小秋的戏,可以说是我俩的忠实观众,她真心实意非要收我俩作义女。关

101

鸿宾老师认为：这对夫妇为人正直善良，又是那样欣赏我们的艺术；再说，当时的戏曲演员都懂得，台上有人缘，台下才有饭缘，所以就同意我俩拜他们为义父义母。此后，义父母对待我俩如同亲生，爱如掌上明珠，偏爱的程度似乎超越他们的亲生女儿。何氏夫妇每当看完戏校演出，就把我俩带到他家，不仅改善生活，干妈还请裁缝为我俩定做衣裳。春夏秋冬，单夹皮棉，从头上戴的到脚上穿的，可说四季俱全、应有尽有，冬天还做长毛绒大衣等等。总之，只要穿戴体面好看，就不惜花费，两人服装一模一样。我俩年龄同庚，高矮相近，穿了时髦衣着，确能引人注目，仿佛一对孪生姐妹，干妈对此也甚是得意。每当她带我俩去社交场所，参加宴会或看名角演出时，我俩一进剧场，全场观众的目光准集中到我们身上，有些好奇观众还特意转到我们座位前后左右观看我俩。此时不管台上戏演得如何精彩，台下总会引起议论："这对姊妹花是上海戏校的小角儿，顾正秋、张正芳啊！"这些七嘴八舌的议论，甚至有时影响到剧场秩序，但干妈却引以为荣，自得其乐。我们也心里暗喜，知道社会上已有熟悉我们的观众了！从此上海戏校"姐妹花"的提法就这样不胫而走。由于干妈经常接我俩去她家，又都是同去同回，而且总是由我先送小秋，然后自己再回家，这样小秋的阿姨也就对我特别信任，只要是说"和正芳在一起"，她就不多问了。

1942年初夏，由四小名旦之一宋德珠先生率领的"颖光社"集中部分中华戏校的知名演员，在翁偶虹老师的陪同下，来上海更新舞台公演。其中有李和曾、王金璐、储金鹏、张金梁、赵德勋、何金海、王玉让等。校方聘请这些老师来校给我们传艺，这些老师也非常喜欢我们这些初露锋芒的小学生。宋德珠先生对正秋和我说："早就听说你们了，很好，别骄傲，还得好好学。我准备让你们俩拿我的四出戏：《杨排风》《金山寺》《战金山》《扈家庄》。"听说宋老师要把自己的拿手戏传给我们，高兴极了！尤其是正秋，她以前偏重青衣唱功，而这次名师要传授她几出真正的武戏了，非常激动。她对我说："正芳，咱俩可得好好学，这回我得要打几出武戏的基础了，你以武的见长要多帮帮我呀！"当时由于宋老师担任主演，每晚演出较累，不能每天来上课，就请赵德勋、何金海两位老师来给我们辅导。这两位老师每晚演出工作繁重，但白天仍不辞辛苦耐心为我们说戏，非常认真负责。校方对此十分感动，便由关鸿宾教务长代表学校，让正秋和我陪同，请赵、何两位老师到洪长兴饭馆午餐，饭后在蝶来照相馆合影留念。物换星移，想不到这张照片竟成为我们少年学艺时期的唯一留念了！

记得那次从宋德珠先生学艺后，我们在艺术上又有了明显的提高。在汇报演出时，我俩都演了《战金山》，还合演了《白蛇传》（正秋演白蛇、我演青蛇）、《金石盟》（前面我演《翠屏山》，中间景正飞演《时迁偷鸡》，大轴正秋演《扈家庄》，这三出戏合称《金石盟》）。宋德珠先生很满意，他夸正秋说："这孩子能文善武，全部《玉堂春》唱得好，扈三娘的全部武功也过得硬，动作干净利落，稳、脆、帅，亮相、下场都很美，真是个难得的人材呀！"

有一天，我想去更新舞台看宋德珠老师演《杨排风》（因为校方已确定杨排风由我来演，所以想去看宋老师演这出戏）。我还想去看看宋老师的化妆，因他的化妆与众不同，特别是画眉毛，在眉毛前边画个小弯，这样就显得柳叶眉细长，特别好看。我要求小秋陪我同去，而且看化妆必须早到，如等学校的文化课完了再去，那就晚了。为此我与她商量："今天文化课咱们不上，四点半就走，六点半前赶到更新舞台，先看宋老师化妆，后再看戏，完了戏我送你回家怎么样？"小秋胆小，不敢逃学，而且怕到时候不回家，家里担心着急。再说也不能饿着肚子看夜戏，于是有点犹豫。我看她顾虑重重，便恳求道："好姐姐，你就陪我去吧，如果回家吃饭后再去，阿姨肯定不会让你出来了，晚饭咱们吃羌饼，凑合一顿吧！"她抿嘴一笑说："好吧！那就舍命陪君子喽！"终于陪我先到后

1959年，张正芳在《杨排风》中饰演杨排风

台，认真、仔细地看了宋老师化妆，从中我俩都学到一些化妆技巧，又紧接着到前台看戏。宋老师的《杨排风》演得真好，浑身上下处处都是戏，我俩看得入迷了。看毕回家途中，她说："虽没吃好饭，但吸收了极丰富的艺术营养，肚子受点委屈也是值得的。"两人说得很高兴，夜里路静人稀，我俩干脆在平坦的马路上跑开了圆场，边跑边换手势，时而用兰花指，时而又换拉山膀，正反云手或左右龙摆尾等等，跑累了就走一会儿青衣、花旦慢脚步，缓过劲来，又改走双脚平摆的云步、磋步，走着走着就到了她家。进门一看客堂里灯火明亮，阿姨沉脸坐着，见我俩进来，就气势汹汹地责问小秋："小姑奶奶，你还回来啊：上哪去了？"小秋此时吓得不敢回答，方才在路上跑圆场时你追我赶的那股子劲不知道哪里去了。我急忙笑脸上前，亲热的说："阿姨，您别生气，我和小秋上更新舞台看宋德珠老师演《杨排风》去了，我们正在学这出戏，应该去看看哪！"阿姨说："要看戏也该回来送个信儿啊！连晚饭都不吃了，看戏能把肚子看饱？""阿姨我们吃过晚饭了，而且吃的很好，是何干妈接我们到他家吃的。干妈让司机开车；到学校接我们去吃饭，我们刚放学，司机在校门口催我俩赶紧走，小秋是说要回来给您送信，可我怕干妈一家子等急了，所以阻拦没让她回来。吃完饭，干妈又让司机送我们到戏院。看完戏回来晚了，让您不放心，惹您着急，这都怪我没让小秋回来给您送信。不

是她的错。您别生气了,您不是说过:'小秋跟我在一起,您就放心嘛!'今天她就是跟我在一起的!您还生什么气?"我一口气编了一整套谎话。阿姨原来火气不小,听我说的头头是道,她的气也逐渐消了。接着关切地对我说:"梅珍,这么晚你别走了,要是你妈放心,你今晚就住我们家吧!"我立即回答:"不,不,不能住你们家,多晚也得回去,我们家不允许在外过夜的。我走啦!明儿见……"没等说完便转身跑了。小秋追到门口还在高呼:"路上留点神!"此虽是童年撒谎的一段往事,想起来却也有趣。通过这件事,似乎更增进了我们相互之间的友谊。

1944年顾正秋还在学生时期,就幸运地拜了梅兰芳先生为师,成为梅师嫡传弟子中的一员。在名师的指点下,她在艺术上更加一日千里,深得梅先生的喜爱。

1945年秋,上海市面受时局影响而衰落,我们学校从此结束。我也迫于当时家庭生活困难便过早地结婚了。一年之后,谭富英先生率班(包括姜妙香、杨盛春等前辈艺术家)赴沪在皇后大戏院(现为和平电影院)公演,正秋和我竟有幸被谭先生选为合作对象。那时我们虽说在上海也算小有名气,可同这么多大名鼎鼎的老前辈同台演出,我俩深知这次演出意义非同寻常。姜妙香老师耐心地给我俩说戏,使我懂得了很多艺术规律和表演的道理。谭富英先生每场演出前也把我俩叫到身边,边对戏,边指正,告诫我们在舞台交流中应随时注意些什么。这次演出,谭先生和小秋合作的戏有《武家坡》《桑园会》《坐宫》等,我和小秋合演了全部《金石盟》《棋盘山》《樊江关》《白蛇传》《玉狮坠》《得意缘》《十三妹》等剧目。她主演了《玉堂春》《汉明妃》。那次演出虽然时间不长(共36天),但我俩深深体会到,老前辈们不仅有高超的艺术,而且有很好的戏德。正秋不止一次深有感触地对我说:"看来艺术真是没有止境!老师们把戏演活了,人物也演活了,而且,台上、台下不断和我们沟通。""过去咱们自己演戏,总觉得不错了,可是和老先生们同台,才发现自己还有那么多问题，我们真得再努力呀！"此时，我俩在上海的声誉也随之而提高，报纸上曾以"一时瑜亮，无可媲美"来赞赏我俩。此后，正秋挑班在江南一带演出，所到之处，每演必满，盛况空前。然而，我由于婚后孩子牵连而辍演。万没想到这一期的演出，竟成为我俩毕业之后的最后一次合作。

1946年春，她挑班成立了顾正秋京剧团，同学中有程正泰、张正芬、黄正勤、刘正裔、孙正阳、朱正琴、汪正寰等参加。阵容很整齐，演出质量较高，两年内曾先后三次赴南京演出，此外还到蚌埠、徐州、青岛、上海等地公演过，红极一时。据说在南京演出时，曾与李玉茹打过对台，在青岛又和陈永玲、杨荣环打过对台，在上海和言慧珠等也打过对台，而且不曾败阵。其所以敢和这些名家们争衡对峙，主要是当时她刚出学校，扮相儿水灵，戏路又宽，加上嗓子好，又有很多"正"字辈同学参加演出，使全班阵容十分整齐，所以，每到一处便风行一时。

到1948年冬天，她应台湾省邀请，带领一个剧团赴台湾演出。临行前，正秋在家请我吃饭，席前语重情长地对我说："正芳，我俩从进戏校至今已将近十年。我俩在舞台上合作得很好，近年来你的家庭、孩子迫使我们中断了合作，这次赴台湾，你又不能同去，真是遗憾。我多么希望我俩能在舞台上再次合作！这不仅是我个人的愿望，也是我们全家和广大观众的共同愿望啊！"但当时我已经是两个孩子的妈妈了，不敢肯定什么时候再回舞台。我二人自此离别。后来听说正秋在台湾曾被誉为"台湾梅兰芳""台湾京剧界的鼻祖"！按正秋的基础、高超的艺术和她一贯好学不倦的精神，她是可以堪当此誉的！

二、45年后的演出盛会

1986年2月，当华夏大地还在冬眠复苏之际，中国的大上海却已经是热闹非凡，上海的戏迷们再一次目睹了三场精彩的演出，大上海的舞台也再一次群星璀璨。

为了纪念原上海戏剧学校"正"字辈同学毕业45周年，在部分同学的倡议下，正字辈同学们于1986年2月25日—27日在上海大众剧院搞了3场纪念演出，这次演出竟似春雷一样，于丙寅之初在上海轰动，吸引沪上乃至全国京剧名家、票友、戏迷们趋之若鹜。演出盛况空前，各场戏票，瞬间即空，未得票者，云集场外等退票达数小时之久。国内外的贺信、贺电如雪片飞来……

作为一个演员，最欣慰的莫过于舞台上演出的成功，而更令人欣慰的是，这次"正"字辈同学们聚会纪念演出，所有同学不为名、不牟利、破陋习、叙情谊，每一位同学都带着一颗报答母校培育之恩、为弘扬京剧艺术争光添彩，为振兴京剧添砖加瓦的拳拳之心。

我们"正"字辈同学，现在遍布五湖四海，不少已享有盛名。论待遇，几乎都应为"高知"水平。如果相聚于沪，坐软席、乘飞机、住宾馆……那是理所当然。但这势必给国家增加经费开支。这次演出活动岂能向国家伸手？岂能依靠别人赞助？

不！"正"字辈同学纷纷表态，纪念"正"字辈同学的舞台生涯，是振兴中华民族艺术的好事，是向海外同窗寄托情思，是为了满足浦江父老、戏迷朋友几十年来渴望看到当年上海戏剧学校学生们精彩演出的心愿。我们应以当年在学校时的心态和精神办好这次演出，让上海戏剧学校再创辉煌。我们一不依靠国家拨款，二不乞求其他赞助，自力更生，勤俭办好这次活动。大家决定，一不坐软席，二不住宾馆，三不要伙食补助。来一个"正"字辈"回娘家"：食宿自理。就这样，不到半个月的时间，50多名"正"字辈的同学由京、津、苏、鄂、鲁、赣、川聚集到上海来了。

接踵而来的，就是纪念演出的戏码、名次、牌位、场次等等这个历来令人棘手的问题。特别是对于"正"字辈的同学来说，"昔日孩提艺未成，而今各自负盛名",都是各地各团的"硬梁硬柱",孰先孰后？谁高谁低？承担业务安排的孙正田、朱正雷、郑正学、刘正奎等同学伤起了脑筋。然而，当大家知道这一情况时，都纷纷表示：45年前，我们都是在从这里（现在的大众剧场，当时称黄金大戏院）初次登台，开始了我们共同的舞台生涯，那时谁讲过名次、场次、牌位？近半个世纪过去了，重聚一起，意义多大啊！想想事业，个人东西太渺小了。咱们还是保持童年时的友谊，遵照学校的规矩，名次先后，主演配演，一切服从业务组调动安排。王正屏同学说："虽然都是'正'字辈的，留在上海的并不多。我在上海应当是主人，我先给大家唱'开锣'！"正屏师兄作为"裘门"弟子，已享盛名。前不久在京演出，拒绝应得的高报酬，已成佳话，今天又自报唱"开锣"，一下子就给大家做了一个好榜样。按照戏校的老传统，第一天的大轴应是武戏，而且必须阵容整齐，但我们都已年近花甲，怎样才能满足观众的要求呢？业务组提出要凑一台阵容硬整的《青石山》。张正娟（即张美娟）第一个响应；王正堃不顾患有双腿流火症和血压高，扔下了手中的拐杖，表示应演；关平、孙正琦摘下了高度的近视镜，表示再度与张正娟合作"出手"；刘正奎欣应周仓、孙正阳出校后40多年未接触该剧，大家则帮助他从头对起了王半仙的角色。还差一位吕洞宾，谁演合适呢？程正泰提出，演完《文昭关》下来，再赶一个吕洞宾，一下子就把阵容充实得棒棒的，大家都是鲜见的高风格啊！这时，同学们又说："正芳在观众当中影响较大，从小就是学校主演，又是30多年来未同上海观众见面，要安排好她的剧目。"然而，在那样良好的气氛下，我哪敢"特殊"，便主动提出："正屏师兄开场，我演第二出，第三出换老生戏，末出武戏，完全合适。"关正明也是"正"字辈公认的全国著名老生，理应第一天同观众见面，但考虑程正泰久不回沪，于是也主动把第一天让给正泰先演。由于大家不争名位，三天的剧目就顺顺当当地安排下来了。报上的演员名次也完全以出场顺序排列。观众感到非常新鲜，高兴地说：

"这才是应有的好风格！真是上海戏剧学校的'小囡们'回来了。"

我主演了头两场的《百花赠剑》和《霍小玉》，北京的朋友看到我在《奇冤报》一剧中也有名字，十分奇怪地问我扮演什么？说来也是趣事，

1986年2月，"正"字辈同学45周年纪念日，张正芳在上海大众剧场和黄正勤合作演出《百花赠剑》

1986年2月,"正"字辈同学45周年纪念日,张正芳在上海大众剧场演出《霍小玉》

1986年2月,"正"字辈同学舞台生活45周年日,张正芳在上海大众剧场和黄正勤合作演出《霍小玉》,黄正勤饰李益

那天议论到这出戏中的赵大嫂这一角色时,一时找不到别人,是我举手应了下来。同学们称赞我顾全大局,甘当绿叶,其实甘当绿叶何止我一人?不过赵大嫂这个人物,我从未演过,还得"钻钻锅"。

本来,临时"钻锅"是很不妙的事。孙正阳就说过:"师哥、师姐,天南地北团聚一堂,我高兴,谁演什么我都陪着,可就是别让我'钻锅',时间太紧,砸在台上,这辈子就留下了笑柄!"可是,老同学多年不同台,各人有各自的戏,要合作,不"钻锅"又有什么办法呢?这就需要有一种献身的精神,一种团结的精神,尤其是有名望的演员要有为京剧的振兴,放下架子,甘当配演的精神。于是,大家就大胆地"钻"起锅来了。我"钻"了一个赵大嫂,黄正勤、周正雯陪我演《赠剑》,孙正阳、黄正勤、朱正琴陪我演《霍小玉》都是临时"钻锅"。这样,孙正阳3天戏演

上篇 / 入科"正"字辈

1986年2月25日晚,"正"字辈同学舞台生活45周年纪念日,在上海大众剧场公演后谢幕:程正泰(左一)、张正芳(左二)、王正堃(左三)

1986年2月,"正"字辈同学纪念舞台生活45周年演出后在上海文联合影

5个角色，黄正勤3场戏演4个角色，真是勉为其难呀！但到底还是显示了相当的艺术水准，台下一点儿也没看出这是临时"钻"的。孙正阳扮演《霍小玉》的鲍十一娘，一段数板就是满堂彩，黄正勤每出戏一上台，就使戏别开生面。

3天的演出圆满地结束了，广大观众热情地肯定了我们这次的演出活动。回想45年前，校长陈承荫、教务主任关鸿斌等先辈，正是担心当时社会上文化的糜烂之风侵蚀民族戏曲，深忧戏曲事业后继无人，才力主革新摒旧，勤俭办校，培养出一大批戏曲人才。今天我们在新的时代里，发扬母校革新摒旧、勤俭办事业的好传统，继续为京剧振兴发挥各自的余热，这不仅是大陆"正"字辈同学的愿望，也是海外的"正"字辈同学的愿望。我想，侨居海外的沈正霞、关正良、宋正锡同学，尚在台湾的顾正秋、周正荣、张正芬、毕正琳、张正鹏、王正廉等同学，如果有条件也一定会回来，热情地参加我们这个活动的。这次他们没有来，

1996年5月2日，王正祥（左一）、张正芳（左二）、周正雯（左三）在周正雯家中合影

但当得知我们聚会的消息时,他们也非常高兴。

从1939年到2015年,转眼76年过去了,76年来同学们均已至耄耋之年,抚今追昔难忘母校哺育之恩。试想,如果没有当年的上海戏剧学校"正"字辈的培养,怎么能使我们这些贫苦子弟走上艺术之路?又怎么会对戏曲事业做出不同的建树?饮水思源,大家更加感念上海戏剧学校创办人许晓初等老校董和培养我们的恩师们。

1959年,张正娟(张美娟)与孙正阳合演《挡马》

入戏——张正芳京剧生涯自述

1993年，周正荣由台北到北京看望老同学：周正荣（左一）、张正芳（左二）、曹兴仁（左三）、程正泰（左四）

1993年，周正荣由台北返沪探望"正"字辈老同学：朱正雷（左一）、周正荣（左二）、张正芳（左三）

三、老同学的世纪相聚

"铃铃铃……"电话声惊醒了子时的初睡。"侬阿是梅珍啊？……""我是……""我是小秋……"惊悸之余，真是喜出望外。是小秋的声音啊！是她主动打来的电话。

一个老同学通个电话也值得大惊小怪吗？可是有谁知道这次通话也跨越了12个艰难的春秋啊！那还是1986年2月，我们上海戏剧学校"正"字辈刚刚结束45周年纪念演出后不久，我满载着"正"字辈同学的思念和上海观众再睹顾正秋舞台风采的企盼，1988年秋季我辗转到了香港，在一位朋友家中，给小秋打了一次电话。目的是为了和她商

1999年6月20日，顾正秋由台北返沪，为新书《休恋逝水》举行发布会时与张正芳合影

量上海戏剧学校50周年庆祝演出活动的事。很多朋友非常关心我们的通话，然而，却再三叮嘱"千万不要说你是从大陆来""那边可能有警方的录音监听""别给小秋带去麻烦""她可能不敢回答呢"……电话很快接通了，她开始有些拘谨，后来高兴起来，我说："你能来参加我们同学合作演出吗？"她说："我不能来，你来吧。"刚刚通话几分钟我就兴奋地忘了"戒律"，仅仅是说了一句"我是来香港探亲的……"蓦地，小秋不说话了，一阵沉默后，电话被挂断了。这一断就是将近12年呵！这次小秋竟然主动给我来了电话，通话早已是无拘无束。再也没有阻拦她在祖国大陆自由往来的羁绊了！她高兴地告诉我：上海文艺出版社出版了她的回忆录《休恋逝水》，这次她就是被邀请参加首发式而来上海的。她希望能够见到"正"字辈的同学。我兴奋地说："你终于能够回来参加'正'字辈同学共庆母校建校60周年的纪念会了！"

1999年6月18日，已经聚集在上海的"正"字辈同学到机场去迎接我们的小秋，当看到她乘坐轮椅走出机场时，我们的心头一紧，以为有什么意外，后来才知道是由于旅途的疲劳所致，毕竟是古稀之年了，这是跨越了半个世纪的重逢啊！真是"少小离家老大回，乡音无改鬓毛衰"的情境了。虽然那鲜花仍然溢着青春的芬芳，然而古稀的会面再也没有青年时代的那种激动和热烈。相逢的一瞬，我们都读懂了各自目光中积蕴的深深情感。

6月19日，既是我们同学聚会的日子，也是小秋签名售书的日子。赶来参加聚会的近50名同学除了上海的孙正阳、王正屏、薛正康、汪正华、沈正艳、陈蓉芳（正葆）、陆正梅、陈正柱、孙正畸、郑正学等等。还有来自武汉的关正明、天津的程正泰、淮阴的周正雯、南通的周正礼、九江的朱正琴、黄山的贾正云……真是道不完的戏校情结，说不尽的人生感叹！在这热烈欢庆的气氛中，同学们为远在台湾的周正荣、张正芬、美国的黄正勤、沈正霞等同学没有到会而深感遗憾；也为早逝的王正屏、陈正岩、张美娟（正娟）、施正泉、景正飞等同学为京剧事业做出了不朽的业绩而深感骄傲。1999年，是上海戏剧学校建校60周年纪念，这虽说是世纪末的聚会，但却饱含了我们这些古稀老人对新世纪到来的展望。这是多么难得和珍贵的聚会呀！为小秋回忆录执笔的台湾女作家季季感慨地说道："人生能躬逢这样的世纪末盛会，实在是一种福分。"聚会还没有结束，会议室的房门已多次被前来要求签名购书的人敲开——原来继《顾正秋舞台回顾》之后，她的第二本书《休恋逝水》的竞购者已然排队恭候了四五个小时了。从年轻的朋友到年逾八旬的老人顶着摄氏37—38度的酷暑炎热……若不是身临其境，真难相信那感人的场面！小秋在回忆录的自序中写道："离乡的游子终于要回家啦。……如果记忆中的场景已消失或改变，那么，重覆斯土，就算认识一个新的上海吧！我的记忆也就翻过新的一页，来日又可细细回味。"我想那动人的场景既是新的，又是历史的，回味起来更会余韵无穷吧……

1942年，演出由宋德珠、赵德勋亲授的《扈家庄》，饰演扈三娘。

中篇

舞台生涯

第四章 从艺之初

一、与谭富英合作

1946年,谭富英先生率班赴沪在皇后大戏院(现为和平电影院)公演,由于偶然的原因,正秋和我有幸与谭富英先生合作。该班当时阵容整齐,小生是姜妙香先生,武生是杨盛春先生,花脸张洪祥,还有李宝魁等。与这么多大名鼎鼎的老前辈同台演出,我俩心情未免有些紧张。谁知我们这种紧张的情绪被姜老察觉了,姜老把我俩找到"一品香"饭店(姜老的寓所),关切地说:"你们在学校时都不错,戏也演了不少,咱们在一起合作,你们不要紧张,我们会带着你们把戏演好的。好!就从今天起,咱们每天都把演出的戏在一起排一排。"姜老的爱护、帮助,使我俩信心倍增。那次正秋同姜老合作的剧目有《春秋配》《写状》等,我同姜老合作的剧目有《拾玉镯》《大劈棺》《挑帘裁衣》等。姜老耐心地给我俩说戏,每句台词的接口,每个画面,互相怎样传神入戏,都讲得清清楚楚,使我懂得了很多艺术规律和表演的道理。

谭富英先生和正秋合作的戏很多。记得那次打炮戏是我的《翠屏山》,谭老和正秋的《红鬃烈马》。最后一天是我俩同谭先生合演的《金榜乐》(即《御碑亭》)。这次演出,我还很有幸地和杨盛春老师合作了

《战宛城》《武松与潘金莲》等戏。

当时谭富英先生有意把我和正秋带到北京，在那里开始新的事业。然而，我深知当时艺人们尽管台上光鲜亮丽，可还是躲不开社会对京剧艺人属"下九流"的偏见，尤其是女艺人更是达官贵人召之即来的"玩偶"，也因婚后要照顾孩子，我没有北上。正秋也因家里人反对，也没有去北京发展。

二、同学盛邀重回舞台

当初父亲反对我学戏，正是因为旧社会瞧不起艺人，怕我演戏辱没了宋世家族书香门第的家风。1943年父亲因肺结核去世后，我们家的生计成了问题，家里人认为女孩家还是嫁个人家，有个归宿好。就这样我在1944年冬就嫁人了。离开了我曾经辉煌的京剧舞台。

1949年全国解放，把我也从家庭里解放了出来。我参加了妇联组织的一些活动，当抗美援朝开始的时候，我在天津报名参加缝纫裁剪学校，每天利用两个小时去学习。原本需要学习四个月，我两个月就毕业了。我参加缝纫小组做军帐、军袜等支援前线的军用物资。我在缝纫小组缝纫做的很好，被评为天津市的劳动模范，戴上大红花到天津劝业场开大会、领奖。我用辛勤的汗水换取了劳动的果实，受到了党和人民的表彰，得到了政府的肯定，这在旧社会是不可想象的。

1952年以后，孩子的父亲也失业了，老公公家里经营的一个竹木杂货行，也没有了生意，家里基本上没有经济来源。那时我已经是4个孩子的妈妈，老大在奶奶身边，我带着3个孩子，老二当时5岁，老三3岁，老四刚出生，生活相当艰难。就在这个非常困难的时期，我突然接到一封电报，那就是我上海戏校的"正"字辈同学已经组织了"上海红旗青年京剧团"，希望我"归队"去参加演出，接到这封电报我是热泪纵横啊！

当时心情非常激动，激动之余又有些担心，我赶快回了一封电报：我离开舞台六七年了，从来没有碰过戏，从来没有练过功，净做家庭妇女，围着锅台转了。我还能行吗？我没有把握，恐怕辜负了你们对我的期望。但是那些老同学对我是非常信任，马上又回电报：你能行！你的基本功好，你会得戏多，你所演的戏都非常瓷实。现在顾正秋去了台湾，旦角能挑起来的唯有你了，

1952年，张正芳23岁时便装照

你尽管放心！你回到"正"字辈的队伍里来，我们保着你，帮你排戏，帮你恢复，你肯定会有很好的成就，并且实现你过去没有实现的理想。

我又向他们提出：我现在身无分文，吃饭都困难。上台头上没有戴的、身上没有穿的（戏曲行头要自备），连买脚下一双彩鞋的钱都没有（一双彩鞋当时要几十块钱）。电报立即返回说：只要你来，这一切都由我们帮你解决，并立即汇来100元钱算作预支工资，路费给我报销。我很激动，就跟丈夫商量：我要去唱戏！可他不同意，他说："你撂下这么多年根本就不行了，再说你走了谁帮着带孩子？不能去！"他越是不让我去，我就越是要去。我下定决心要重返舞台，我对他说"你不让我去

我也要去，孩子没人带我全带着。"因当时我母亲家在上海，只有她一个人在家里，我回上海还有个暂时存身之地。想到此，我下决心对丈夫说"你就甭管了"，我便带着3个孩子（老二宋捷、老三宋强和正在吃奶6个月的老四宋超）冒险赶到上海。

一到上海便有一种"归队"的感觉。同学们对我百般照顾，一到驻地同学们先开欢迎会。并说：正芳回来了，我们这个团更有希望了。事后我才知道，这个团最早是由关正明、陈正岩、程正泰3位同学发起成立（此时这3人在各团都挂头牌，所到之处大受欢迎）。春节聚会时他们谈道：我们虽已挑梁到全国演出，可合作者由于种种原因演出不默契、不和谐，影响了演出质量（京剧演出讲究红花绿叶的搭配"一棵菜"）。回想起"正"字辈在校演出的完整和精彩，我们就想到要把同学们组织起来。关正明当时的名气最大上座率最高，所以感慨也最深，

2005年与关正明（中）合影：李皎明（左一，关正明夫人）、张正芳（左三）

他说所到之地配备的人员远远达不到他的理想，他想要把"正"字辈同学们请进来，组织在一起、团结起来成立"正"字辈剧团，重振上海戏校的雄风。但组织之后，感觉"旦角"偏软，当时顾正秋已经去了台湾，现在只有张正芳了，但张正芳联系不上也找不到。后来有人提议，在上海南市区文化馆工作的沈正艳是正芳的好同学、好朋友，一定能找到正芳，实际上沈正艳与我也断绝了联系。但她一听说要正芳脱离家庭妇女"归队"演戏重返舞台，立即表示"说什么我也要把正芳找到！"沈正艳真是费尽心机花尽了功夫，原来我们是邻居，新中国成立后各自搬家失去联系。沈正艳很有办法也很下力气，首先到居委会找我母亲的名字，后来又找到我妈本人这才打听出我的地址。所以，我重返舞台真应该好好谢谢她啊！

人到得差不多了还没正式演出，黄正勤负责对外宣传，对我的归队显然非常兴奋，他说："我要把正芳'归队'的消息通知她的老戏迷和社会上所有的观众，告诉大家正芳重返舞台的消息并注意打炮戏的剧目和日期。"当即他就起草广告在黄金大戏院（1939年上海戏校第一次登台的剧场）贴出。谁知通知一出，我在上海众多的老观众、老戏迷（现在叫"粉丝"）纷纷互通消息"张正芳终于回来了！""张正芳要登台了！"的反响沸腾了。反响是有了，打炮唱什么戏呢？孙正阳主张先易后难，认为目前正芳恢复先从小戏开始。

我在戏校时《大英杰烈》较为拿手，正阳说：这出戏前边短打扮，后面大靠厚底太难了需要时间恢复，可前边《铁弓缘》的开茶馆不也能亮出你的表演和功夫么？并对我的戏排练表示"没问题"。黄正勤扮演"匡忠"当场就开始对戏，谁知一点都没错，与当年演出一样，大家高兴极了。紧接着大家又让我们把《十三妹》《悦来店》《能仁寺》都对出来大家看着。这可打到我的手心里了，在戏校演出了一百多场，非常扎实。对下来的结果大家满意我也心中有数了。谁知第三天黄正勤找我说：正

2009年5月10日，欧阳中石为"正"字辈同学聚会题词

芳，咱们对《得意缘》，我很紧张。这出戏有一段念白嘴里的功夫非常重要，多年不演怕"吃栗子"（中间卡壳）。他鼓励我说：正芳，你，没问题的！果然，非常流利地对了下来。

打炮的戏码：第一天《铁弓缘》，第二天《悦来店》《能仁寺》，第三天的《得意缘》就成了大轴戏了。

这三天的海报一贴出全部满堂，我也增加了信心，同学们也高兴地议论"怎么样？正芳一回来打炮，咱们就齐了"。打炮那几天剧场里人满满的，哎呀，我那高兴啊！小的时候演戏受人欢迎，不以为然。

结婚后，这么多年我只是围着锅台转，成了名副其实的家庭妇女，如今重新登台演出，这么多观众还记得我，真有一种好久没受人尊重的感觉。还有给我送花篮的，我太高兴了！这真是多亏了"正"字辈同学的帮助和支持，才有我张正芳今天呀！2009年同学为建校70周年聚会时，我热泪盈眶地说：我能重返舞台首先应该感谢的是"正"字辈同学们！

从到上海开始我非常用功，第一天与同学见面，第二天开始练功与孙正阳、黄正勤对戏、恢复各项技巧。《十三妹》戏中有一场夺刀是需要表现技巧，大师哥孙正琦陪着我练10遍、20遍，直到练得非常溜，我练跑圆场、走碎步、搓步、鹞子翻身等等，感觉功夫不减当年。惊奇的是我发现自己小嗓出来了。这也可能是随年龄增长（23岁）自己生育之后身体成熟了的表现。这对演员来讲是个喜事啊！同学们开玩笑说：正芳啊，祖师爷赏饭啊！几出戏唱的那么轻松那么顺畅，看来恢复上海戏校

"正"字辈同学纪念母校70周年团聚后合影。后排左起：祝正志、夏正峰、朱正雷、谢正禧、王正方、郑正学、孙正阳、郭正标、那正鑫、季正培；前排左起：陆正红、张正君、陆正梅、张正芳、朱正琴、周正雯、陈正葆、贾正云、赵正珠、武正豪、孙正琦、汪正华、陈孟如

1961年，张正芳与五子合影。前排：四子宋超（左一）、五子宋群（中）、三子宋强（左三）；后排：二子宋捷（左一）、长子宋刚（左三）

元气有望啊。我知道，这是同学们的团结、相互鼓励的结果。

三天打炮之后，我的戏一出一出地恢复，一出一出地演。同学们不分主次：王正堃的《战宛城》，我演邹氏；陈正岩演《珠帘寨》，我还扮演"二皇娘"（小角色），讲究的是"一棵菜"。还排演了许多新戏如：《五人义》《梁山伯与祝英台》《武大郎之死》等，真是叫做轰轰烈烈，从当年5月演到8月。

记得5月份上海市召开"纪念毛泽东主席《在延安文艺座谈会上的讲话》座谈会"，我们团（上海红旗青年京剧团）有四人被邀请参加会议。其中，关正明（团长）、陈正岩（业务副团长）、我（主要演员）、江上行（编导），会上见到并相识了各剧种种的老艺术家。如：沪剧的丁是娥，越剧的袁雪芬、尹桂芳，扬剧的筱文艳，大家在一起学习、座谈、讨论。学习怎样为工农兵演好戏，排新戏。这些好姐妹都非常支持我做一个新型的文艺战士。

由于我们演出的剧场是属华东京剧院（上海京剧院前身）管辖，8月之后华东京剧院要演出，我们只能演日场。上海看戏的习惯是看夜场，我们便转战无锡等地演出，正值此时的天气炎热，因此，上座率不高，收入也不太理想，有时每天仅能分得四角饭份钱。这时的剧团也陷入了困境，其中有两个原因：一是小生黄正勤是黄桂秋的儿子，黄桂秋自己要唱戏就把小生黄正勤调走了，我们"正"字辈没有小生了，只能借中华国剧学校"松"字辈的小生李松年。紧接着大丑孙正阳被上海京剧院重金挖走，我们团很重要的丑角给挖走了，没有好丑戏就搭不上了。所以，上海红旗青年京剧团就此被迫解散，这时已经是9月初了。

从1952年5月重返舞台，到1952年9月剧团解散。在上海尽管是短短几个月的实践演出，我看到了自己的能力，也感受到同学之间的相互支持和关爱。同时，认识到了新社会艺人受到了党和政府的支持，观众和人民对京剧艺术的喜爱，一个女演员只要通过自己的努力是完全可以主宰自己的命运的。另外，我还有一个收获：自从我回到上海之后，经常参加演出不能给孩子喂奶，母亲为我请了一个奶妈照顾老四，可老二、老三就得每天跟着我，每天9点之前必须到团和剧场，练功、吊嗓、排戏等。这两个孩子（宋捷5岁、宋强3岁）也不自觉地开始跟着我们一起练功、喊嗓，逐渐他们对京剧和戏曲也有了感情，这与他们后来从事京剧事业或许有些关系吧！

三、挑班的岁月

上海一行，我的感觉就是真的解放了，好的机遇来了。新中国成立后，戏子已经不是下九流了，是革命文艺工作者，所以我也决心重启我的舞台生涯。

回到天津后我决意自己出来挑梁演戏。可我所会的剧目在当时毕

1961年，在辽宁沈阳，张正芳在荀派代表剧目《红娘》中饰演红娘①

竟有限，自己挑梁肯定不够，而且当时的花旦舞台上"无旦不荀"，没有荀派花旦戏挑梁就不受欢迎。于是我专程到北京找到我的恩师赵德勋，我说："现在我又回到舞台，我想学几出荀派戏，请您给我介绍个老师吧。"赵德勋当时在北京市戏曲专科学校教武旦，他就介绍了赵绮霞，同时赵德勋老师又给我充实了武旦戏的功夫。我到北京找了赵绮霞老师，她过去曾陪荀先生演过戏，来过二旦，对荀派艺术掌握颇多。我就跟她学了《红娘》《红楼二尤》《勘玉钏》《霍小玉》四出戏。学完之后，正好天津梅派名票丁至云要演戏，怕自己力量单薄，所以找到我合作。这就给了我一个在天津亮相的机会。但当时我又怀孕了，为了不失去这次机会，我只能冒着风险带着身孕参加演出。那是1952年初冬，我23岁。在天津唱了4天戏，新学的4出荀派戏得到了很好的实践，演出很成功。

我的几场演出在天津引起了轰动，观众们这才想起我就是10年前上海戏校来天津演出的小刀马、花旦，很多老前辈也都认为我是有真才实能的好演员。储金鹏老师就是其中之一，他闻讯而来，主动找我，愿意帮我组班。一起来的还有崔禧云老师，当年他在上海和谭富英先生合作时，我们曾同台演出。他们过去对我很了解，一看就说：张正芳了不起。

---

① 《红娘》是荀派代表剧目之一，张正芳不但受到荀师嫡传，而且经常阅读王实甫原著《西厢记》，从而对这一人物的特定情境做出更贴切的诠释，细腻地揭示这一人物的内心活动，荀师的："一切从人物出发"是她在表演中永远遵循的原则，并以之告诫各地向她学习的学生群体，阐明了程式表演要有充分的心理根据，发扬光大荀师创造的这一流派。

储金鹏是中华戏校金字辈的，他和王金璐老师到我们学校教过戏。天津演戏后，他觉得我不比在戏校时差，认为我成熟了，小嗓也出来了。储金鹏说："小芳，我看你行。你要挑班我帮助你！"我说："储老师这我可不敢当。"他说："在戏校时你哪儿都好，可就是没有小嗓。这回你行啊，能文善武，嗓子又出来了。"这时储金鹏非常兴奋地对崔禧云说，这个角儿咱们俩人来傍她，对大家都好。于是他们俩就跟我合作了。还有个老师叫杜富隆，曾教过我《虹霓关》。他说："正芳，你现在连文带武可以全拿了，祖师爷赏饭啦！"

自己要挑梁了，挑班就要有琴师。恰巧和丁至云合作时，是鹿延椿给拉的弦，他伴奏得很和谐，他是天津的"稽古社"坐科的。天津的"稽古社"是很有名的科班（名丑张春华就是这个科班的），他是有名的"天津卫"小鹿，外地来了名角如：舒昌玉、林玉梅等，凡不带琴师的，他随时都可以拉，生旦净丑都行。这是崔禧云老师介绍给我的，可那时我已经怀第五个孩子了，崔禧云说："那正好小鹿这把弦必须从现在开始一直要伴奏到你正式演出，这样才能严丝合缝。"就这样我每个月都花很高的代价请小鹿陪我吊嗓子，与此同时我面对镜子，练习表演、体会内心。如《红娘》《玉堂春》当过门时，我就寻找内心的思想活动和贯穿线，这样我对每个戏就非常熟悉了。不用想就可以把戏背得很熟，小鹿都能随着我的表演来伴奏，配合默契。

1953年初夏我的第五子出生（五月初九）后正值夏天，一位名坤伶要回京息夏（就是夏天休息不唱戏了）。跟着她的那些合作伙伴也都要停下来，没有钱挣了。这时，储金鹏听说了就把那些人都请来陪着我唱戏，真给力啊！我没费吹灰之力就得到这么多前辈名角帮助，实在是太荣幸了。当年7月在我五子双满月之后，我就成立了张正芳京剧团。我们组团是志愿结合，挣的是卖票钱，都是储金鹏策划、组织、安排的。有老一辈名家们的帮衬，曾傍着荀先生的里子老生陈喜兴、文武老生姚世茹、名丑罗世茗、储金鹏等陪着我演戏。大队人马由天津到东北转了一圈，第一站是齐齐哈尔，我们的阵容非常强大，头一天《群英会》《杨排风》、第二天《全部玉堂春》，第三天《红娘》《擂鼓战金山》，1953年农历八月初，第一炮就红了。我这么一唱正是文武昆乱不挡，当时我才24周岁正值风华正茂，马上就轰动了，接二连三地连站票都满满的。我一场戏能挣好多好多钱，拿现在来说大约将近2000元吧，所以那些老先生傍着我，他们的收入也颇丰，因而挺高兴。

那时东北的习惯是凡来个新演员一打炮，各城市的剧场老板都会来看戏，只要看着觉得好，就一个合同跟着一个合同地签下来，齐齐哈尔完了是哈尔滨、白城子、长春，到辽宁抚顺、锦州一路唱下来十天半个月，20天，直唱到了12月快要过年了，大家说歇一歇吧，回家过完春节再来。

当时我家在天津，还没住上3天，邀角儿的就来了：辽东省京剧院的赵英群，山东烟台的王赢策，还有大连，这3个地方都邀请我。当时在天津还没过春节就签了3个合同。1954年元旦是在大连西岗大众剧场演出，半个月的合同不能长；新年过后马上春节就到了烟台，烟台原来签了半个月合同，就是因为我的戏码特别硬，半个月没有雷同的戏，观众特别欢迎，看完了要求我一续再续，半个月半个月地续，一直续到了4月初。后来，他们还想让我留在烟台当地的剧团当团长。但是，我1953年年底和辽东省京剧院签的合同，4月初赴辽东演出我不能毁约，一签合同就拿人家定洋了（定钱），所以我说一定得到辽东去。可烟台还要求我辽东唱完了，合同期满一定得回来，我们烟台就是要留你了，以你为主，在烟台建团。

在烟台的两个月，演了好多传统戏，后来传统戏打不住了，储金鹏老师就为我排了6出新戏：有《宝莲神灯》我"一赶三"（前三圣母、中王桂英、后反串武生沉香），该剧特受欢迎；后又排《卖油郎独占花魁女》，在这出戏中我"一赶二"（前媒婆，后花魁女）。这是两个性格、身份反差很大的人物。由于成功饰演这两个角色，使我获得"演谁像谁"的美誉。接着是《龙女牧羊》和《秋江》。另外两出《桃花扇》《梁山伯与祝英台》是储老师由越剧移植而来的。《桃花扇》这出戏当年储老师演过，所以排的时候轻车熟路，演出也相当顺利；《梁山伯与祝英台》是最受欢迎的，我这里还有旧戏单。储金鹏老师在这个阶段教会了我怎么样去移植别的剧种，怎么样拿着本子去排戏，因为他是老演员，他是我的师辈，他的舞台经验很丰富。拿到剧本他就知道这儿该用"西皮"，这儿可以用"二黄"……一套组织程序全连贯下来了。我在他耐心教导下，我也学会了这套本事。

我从1953年8月到1954年4月，这9个月当中我转战南北，所到之处很受欢迎，这其中在烟台的演出给我留下深刻印象，令我终生难忘。

第五章　60余载烟台梦

烟台是全国著名的京剧之乡，历史悠久，名家辈出，观众熟知的小翠花（于连泉）、四小名旦毛世来等也都是从烟台走向全国的。来烟台的名角儿也极多。当年京剧名家杨小楼、尚和玉、四大名旦、四大须生都来过烟台演出。烟台观众见多识广，不仅爱看戏，也很懂戏，谈起戏来头头是道，句句在行。因此一名演员在烟台演出，想赢得一声喝彩，那是一件极其不容易的事情。正如有句顺口溜说得好：烟台码头小，技艺不高不敢跑！对于一生以京剧为事业的我来说，能在半个世纪前到这京剧界藏龙卧虎之地一行，是一种荣幸，也是一种胆略，能在这里演出并受到观众欢迎更是我一生之中莫大的幸福。每每回想起五十年前那段不平凡的经历，我都会为之怦然心动，仿佛当年那满堂喝彩就在耳畔回响，那舞动手中长剑、那百万雄兵胸中演绎、那一出流传千古的穆桂英大破天门阵……能激起我万丈豪情。

一、坦诚相见王赢策

在天津家中小歇期间，山东烟台剧院的代表王赢策先生（以下称老王）登门造访，邀我春节期间赴烟台演出，我婉言谢绝，但老王不为我坚决的态度所动，把烟台的物华天宝、人杰地灵滔滔不绝地向我侃谈并浓墨重彩、富有激情地大谈特谈了烟台京剧的历史、名家、票友、戏迷以及我所能带给烟台的轰动和将产生的深远影响等等。

我一个刚刚有点浮名的演员（时年25岁），哪能受得起这样的抬爱，深深地被老王的坦诚、盛情所感动。"恭敬不如从命"便答应了只签半个月的合同。

在我们正要签订合同之际，老王这位憨厚、耿直、爽朗、实话实说的山东人却话锋一转说：烟台的戏可不好唱啊！观众"挑刺儿"的多。

老王开门见山、直截了当地介绍了"险情"："张团长（张正芳京剧团），烟台的戏可不好唱啊！第一、名角去的太多了，观众的要求也比较高，你没点真本事，观众看不上你。第二、内行、专家、票界懂戏的也太多了，你头三天打炮戏，要是戏码不硬，观众不买你的票。第三、你头一天的炮戏如果打不响，观众看了一半就走了（他介绍了提灯笼看戏的故事）那你这半个月的戏也就别唱了！现在你要想一炮打红，就得好好地安排一下你的打炮戏，要有文有武，亮出你能文善武的特点。这半个月的戏码不能重复，这才显示你上海戏校高材生的水平，别让烟台的观众小瞧了你！你要在烟台唱红了，我老王也跟着露脸了，你真要在烟台唱砸了，今后山东地区就不会有人再请你去，所以说烟台的戏不好唱！"

老王语重心长这一番话，确实给我敲响了警钟，当然也是在激励我，不然我少年得志，心高气傲，还真有点自以为是呢！可我却从来没遇见过像老王这样的邀角儿的，这是用开场白交待"险情"给我增加压力？定神再一想，他是好意，知己知彼，百战百胜，这是善意的关心。让我打好有准备的仗！

我接受了老王的建议，共同协商了头三天的打炮戏。头天全部《杨排风》《打孟良》《打焦赞》《打韩昌》《打耶律休哥》。第二天全部《玉堂春》从"嫖院"起至"监会团圆"止。第三天《红娘》《擂鼓战金山》。

老王表示，三天戏都很硬，显示了我能文能武的特长。他说："能否打住烟台的观众，这还不敢说，还要看你张团长上台之后的本事了。假如你头一天能平平稳稳唱下前半出戏，那些老票友不起堂，就是给你面子了。如果你再卖卖力气，把后半出唱对了，你第二天的戏就好唱了。"我很自信地对老王说："您就放心吧，我的《杨排风》虽然是出武戏可我武戏文唱，我从12岁开始在上海戏校公演时，就是我的重点叫座的戏，是四小名旦宋德珠老师亲授的，从那开始算到现在，这出戏在舞台上至少已经演出过七八十场了，特别是我自己挑梁之后，《杨排风》一直是我头一天的打炮戏，不管到任何地方演出，都受到观众的认可和欢迎，都会很热情地接着第二天来看我的唱功戏《玉堂春》，如果对《玉堂春》也满意了，到第三天就会来看我的文武双出。观众如果对我这三天的戏都满意了，在烟台的这半个月合同就会很圆满地合作成功。"老王听了这番话，心里似乎有点底了，热忱地对我说："我相信张团长在烟台也一定会受到欢迎。希望你一炮打响、旗开得胜、马到成功。为了便于我早做宣传，咱们再把后十几天的戏也预定一下吧。"紧接着又安排了第四天《霍小玉》，这是荀派六大悲剧之一，是一出先喜后悲、表演特别细腻的唱功戏。第五天又是双出，前面《勘玉钏》后面《巴骆和》。这一台戏我要演三个不同性格的人物：在《勘玉钏》中，前面演俞素秋（闺门旦），后面演韩玉姐（花旦），《巴骆和》中我演的人物是巴九奶奶即马金定（泼辣旦）。后十天的戏，也都很硬，有：全部《儿女英雄传》、全部《樊梨花》、全部《红楼二尤》、全部《穆桂英》、全部《花田八错》、全部《得意缘》《金山寺》《扈家庄》《辛安驿》等等。总之，每场戏都让我一个人占领舞台，不是全部重头戏，就是一文一武的双出。这半个月的戏码经老王反复地推敲，他认为满意了，高兴了，并称赞说："凭你这么硬的戏码，我相信烟台观众会买你的票。"我也自豪地向他说："别说半个月的戏码过得硬，就是一个月的戏码也决不重复，也照样让烟台的观众满意。"

于是在1954年元旦期间在大连的演出结束后，春节前，我便率团乘船渡海到了烟台。

二、精雕细琢为观众

此次赴烟台，头一天的打炮戏就是《杨排风》。虽然此戏我已经演出了80多场，为了慎重起见，头一天的打炮戏我必须精益求精。再回想自学成该剧之后，每次都是照猫画虎一成不变，然而经过1952年在上海文化局参加文艺整风戏改政策之后，对传统戏应有推陈出新、留其精华去其糟粕的责任，何况戏曲改革的要求是要演人物，一切从人物出发，一切技巧都要合理化，不能单纯卖弄技巧。在这个戏改政策的指导下，我找到了改进提高的思路。我分析了杨排风这个人物的性格、心理状态。

杨排风是烧火的丫鬟，她在天波杨府地位低下，杨府上下谁也不会想到她能上阵杀敌，打败番邦。然而，在杨家一门忠烈的感召下，焕发了她的雄心壮志，促使她也不甘落后，并暗下决心在烧火之余苦练武艺为国尽忠，一旦需要就能做到有备无患。这也体现了她"卑贱者最聪敏"的品格。我反复琢磨出一个改革的方案，用"一、二、三"的规范来要求每一出戏，从而达到艺术标准的提高。如："一"即一切从人物出发；"二"即分析，分析剧本，分析人物；"三"即化，程式技巧合理化，舞蹈身段节奏化，全剧表演性格化。只有三者统一才能达到内心和外在一致，使人物表演走向艺术深化，达到神形兼备，内外美的统一。这是我从实践中总结出的理论经验。凡我所演过的每一出戏，都按照这个思路来进行改革和创新。

我决定先从《杨排风》着手，各个击破，一个一个地解决问题。除此之外我把头五天的七出戏、九个不同的人物性格都作了细致入微的分析和处理，经加工之后，感觉比原来演出时都有明显提高。如《打焦赞》

中有一段向元帅杨延昭汇报自己有何杀敌本领时，这是一段很重要的念白，有打击乐锣鼓配合，节奏感很强、舞蹈身段又很多、每句台词载歌载舞的表演要完全符合情境，这是《打焦赞》的精华。难度较大，亮出艺术技巧的地方也很多，是观众最喜欢看的一段戏，这也是我花费精力最多的一段戏。加工后的这段戏确实收到了良好的效果。我从小以刀马旦开蒙，凡有亮武功之处，我都加倍地卖力气，该走三个"鹞子翻身"的我都改做五个，耍棍花，花样多变，对敌人韩昌和耶律休哥猛烈狠打时挥动青龙棍，使用了千变万化的棍花技巧，打得两个敌人只有招架之功无有还手之力，最后败得只有以叩头求饶来结束这场战斗。而我塑造的杨排风则以春风得意，非常傲慢又天真活泼的姿态肩扛青龙棍以不同的舞姿不同的云步、磋步亮出很多不同的造型，显示了烧火丫头也能打败辽邦大将的豪情，成功地塑造了杨门女将中另一个典型人物，自强不息的烧火丫头——三关上将杨排风。恩师宋德珠以帅、美、脆为他的特色，而我继承了他的优点，又为自己建立了神韵。

　　戏是精了，可我1953年冬的短暂的休整期却全都被为艺术加工而占用了，并累得我精疲力竭，这就为我烟台一行演出期间大病一场埋下了隐患。但有所失必有所得，烟台之行的成功对我在艺术质量上的提高提供了很好的保障。

　　由于老王前期宣传工作做得非常好，1954年的大年初一，群众剧场的观众满满腾腾，连站票都排不下了，热情的观众都在等我出场。此时老王又出现在我面前并鼓励我说："张团长今天是大满堂爆满，剧场外的观众还多着呢，买不到站票他们也不走，都还想看你的戏呢，张团长就看你的上台亮相了！"我胸有成竹地答道："老王，请放心吧，会让您露脸的。"

　　我上场前，幕后有一句道白"来了，来了！"在幕后的这句搭架子，我以清脆的嗓音，急迫应声的心情，勇敢坚决的语气，字字千钧，一吐而出，不想热情的观众竟给予我热烈的满堂彩！这就给我吃了一个定心丸，顿时我的心里热乎乎的，感到烟台的观众在欢迎我……

受到鼓舞，第一场全部《杨排风》，我边念边舞、边打边唱，使出百倍功力，充分展示了自己在这出戏中十多年来所付出的心血和汗水，把自己的表演艺术也发挥到极至，让烟台的观众第一次真正了解到了师出名门、功底深厚的我。一场下来，有的观众叫好的嗓子都喊哑了，有的观众两只手鼓掌都拍红了。老王在后台暗暗击掌叫好，他的一颗悬了很久的心，终于放下了。

如果说《杨排风》一剧是展示我刀马旦、武旦的表演技巧；那么第二场全部《玉堂春》则是展示我青衣、花旦的表演功力。这是一出唱、念、做、表并重的戏。梅兰芳、尚小云、程砚秋、荀慧生四大名旦均演出该戏，各显不同风采。我崇荀派，也很有信心充分发挥自身特点，一切从人物出发。因此，我演的《玉堂春》也颇受观众的喜爱。

第三场《红娘》《摇鼓战金山》。一文一武，文武双出，充分展示我能文善武、文武兼备的舞台表演功夫。

这头三天的打炮戏，老王连呼满意！痛快！过瘾！烟台的观众更是不惜赞誉之词对我表达着热烈欢迎的呼声。一时间我们团的到来成了大家茶余饭后的谈资，有心者又把它们演绎成一段段佳话，到处传扬。此刻，在烟台，我们一炮打红，站稳了脚跟。

三天打炮戏圆满完成，我正在卸妆，老王就急于向我提出说："张团长，烟台的观众太欢迎你了，你这半个月的戏码肯定不够，他们纷纷要求挽留你。咱们再续演半个月，只要你同意，明天我就把这个消息透露出去，你看怎么样？"我正在考虑应该怎样回答这个问题……储金鹏老师搭了茬儿说："老王，刚演出三天，你就让我们续合同，你有把握保证上座率吗？"老王说："储老板，要挽留你们。续合同是广大观众的热烈要求，天天满堂肯定没问题，你就快让张团长当机立断再续半个月吧！"

此时我心中已经有点底，这头三天的戏，已经体会到受欢迎的程度。

我心里基本同意再续演半个月，为了尊重金鹏老师，我必须征求他的同意。为此很慎重地提出："金鹏老师您看怎么样？既然观众欢迎我们咱就再续演半个月？"金鹏老师笑容满面地说："行啊，张团长在烟台已经红了，那咱们就再续半个月，好好再亮几手，让烟台的观众饱饱眼福，知道我们张团长有的是能耐！"就这样，头三天之后，又续演了半个月，据说这在烟台群众剧场还是首例。

第四天《霍小玉》，这本是我的拿手戏，因我善于表演思想变化反差较大的人物，能施展我的优长。我演霍小玉充分发挥荀派悲剧的魅力，把霍小玉一片痴情反被负心的李益无情抛弃并狠毒地要置她于死地，致使霍小玉失恋之后相思成疾，在叫天天不应，叫地地不灵的悲惨绝望之际死去！我逼真的表演终于将热情的观众感动得难以控制，为霍小玉的不幸遭遇流下了同情的热泪。演出后，老王又立即把观众的反映兴致勃勃地向我转告说："张团长你可真行啊！真有本事。你知道今天台下的观众淌了多少眼泪？他们走出剧场时还边擦眼泪边念叨着说'这张正芳戏演得真好，俺们还真让她感染了，把俺们的眼泪都抓出来了。'这可真是前所未有的事啊！"老王接着说："要说到烟台来演《霍小玉》的角儿也不算少，可从来没有像你这么个演法，还真叫观众看古书落泪，还真是流眼泪了，都抹着眼泪出剧场。观众对你的表演都已经佩服得五体投地了！"我不搭茬儿，只是抿着嘴笑，我认为这是观众又一次认可了我，我也达到了荀派艺术就是让悲剧能够抓观众眼泪之目的。

第五天《勘玉钏》《巴骆和》，又是双出，这一台戏我连演三个角色，《勘玉钏》中我先演俞素秋（闺门旦）后演韩玉姐（花旦）。《巴骆和》中我演马金定（泼辣旦）。这三个不同性格的人物，也很能发挥我的优势。特别是巴九奶奶（马金定）这个人物得赵桐珊老师亲授，很有特色。在戏校时期经常公演，约有六十余场。当时，王正堃的骆宏勋、景正飞的胡理，配合默契，深受好评，是上海戏校的叫座戏。但出了校门则从未演过该剧，这次也是为了答谢当地的台柱子朱云鹏，特意把《巴骆和》放在大轴，由朱云鹏演骆宏勋，我甘当绿叶演巴九奶奶。"一切从人物出发"有了这个标准，我在所演出的每个人物中都能找出应如何加工艺术技巧来丰富人物表演的功能。对马金定也同样取得加工后的良好效果。如：听说儿子巴杰被骆宏勋一剑刺死，这个噩耗如同晴天霹雳，使她几乎发疯，她恨不能立即为儿子报仇，在带领家丁们追杀骆宏勋的规定情境中，她手持又粗又长的大杠子（即武花脸行当金大力使用的武器，要比杨排风使用的青龙棍重量超过两倍）在追赶途中她杀气腾腾恨不能马上追到骆宏勋，一杠子把骆打个粉身碎骨方消心头之恨！就在这火冒三千丈的气愤情绪中，她舞动手中大杠，耍起了大刀花，显示她武艺高强，发泄她歇斯底里的心态。我的表演是以连续五个快速大刀花转身，此时观众立即报以热烈的掌声。紧接着大杠子上腕子变"背花串腰"，还没耍过五个，观众又给予鼓励。反转身到台口，把大杠子变化为双手扳杠子花，这个动作难度较大，我双手越扳越快，打鼓佬和武场面大锣、铙钹、小锣、大堂鼓等也越催越紧，营造了杀气腾腾的气氛。这时全场的观众都沸腾了，雷鸣般的掌声似乎已压倒了锣鼓声，最后一个【四击头】，倒搬大杠子右手伸平大杠子，垫右脚、左手平托大杠子，在大杠子下面走了个大鹞子翻身，然后挥动右手亮了一个凶神恶煞的花脸相。这个奇特的泼妇造型是当时人物的真实心态，观众意想不到，竟全都愣住了，全场鸦雀无声，约静了三秒钟，剧场内响起雷鸣般的掌声、跺脚声、呼叫声："绝了！绝了！张正芳你太棒了！太棒了！"

随着观众的热烈沸腾，我也略微休息（当时我确实很累了），身形也以头略一摆动用非常大喘气的姿态来表达人物猛追了一阵子，又耍弄了大杠子后感到疲劳的神态，没想到我的真劳累为人物设计的这些动作，也博得了观众的肯定。我灵机一动又运用眼睛以先收缩后又怒目圆睁，似乎燃烧起复仇的火焰，再用凶恶眼光四处寻觅，搜索仇人骆宏勋的去向，然后用疲惫不堪的脚步一步一步地往前挪，此时，我的疲劳已得到了缓冲就仍想多卖力气来完成这个人物的当时行为，并以再卖力气的实际行动来答谢观众对我的厚爱……联想到她不甘心放走仇人，她一定要猛追，我从跨步逐渐变为大踏步，随之脚底下略微变化，又好像扭秧歌的舞姿，又不是扭秧歌的神态。又借用了《徐策跑城》似的步伐，打鼓佬随机应变立即配合各种鼓点，但我的脸部表情是急、怒、恨，内心独白是："别看我跑累了没追着，但我决不放过，仍然要猛跑紧追。"然后，右手提着大杠子顺着台毯边又以【急急风】的节奏跑了三个大圆场，把她欲立即追到仇人之心情推向高潮。全场的观众为我的表演真实而感动，给予充分肯定，掌声久久不能平息。我也以卖足力气，亮我的艺术功底来答谢观众。随之把人物的情绪带进幕后。当我刚进台帘（后台），我的同事们早就看到我在台上劳累疲惫的身影，满脸汗珠气喘吁吁，立即从两边接应把我扶到太师椅上，让我充分休息。我的化妆师也急忙递上小茶壶，让我喝口浓茶饮饮场，还很热情地说："团长今天你'卯上'了，看把你累的这个样儿。你可得悠着点，可千万别累大发儿劲啊！"我也确实累了，但心里感到热乎乎的非常欣慰。戏中我虽扮绿叶，却获得广大观众如此鼓励，与愿足矣！

此时，老王又兴冲冲地从前台赶到后台，咧着大嘴高兴地对我说："张团长你可真有绝的，巴九奶奶真让你给演活了，你看看台下观众多欢迎你啊！你在烟台算是红得发紫了。观众对我提出要求了，这样的好演员不能让她走，都要让我把你留下来呢！张团长……"老王还想滔滔不绝地往下谈，罗世鸣老师（富连成科班"世"辈的丑行，和袁世海同届）急忙上前阻止："老王，停！别再说了，你看看我们团长累成什么样儿了，有什么话打住戏再说。"金鹏老师也急着搭茬儿说："打住戏也不能再说，你没看见今儿个把我们团长都快累垮了，有什么话明儿再说。"

老王很知趣地满脸赔笑答道:"对!对!对!我没眼力劲儿,明天,明天中午我请客,咱们中午12点在'蓬莱春'请张团长,两位老师一同光临,咱们饭桌上再谈,再谈。"欲走,但又马上安慰我说:"张团长你演出已经很成功了,悠着点,悠着点,可千万别累着啊!"

第二天中午的谈话内容,主要是要让我连续再签订一个半月的演出合同。老王坦率地告知:"张团长这头五天的戏码,戏又演得那么好,观众太满意了。你没看见昨晚的戏,观众都炸窝了,这次我老王的脸也露足了。不瞒你说,你头一天的《杨排风》一炮打响,全山东省各市各团消息都灵通得很,这不,前两天青岛、济南等地都来人了。为什么你第三天炮戏刚完了我就要你再签半个月的合同,我就怕他们把你接走了。没想到昨晚威海、蓬莱等地又都来人了。他们看了你的戏都恨不能马上把你接走,俺烟台的观众能让吗?他们现在看你的戏都入迷了,都向我提出要求,恨不能把你留在烟台。你演什么像什么,只要你演出,什么戏他们都爱看,所以今天把你们几位请来,就是要求您们能不能签个长期合同?"我立即回答:"这没有可能,我四月份去辽东,这是早已定了的事,我都接受了定金,不能失约的。"老王马上赔着笑脸又说:"我也知道恐怕不能,所以再提出第二个要求,在你去辽东之前这段时期就不要离开烟台了。等烟台结束就直奔辽东行不行?等辽东的演出合同期满再请你们重回烟台,咱们来个长期合作。"

当老王在介绍以上情况的同时,我和储、罗两位老师都互相对视而喜形于色,说明不仅烟台的观众已认可,而其他城市也都想接我们去演出。这是好事应该高兴,可是时间有限,到底如何是好?我还是征求金鹏老师的意见,不料他反问我说:"团长你看怎么好?"由于我曾得悉1947年顾正秋在青岛演出很成功,当时她还和陈永玲、高百岁等在三个剧场同时上演而上座率最高的是正秋,当时很轰动,正秋也因此而很自豪。我这不服输的性格,早就向往在青岛试试我的叫座能力,今听说青岛已经来邀请我,立即表态:"我想去青岛!"这句话,大家愣了。老王马上回驳说:"张团长今天我不是来征求意见你想上哪儿,我是诚心诚意地要求你连续签订合同留在烟台。不瞒你说,我已经把青岛、济南等地人都已经糊弄走了。我告诉他们你在烟台的演出合同已经延长到四月份了,从烟台结束你就直奔辽东了。所以他们谁也别争先恐后地抢了,我这儿不放他们谁也抢不走。"他的话引起我的反感,我当即质问:"老王,我只答应你半个月期满再续演半个月,我还没答应你要续演到四月份,你为什么说瞎话欺骗人家把他们糊弄走了?这么说现在我已经被你控制,我都没有自主权了?"老王慌忙答辩:"张团长,你可千万千万别误会,我就是代表烟台市广大热爱你的戏迷观众和前台后台全体同仁们真情实意要想尽办法挽留你。我不会说话惹你生气了,你可千万千万别生气,真要把你气着了,我们的戏还怎么开锣啊!那我老王就罪孽深重要落一辈子埋怨了!"金鹏老师终于开口说话了:"团长算了算了,你别让老王为难了,他是好心好意代表前台挽留我们,这是好事。也说明我们在烟台红了,你怎么冒出想上青岛的话题?"我理直气壮地答辩:"他不是说青岛来人想接我们吗,我是因为顾正秋曾在青岛红得发紫,所以也想去试试。""得,得,得,"金鹏老师拦住我的话:"青岛的事先搁下,你要想去今后有的是机会,今天咱们还是和老王协商续签合同的事吧!"老王马上搭茬儿:"这就对了,这就对了。"

我心中还是有点嘀咕,就问:"要在烟台连续唱两个多月,这上座率能保证吗?到时候上座率下降,大伙都分不到钱了,落埋怨!"老王又满怀信心地答道:"张团长,上座率问题你放心,烟台的观众是最懂戏的,要不是他们再三要求,我敢提出续签合同吗?张团长你就点个头咱们把这个事定下来吧。"我还是不想表态而金鹏老师却像和事佬似的发了言:"老王你先别着急,咱们先试着谈,谈得拢咱们就签约,谈不拢咱们一月期满(哈哈一笑)后会有期,你看怎么样?"老王连声说:"好,好，好。"金鹏老师所谈的内容是：如果续演首先要保证戏的质量，观众爱看，才能卖座。要是从演出过的戏来回翻头，当然不行。必须要赶排新戏，排几出新编历史戏，才能吸引观众。真要排新戏，那就有很多问题了，咱们得约法三章。老王急着问："怎么个约法三章？"储答："排新戏要找剧本、排戏，都由我们团负责，可是要制作布景，要添置道具，这都得由你们负责，不能按分账制让我们也承担一份费用。"王答："是是是。制作布景你们也带不走，应该算我们的。"储又说："排演新戏得占用大家很多时间，咱们每天都得演出，这是要占大家的业余时间，这大伙能同意吗？如果同意了你看安排在什么时间排戏最合适？"老王马上答复："这个时间由张团长来定吧。她说什么时间就什么时间，我们服从安排。"储又说："排演新戏还有一个角色、人物的选择问题，这个主动权也得给我们，派谁是谁，别到时候争角色、闹矛盾，影响了我们排练的进程，搅乱了我们的演出质量。我们毕竟是外来的客人，和你们（指班底演员）是合作关系，我们无权去约束他们。可我们是综合艺术，我们费心费力把戏排出来了，如果其他配角、舞美队等等不能很好地配合，到时候就完不成演出任务。这些问题都得由你们也就是你老王全部负责，这就是约法三章。只要我们全体同仁团结一致、同心协力地好好合作，保证戏的质量，我相信续演两个月上座率不衰还是有可能的。"老王认为这些章程都不成为问题，还告知要求续签合同并不只是观众的愿望，也是前后台同仁们的一致要求，因为他们已经得到了实惠。就拿头五天爆满的票房价值，后台每个人的戏份（演出费）都超过了以往的最高数，所以，就连我们的当家老生朱云鹏都一再向我提出：可千万不能放她走啊！你上哪儿去找这样好的角儿啊？！只要你把她挽留住了，我心甘情愿给她挎刀！张团长，你就放心吧，俺们这全都服了你了，唯一就是舍不得让你走。只要你续演到4月份，以上的条件我全都负责了，咱们就算谈拢了，张团长你就签约吧！

其实，我心中并非所愿，可金鹏老师一再劝说："签吧，签吧，给老王个面子，别辜负大家对你的厚爱和期望。"就这样，我连续签了合同，在烟台演出了两个多月。金鹏老师足智多谋，为续演获得成功，他深思熟虑地做了周详的安排。首先，精选叫座的好剧目，但又要为我文戏武戏交替衔接，使我能劳逸结合，不能太累。又规定了从正月初八止戏后，开始排练新戏的制度。为保证戏的质量，谁都不能缺席、早退。于是就按照这个原则紧锣密鼓，各自分头作好排练准备工作。在当时加班加点是没有加班费的，每天都要演出，又从不休息，要排新戏，只有等晚上演出结束后，人员比较集中，就接着排练（真难得，在那段排练新戏的过程中，为了把戏排好，往往要占用很多时间，经常排到半夜，甚至太阳升起。虽然都很累，但个个精神抖擞，没有怨言，大家团结一致，自觉地遵守制度，从而保证了演出质量）。金鹏老师还悄悄地向我详述他的观点，他认为续演对我们很有利：

一是扩大影响。大家都说："烟台戏不好唱。"而你张正芳却能连续演出两个多月，这不说明你有本事吗？

二是避免途中疲劳，还多得收益，如果在烟台只演一个月，然后去青岛，再去济南，虽然都在本省，一动地方，途中必然疲劳。到了新剧场，肯定得和当地的班底们现说戏，再略微休息，至少得停演三场戏，换两个地方就少演六场戏，这不都是损失？只有原地不动，天天演出，才能保证天天都有收入。

三是对你最为有利的是，你排练新戏就是自我练兵，多排一个新戏，你就多塑造一个人物。排的新戏越多，你演出的剧目也更丰富。通过塑造各种不同性格的人物形象，在舞台实践中，你就会熟能生巧，有所发现创新的空隙，在艺术上也必然会有所提高，这不是对你的进步非常有利吗？如果你到处流动，每个场地演十天半个月，谁会陪你排新戏？也只有烟台的观众拽着你不放。这不是大好时机助你成才吗？经他点悟,我如梦初醒:他为我想得太周到了,真不愧为我的良师。此后,我对他更加尊重了。他不仅舞台上艺术造诣很深,而且在梨园行内的为人处事经验也极为丰富。在和他合作期间,可以说是受益匪浅,我至今还深深地怀念他、感激他!接下来就是排什么戏的问题。金鹏老师认为,前半个月所演的剧目,除了《玉堂春》《穆桂英》等等之外,其他都是文武双出,甚至一台戏中扮演三个不同性格的人物。他说:正因为你卖力气,观众才喜欢你。假如新排的戏你的艺术才能超不过以上的戏,那也不一定会受欢迎。为此他为我精选的第一出新编正戏是《宝莲神灯》。

在《宝莲神灯》中,我前后试演三个人物:前演三圣母(闺门旦)、中演王桂英(青衣)、后反串武小生沉香。这出戏极受烟台观众的欢迎,他们对我扮演的沉香感到格外新鲜与亲切。我把他塑造成一个勇敢、刚毅、天真、活泼又很调皮的小男孩。他武艺超群,思母心切。当得知亲生母亲被压在华山脚下,便奋不顾身奔赴华山救母。在奔赴华山途中,我采用短打武生"走边"的形式,边歌边舞,表现了急于救母的迫切深情。观众注意到了,我是在演完了王桂英之后反串沉香的。他与稳重、善良、贤惠、能识大体又略有私心的女性形象有着多么大的反差啊!我的出场亮相、抬腿、骗腿、腿过眉尖,车轮旋转式的鹞子翻身,静场【走边】、拍手、拍胸、拍肘的"飞天十八拍",紧接三个飞脚,再起【四击头】来个鹞子坎翻身,最后一个金鸡独立。孩童相的造型似一座雕塑般地站在舞台上,赢得了台下暴风雨般的掌声。

沉香的塑造,花费了很多心思,而取得的收效也是最好!为此,《宝莲神灯》首次公演就被认为比前半个月的传统戏更好,上座率更是盛况空前,每天爆满。只是于前半个月,每天演出非常劳累,止戏后又要排新戏,在劳累过度之后,在第五天尚未起床就感到特别难受,头晕目眩,连坐都坐不起来了,一坐起来就呕吐,病的来势凶猛,高烧竟达38.8

度。这又怎能上台演戏呢？这可急坏了前台的各位同仁。因戏票早就卖出去了，如果我因病不能上台，岂不要回戏退票！这个损失太大了。我反复思考，绝对不能回戏、退票！我决定咬紧牙关，带病上场，坚持演出。老王及时为我请来了烟台名医焉天续大夫为我治病。焉大夫真是位医德、医术双高的好大夫。他每天上午10点准时专程前来为我打针、治疗，每隔4个小时又来一次，经过3针之后，果然我的体温逐渐下降，也能勉强起床化妆了。大家担心我台上晕倒，都劝我吃点东西。所有这些关爱，也使我产生很大的力量，感到大家庭的温暖。临演出前5分钟，焉大夫又准时等候在后台，再为我打一针，并告诉我：等你"二堂放子"王桂英下场后，我再到后台为你打针！这真使我太感动了，深感过意不去，一再表示感谢。他真诚地说："张团长，只要你的病早一点好，能让观众看到您的好戏，我多跑几趟没关系"；还说："反正我在前台看戏也不麻烦"。有了焉大夫这一针，我下面再接演沉香的"劈山救母"也就轻松多了。他连续3天为我准时注射、治疗，终于使我痊愈了。最后，焉大夫对我说，从您头天打炮戏开始，我就是您的忠实观众。您的《宝莲神灯》前后我看好几场了，真是太精彩动人了！您感谢我，我还要特别感谢您呢！焉大夫使我战胜了病魔，使该剧顺利地上演达半月之久。

在《卖油郎独占花魁女》剧中，由于前半出没有花魁的戏，我便在前边扮演媒婆。这是一个泼辣旦的人物。她贪财如命，既势利又老奸巨滑，但她又是一个能说会道、很有风趣的人物。剧中有一大段似数来宝的念白，很需要嘴皮子功夫。这个媒婆在舞台上时而装疯卖傻、时而恼羞成怒、喜形于色、变化异常，表演难度很大。而我在后边饰演的花魁女，则是一个饱尝人间凌辱、心地善良的青楼弱女子。这两个人物又是截然不同、反差甚大的舞台形象。我在剧中均准确地把握住人物性格，演得活灵活现，惟妙惟肖，又得心应手，博得烟台观众的一致好评，剧场效果反响强烈。有的观众说，张正芳真有本事！把这正、反两个人物都演活了，真是"演啥像啥"！

《血溅桃花扇》是出悲剧，金鹏老师在他母校时曾演出过侯朝宗，为此驾轻就熟，他又为我排演该剧。由于这出戏比较温，难和火爆的《卖油郎独占花魁女》相比，所以演出场次不多。可是新排的戏还没排出来，正在犯愁，恰好观众来信要求我重新上演打炮戏。我们为满足观众要求，把头五天打炮戏又重演一遍，保证了满座盛况，也延长了排新戏的时间，终于使《潘必正与陈妙常》比较成熟地搬上舞台，并以此来答谢烟台观众对我们的厚爱。

在《潘必正与陈妙常》中，我饰演陈妙常，储金鹏先生饰演潘必正，罗世鸣先生饰演老艄翁。这是一出歌颂男女美好爱情的戏。我在剧中有多种板式的优美唱腔，充分显示我的演唱技巧。该剧后半部分，潘必正被姑母逼迫离开尼庵赴京科考，陈妙常不舍与其分离，为了追求美好的未来，她不顾世俗观念，追赶至秋江河下。幸好遇到了一位火热心肠的老艄公。在这里我们又设计了很多精彩的舞蹈动作，借以表现陈妙常极其复杂而丰富的内心世界。世鸣先生在这里也下了很大功夫。舞蹈身段引用了不少武丑的技巧，塑造了一位善良慈祥又自然风趣的老翁形象。因此，这段"追舟"表演成了载歌载舞、妙趣横生的歌舞剧，又受到了烟台观众的热烈欢迎。

这些新编戏的顺序是：

1.《宝莲神灯》

2.《龙女牧羊》

3.《卖油郎独占花魁女》

4.《血溅桃花扇》

5.《潘必正与陈妙常》

6.《梁山伯与祝英台》。

三、良师益友储金鹏

这次演出能够场场爆满,反响强烈,同时也取得了很好的经济效益,使得同事们、合作者满意,这绝非我一人之功。

1953年,张正芳与储金鹏合演《梁山伯与祝英台》

储金鹏先生是我团的顶梁小生，是我很多演出剧目的合作者，亦堪称我团的"擎天白玉柱，架海紫金梁。"我的恩师宋德珠先生早年毕业于北京中华戏曲专科学校。属"德、和、金、玉"的"德"字届。储金鹏先生则是属"金"字届。早年他曾傍程砚秋、宋德珠、李玉茹、郑冰如、赵燕侠等名角演出。因此，我应称他为"师叔"。储先生德高望重、演技超群，而且多才多艺、能编能导。前边提及的很多新排剧目都是出自他的手下，还有很多传统剧目也都经过他的重新加工、整理。

　　我们在烟台的临别纪念演出是《梁山伯与祝英台》。我饰演祝英台，储先生饰演梁山伯。这也是一出新排剧目，储先生就是这出戏的总导演。这出戏从唱、念、做、舞各方面来说，都与众不同，都有很大的提高。该剧演出后，备受欢迎。特别是在"十八相送""楼台相会""哭坟化蝶"重点场次，既有大段抒情的优美唱腔，又有含蓄细腻的表演动作。还有极富浪漫色彩的动人舞姿……总之，我们付出了辛勤的劳动，付出了极多的心血，才赢得了观众的认可。

四、救场难忘朱云鹏

　　演出成功了，可是却累倒了我们的顶梁柱——储金鹏先生。他患重感冒、发高烧、嗓音一字不出。梁山伯病了。《梁山伯与祝英台》的戏票已售罄。怎么办？怎么办？停演？改戏？烟台观众能满意吗？这不是给观众头上泼冷水吗？！不能这样！此时真是"救场如救火"。那谁来救？谁又能救？

　　就在这火烧眉毛、千钧一发之际，朱云鹏先生挺身而出："张团长，让我来救这个火！"啊？我深感惊奇，同仁们都深感惊奇。朱先生不是我团的演员，是烟台的"坐地户"。他是一位文武老生演员，表演造诣很高，当时在烟台大众剧院是挑梁人物。这次我来烟台，他热心助演。我演《玉堂春》，他扮蓝袍刘秉义；我演《宝莲神灯》，在"二堂放子"中他演刘彦昌。所有这些角色，都是很称职的，是位好演员。可他要演小生应工的梁山伯，这行吗？但不行又怎么办？朱先生说，只要你给我仔细地说说戏，我会克服一切困难，到台上还不至于"洒汤露水"，我想观众也会谅解的！他的这种可贵精神深深地感动了我，我便欣然同意，立即为他说戏。此时离开场演出只有五六个小时了，而要学会梁山伯的全部唱段、念白，还有身段、舞蹈，其难度可想而知。

在这种情况下我们立即行动，经过6个小时的努力，朱先生总算大体上都学会了，他又累又饿，那晚饭也没顾上吃，就匆匆忙忙地化妆了。当晚剧场门口贴出通知"储金鹏先生因病今晚梁山伯由朱云鹏先生替演，希诸位谅解。"由于朱云鹏也是烟台的名角，台下人缘也很好，也有很多观众喜欢他，所以他的梁山伯虽然不如金鹏老师熟练自如，但他也有他的优点，表演逼真，激情充沛，神情贯通，观众也给予很多掌声，观众也看不出朱先生是"钻锅"。

朱先生不负众望，仅仅是把梁山伯的小嗓改成了大嗓，便赢得观众的掌声，赢得同行的尊重，这不仅充分展示了朱云鹏先生高超的才艺，更展示出他出众的人品！

转眼时近4月，我们不能再多停留，只好与给予我们极大支持、很多厚爱的烟台观众告别！临行前，朱云鹏先生很诚恳地祝贺我说："张团长你这次在烟台长达两个多月的演出，盛况空前，应该说是非常成功，这是很少有的。"老王插话说："你知道在此期间那两个剧场请来的名角都很厉害，'大光明'请的厉慧良，'大众'请的周云亮、周云霞。咱们三家打对台，可他们都不是你的对手，都只演了半个月就离开烟台了。"朱云鹏又接着说："烟台你是'红底子'，希望你辽东期满，再返回烟台，咱们同心协力再次合作，烟台观众和群众剧场前后台的同仁都等着你早一点回来啊！"他语重心长的祝贺和期盼，使我重返烟台的希望至今憧憬在心，仍然难忘！

  时光流逝，整整60余年过去了。回首往事，这段烟台之行，给了我极大的欣慰。这首先要归功于王嬴策先生，归功于我的良师储金鹏先生、罗世鸣先生，归功于"救场如救火"的朱云鹏先生，归功于我同台演出的合作者，归功于乐队以及后台、前台的同事们。如果没有他们的智慧和汗水，作为综合艺术的京剧舞台艺术演出成功是无法完成的，更不要说取得如此令人欣慰的辉煌了！在此，我只能站在红叶满坡的香山脚下，任十月的金风随意梳理我满头的银发，翘首眺望碧波依偎下硕果累累的烟台，满怀深情地问候一句：烟台的朋友们！你们还好吗？张正芳想念你们！

1953年，《宝莲神灯·劈山救母》中反串沉香。前：三圣母、中：王桂英

第六章　丹东的25年

一、入辽东省京剧团

安东市是当时辽东省省会，后辽东省被撤销，安东市改为丹东市统归了辽宁省。我于1954年4月初到达丹东市，经过若干地方的演出我也有了一定的经验。可是，丹东在当年是京剧的大码头，头三天打炮戏依然是非常重要的。我还是按照烟台的戏码安排了三天的打炮戏，同样，这三天打炮戏演完后，丹东的观众也再一次炸了窝。我又成了丹东街头巷尾茶余饭后的谈话资料了："啊呀！丹东来了个张正芳可不得了了，上海戏校的高材生，能文又能武……"

那时候京剧界流动演员的演出，各地领导非常重视。头一天打炮戏大幕一落下，邀我前来的赵英群就陪着辽东省各级领导、市级领导，宣传部、文化局的领导，到后台来向我致意，并且告诉我："你的演出很成功，今天省委领导班子成员都来了，看了今天的戏，对你很满意，我们希望你能留在辽东省京剧团。"我当时很受鼓舞，但是不知怎么回答好。我说："谢谢领导的关心，我争取吧！"虽然是很淡然的几句话，我心情还是很激动。

在丹东时是包银制，每人都按自己的能力。谁挣的钱多说明谁的本事大。我的班子包银是很高的，换算现在的价格，我一天可得3000元（当时的币制），这属于当时的市场经济。同时，因为我的到来，剧团的票房也有较高收入，所以他们愿意把我留下来，作为基本演员。但当时我心里想不太可能，因为我还想全国各地闯一闯。

打炮演出时，除了辽东省的领导来看戏（后来因辽东、辽西合并，辽东省先改为安东市后又改为丹东市。以下均称丹东），还有其他很多省市主管文化的领导也都来看戏。捷足先登的是牡丹江文化局领导和京剧团的团长，他们邀请我丹东演完了，立即到他们那儿去演出。我说，丹东是一个月合同这才刚开始演出，现在还没期满呢。他们说，不管你是一个月还是半个月的合同，只要合同一满，我们就从丹东把你接到牡丹江。而且也是包银制，比丹东待遇还高。当时我一听牡丹江比丹东挣的还多，自然就答应了。签了合同，但没签日期，只答应丹东演完就去。

谁知辽东省的领导正在充实京剧团需要挑梁的好演员，所以要求非留下我不可，并还说要重点培养我。开始和我谈是要接续合同，我只好回答："你们说晚了，牡丹江已经和我订了合同，人要有信用我不能违约。丹东期满立即赶赴牡丹江，而且我的包银待遇比这儿要高30％。"辽东省的领导说："没关系，你可以去牡丹江，牡丹江演完后再回丹东。我们给的待遇可以比牡丹江还多，要高出一半。你现在就可以试办入团，出去的人都代表丹东京剧团。我们马上和你签合同，但是前提是一定不能走，一定要留在丹东。"

这样我到牡丹江演出一个月，事后他们也要留我，因为丹东已提前和我签了合同，我不能违约。现在看来，当时的辽东省京剧团还是很会经营的。例如我在牡丹江三天还没演完，长春市又找到我，也是高价要我到长春演出。我说这不行，我已经和丹东签了试办入团合同，必须回到丹东后你们再和丹东谈。长春很灵活，说你是在试办入团，我们可以从丹东把你"借来",就从丹东把我接到长春。在长春也是没演完3天,各地都来邀请我去演出,这种经营方法就等于我在挣丹东剧团的钱,丹东又通过我在挣长春和其他城市的钱。这不是很会经营吗?在这期间,我跟辽东省京剧院(后来改名丹东市京剧团)合作将近一年,这一年当中我虽然很累,每天演戏,很受观众欢迎,也很受领导重视,同时我接受了党对我的教育,因为当时辽东省京剧团是正规的国营京剧团,有党组织,市里的领导也非常热情地欢迎我,观众也是,演出中也是我排什么,什么满;贴什么,什么满。

国营剧团生活是有保障的,观众又很欢迎。我一想在旧中国的上海戏校我吃了很多苦,受了很多累,也获得过一些艺术上的成就,但是仍然无法过上平等、尊严的生活,也无法充分展示自己艺术的才能,只有在新中国,我脱离了家庭妇女的命运,重新回到舞台上。我自己的生活也需要一个稳定的家,我25岁已经是5个孩子的妈妈了,孩子也需要有一个稳定的环境。我思虑再三就毅然决然参加国营剧团了,我要自力更生成为革命的文艺工作者。

正式入团后,我深得组织的培养。当时天津有出越剧《春香传》很好,团里非常重视。派了大队人马,导演、舞美、几个主要演员到天津越剧团去学越剧。看了两场,把主要地方记下,回来后,文化局又派了舞蹈演员,派我学习朝鲜舞。因为《春香传》里有好多朝鲜舞蹈。我对朝鲜舞是一窍不通的。先让我学朝鲜舞,再学唱腔设计等等,培养我演《春香传》。该剧占人很多,京剧团没有那么多,就到市里的话剧团去借,真的是全市全力以赴。我一演就是两个月,太受欢迎了,每一场都有不一样的体会,就有不断的提高。各地都来学习京剧的《春香传》。然后又到本溪、营口、抚顺等地演出。我在辅导其他剧团时,教学相长,自己也得到了提高。后来排《伊帕尔汗》也是如此,我演香妃,可我不会新疆舞,团里又请专门的老师来教。

1958年中国京剧院首创京剧现代戏《白毛女》，我们马上又到北京去学《白毛女》。我们去学习都是非常艰苦的。比如说今天是30号，我们唱完了当天晚上的戏，连夜坐火车到北京。第二天早上下了火车就到京剧院要本子，晚上看戏，第二天我们就赶回剧团。当时只要张正芳一贴出去，不管什么戏都是满堂。我不上台，观众稀稀拉拉，演戏是我的专业；满堂是剧团经济收入。我要对全团演职员的生活负责啊，所以当时我也相当的累。

1958年，张正芳演出现代戏《白毛女》剧照

这些都是剧团给我的帮助，如果是我自己组班，那就不会有这样学习的机会了。

二、编演新戏

当时的剧团几乎都有一个"艺委会"的机构，丹东市京剧团也不例外，但是因为没有固定的演员，"艺委会"没能发挥作用。我入团后即建议："艺委会"要为主演提供适合主演排演、题材新颖、内容精彩，而且是观众喜闻乐见的创新剧目。不管是自己创编，或是移植改编其他剧种的优秀剧目，还是向兄弟剧团学习而来的，只有层出不穷地不断上演新剧目，才能保证上座率不衰。这才是这个机构该有的作用。

1955年政府号召公私合营，艺委会主任根据《小放牛》的曲调填上新台词一问一答来宣传公私合营如何好。把当时的政治形势宣传出来，由我和徐菊芬两人扮演村姑和牧童，我们只用一两天的时间就把台词背熟了，编身段、编舞蹈，边唱边舞。演出时恰逢数九寒天。记得那天早上，天很冷，下着大雪，雪没过了膝盖，我们要到市委大楼前面的一个大广场里演出。我们全团的演员和乐队，表演的、打鼓的、拉弦的等等，从我们京剧院一路步行边走边唱边表演一直宣传到市委大楼，路上的行人把我们都围住了。虽然里面穿着毛衣裤，但外面却都是单戏装，膝盖以下全被雪水打湿了，走到半路都冻成冰砣了。大家没有一个退缩的，都热火朝天地边唱边舞。将公私合营的好处以大家喜爱的形式深入到了人心，并用我们的热情感动了丹东市的广大民众，赢得了各界人士对我们的高度评价和由衷的钦佩。他们说张正芳不容易，台上是个名角，在台下为宣传公私合营，在大雪纷飞的严冬里，天上下着雪，脚下踩着雪，一路步行，少说也有三四里路，不怕困难，为我们奉献艺术，来宣传落实党的方针政策，真的令人敬佩。这件事当时很轰动，我也获得了丹东市人民对我的厚爱。

紧跟政治形势，宣传党的政策以及优秀工农代表，"艺委会"为之编排了很多新编剧目，第一出戏就是《向秀丽》。该剧是根据新闻报道改编的现代戏，最后一场向秀丽要像雕塑一样一动不动坚持十多分钟，那是要功夫的。不论多累都要坚持，因为我们演出本身也是在受教育。1958年开始"整党"运动，我们随即排了一出《刘介梅忘本回头》来配合运动。刘介梅是贫穷出身，后来忘本了，通过事实教育了每一个人。这是党的教育工作里的一个典型人物。戏排出来了还要组织观众啊！我们通过这个故事情节编了现代戏，为全市观众服务。我负责组织观众，我骑着自行车到中小学、机关去联系和组织。当我组织到服务行业时，他们领导很支持我，他们说：张正芳同志，你能亲自来组织观众让我们受教育，我们很高兴。但是我们有困难，我们是服务行业，剃头的、洗澡的，早晨7点钟就要上班，看戏的时间没有，你们除非7点钟以前给我们演出一个早场，让我们职工受教育。我说，这个还没有前例，我回去跟领导请示一下。我就给团里打电话，请示我们的书记。我说服务行业愿意看我们的戏，包我们的场，但时间必须在早晨7点以前，不能耽误他们7点钟上班。领导说，那他们几点钟看戏呢？我说最早也得7点钟看戏。一个半小时演完，8点半钟他们赶去上班。他说我跟同志们商量一下。同志们都是好同志，大家热情非常高涨。他跟大家一说，同志们说，党指向哪里我们就走向哪里。我们愿意3点钟起来化妆，5点钟演出。任务接下来了，创造了在京剧史上一天演5场戏的历史。

1958年"大跃进"，我们响应党的号召，编出现代戏《钢铁显神威》来宣传钢铁对我们国家社会主义建设的重要意义。我自己担当主演，深入到基层，还亲自下去组织观众，请各界人士来观看演出。那一年我们总计连《刘介梅忘本回头》《钢铁显神威》等等一共演了850场。1958年我们在辽宁省打擂：场次我们是最多的，水平是最高的，我们在全省排名第一。

现在讲观众是我们的上帝，那时候讲观众是我们的衣食父母。观众看你的戏，不但台上要努力、卖力，台下也要尊重观众。在那个时候我走在路上如果被人认出来与我打招呼，我都热情地与他们交谈，其实很多人我都不认识，但是我知道这都是关心我喜爱我的人。还记得1961年我演《双玉蝉》的时候，连续演出两个半月还是场场爆满，有一位老太太连续看了9场，而且总想见到我本人，不是演出后在台下不走，就是在路上等我。她拉着我的手说："张团长啊，你的《双玉蝉》演得真好啊！我看了9场，哭了9场，可还没看够。这曹芳儿（剧中人）咋这么苦呢？你演的太好了。"看来这就是艺术的魅力啊！

1958年,张正芳在《杨排风》中饰演杨排风,王英东(右一)在《打韩昌》中饰演韩昌,崔贺才(右二)在《打耶律》中饰演耶律

  我在京剧专业上通过不断地实践演出,艺术水平也在不断地提高。有些传统戏,在上海戏校时凡顾正秋的戏我都会,可我没有小嗓,也没机会施展,没演过。如:《四郎探母》《霸王别姬》《贵妃醉酒》《王宝钏》《汉明妃》《二进宫》等,可在丹东的头12年里我全都演了。

  我是团里的主要演员,除了传统戏之外,又排了很多新戏。1956年参加"好剧目展览",我就跟团里"艺委会"的同志们一起找题材,从《醒世恒言》里找到《乔太守乱点鸳鸯谱》,把这个故事编成京剧。我担任主演,我一切从人物出发,出了很多点子,因为我会得比较多,又师承名师,我们获得了一等奖,而且是全面的奖:我是表演奖,还有导演奖,还有舞美奖,这在全省就轰动了。

1957年"好剧目展览",我拿《杨排风》参加会演,获得了最佳表演奖。诸多专家、学者提出了优缺点,尤其是要去掉其中的糟粕,之后我就对《杨排风》进行了整理改编。第二年,"老剧目展演"我拿新中国成立后被批为"毒草"而近十年没能上演的《大劈棺》参赛,依然获奖并广受好评,可是这出戏为我后来"文革"中所受的种种灾难埋下了伏笔。

1978年,在农村再次为学生朱军、李玉铭演出《杨排风》进行加工辅导。张正芳(左一)、朱军(左二)、韩信洲(左三)、李玉铭(左四)

1959年辽宁省举办新中国成立十周年汇演,我以整理、加工、改进后的《杨排风》参演。由于全方位的继承和出新,人物个性鲜明,表现手段精彩,演员阵容整齐,囊括了所有奖项震动了整个汇演。专家们都肯定我的修改:定主题为"卑贱者最聪明"是得当的。我也以人物形象鲜明、艺术手段精彩被誉为"活排风"。当时还安排我"上大课"让全省市的青年演员都跟我学习这出《杨排风》。

到了丹东之后25年中先后演出传统剧目:

《杨排风》《玉堂春》《红娘》《擂鼓战金山》《辛安驿》《勘玉钏》《花田错》《霍小玉》《红楼二尤》《金玉奴》《卓文君》《杜十娘》《宝莲神灯》《百花赠剑》《叶含嫣》《扈家庄》《儿女英雄传》、全部《大英杰烈》《巴骆和》《樊江关》《谭记儿》《汉明妃》《苗青娘》《贵妃醉酒》《春香闹学》《打花鼓》《大劈棺》《得意缘》《樊梨花》、全部《穆桂英》、全部《旗盘山》《钗头凤》《拾玉镯》《血手印》《四郎探母》《霸王别姬》《秋江》《小放牛》

1965年,张正芳在沈阳东北大区汇演期间为东北三省青年演员杨梅枋(左一)、唐桂苓(左二)等说戏

《打樱桃》《蚂蜡庙》（反串褚彪）等。

整理、改编及创作的新编历史剧和现代剧目：

《杨排风》《双玉蝉》《梁山伯与祝英台》《春香传》《伊帕尔汗》《山乡风云》《红色种子》《向秀丽》《杨娥刺奸》《桃花扇》《刘三姐》《陈三五娘》《拜月记》《刘介梅》《零点一》《松骨峰》《乱点鸳鸯谱》《红石钟声》《黛诺》《江姐》《白毛女》《红灯照》《龙女牧羊》《百岁挂帅》《钢铁显神威》《千万不要忘记》《王老虎抢亲》《年轻一代》《牛郎织女》《老少换妻》《松骨峰》《阮文追》等。

1965年，张正芳演出《江姐》剧照

1998年，丹东市京剧团的老同志曾经为我总结：从1940年上海戏校公演开始没离校就演出1000多场，加上自己挑梁闯关东，以及1954年到丹东市演出至1966年"文革"前，我总共演了8000多场戏。其中，传统戏和新编历史戏有100多出，革命现代戏也达48出之多。这就是我所获得的艺术积累，也是丹东市各级领导和丹东父老乡亲对我的厚爱，给了我展示的平台，我才能有如此多的舞台实践经验和艺术创作的机会。我非常感谢他们。

三、难忘党栽培

在我正式加入丹东京剧团之后，组织上就很器重并培养我，我也很要求进步。因为我认为，没有共产党就没有新中国，就没有我张正芳，是党让我走上了革命文艺工作者的道路。所以我坚决听党的话，跟党走，党有号召，我就有行动，而且很积极。党组织说，你要求进步，我们欢迎，可你现在如果参加青年团组织超龄了。1955年我已经26岁了，参加共产党还不够资格，就把我介绍到中国民主促进会。

中国民主促进会是民主党派，是先进的群众组织。在民主促进会里接受党的教育，比普通人快。入了民进后，车向忱省长是民主促进会的省委领导，他到丹东市来发展民主促进会组织，我当时就是筹委会成员之一。很快我就成为丹东市民主促进会的副主任委员，主管文教卫生。1964年我参加了中国共产党，本应退出民进，但统战部长认为我在民进表现得非常好，仍应留在民进作为"双跨"会员协助党做好统战工作。1997年我调进北京，民进的关系也同时调进北京市民主促进会，仍担任文教组的领导工作，直到2010年被评为北京市民主促进会的荣誉会员。

1955年我正式参加剧团以后，我的户口也从天津调到丹东市，不久，

1957年，张正芳在安东演出新排历史剧《伊帕尔汗》中饰演香妃

1964年，张正芳与王宇鸣合作演出《松骨峰》剧照

我就当了丹东市的人民代表。1955年3月刚加入剧团时，我拿1200元钱的工资，后来我就逐渐降到1000、800。1956年评级时我被评为文艺三级。那是咱们国家第一次评级。四大名旦：梅兰芳、尚小云、程砚秋、荀慧生他们都是一级演员，而我们上海戏校有4个同学被评为三级：武汉的关正明（老生），吉林的陈正岩（老生），江苏的王正堃（武生），还有我——张正芳（刀马、花旦）。这在上海戏校也是个光荣史，因为我们才20多岁，就评为三级，非常不容易。评级后文艺三级应拿的工资是249.50元，而我每月仍拿保留工资600元。1958年到部队慰问演出和部队的战士们聊天，谈起工资问题。小战士们好奇地问我，张正芳一个月挣多少钱？我说拿的是保留工资600元钱。小战士不懂保留工资的概念，听完说：我们毛主席才拿400块钱，你拿600块钱，你的工资太高了。我一听很惭愧。我就是一个普通的京剧工作者，虽然我当初为剧团挣了很多钱，给我很高的保留工资，随着觉悟的提高，我也逐渐自觉降低了工

资。可我一听毛主席才挣400块钱，而我拿600块钱，当时市委书记的工资还没有我高，才拿一百八九十块钱。

我心里很过意不去。后来我经过思考，过去我拿的多，无非是都给一大家子人花了。249.50元是我原级别的待遇，在社会上也是很少有的了。我原来也是个苦孩子，我的孩子也应该受点苦。我就下了决心在大会上表态：我现在有愧，我一个普通的京剧工作者，可我现在拿的是保留工资600块，我觉得这个保留工资不应该要。我就拿国家给我的待遇就行，即文艺三级应该拿的249.50元，取消我的全部保留工资。这在会上一发表，马上全省就知道了，当时全省拿保留工资的人不在少数。因为京剧演员能叫上座的工资都是很高的，我还不是共产党员。当时有些共产党员都拿很高的工资，也都有保留工资。我这一表态，在全省一发表，那些人跟着也全都取消了保留工资。所以这在当时影响非常大。我能成为全国劳模恐怕和这也有关系。

1958年"大跃进"，党号召大炼钢铁，我们就演《钢铁显神威》，又演《刘介梅》《人民公社好》等等剧目。就在这个时候，我的嗓子坏了。把嗓子累出了"声带小结"，发声出现问题：十个字我只能发出六七个字，比如唱《穆柯寨》，我要报名：俺，穆桂英——这个"英"字就发不出声来了。

我是主演我不上台，就不能叫座了，当时领导很着急。就在丹东各个医院、部队医院找医生看。但医生都不敢下手，声带小结手术很难做。去掉小结，就出现个凹，嗓子永远长不好。演员是靠嗓子吃饭的，此事惊动了市委。最后研究决定：让我到上海治疗！上海有个"上海声乐研究所"，著名医生叫林俊卿，是五官科大夫，是专门研究声乐的专家，他的外国歌曲唱的非常好。当时非常有名的歌唱家：王昆、胡松华、郭颂等，都在这里进修研究发声。

我是1959年到达上海声乐研究所的。在那里我就和王昆等人一起训练。按老师要求，扔掉过去的所有唱法，跟着他练习科学发声、吸气、大开口、小开口等一系列的科学发声方法。经过半年的训练，我居然把嗓子练好了，小结不见了，而且发音的位置也找到了，比原来的嗓子更好了。我又可以重回舞台了，那种欣喜是难以言表的，为了报答党对我的恩情，我决定捐献服装。我想到我的生命、艺术生命都是党给的。所以，我把全部行头，从头上算起，双光的钻、身上的戏装全都交给了剧团，回报党组织对我的关怀。组织接受了，还作为一项事迹，使我在政治上要求进步的影响进一步增大。我的所有服装都是我自己挑班后所做，包括双光钻的头面。即使入团后，也只有我自己穿，别人根本碰不得。这次我把所有的服装都捐给了剧团，只要有合适的角色谁都可以穿。我的艺术生命都是党给的，几件服装算什么呢，我也不能总是索取啊，也要回报党和人民。

1960年要在北京参加文教系统群英会，要接受毛主席、周总理的接见。我不得不离开上海声乐研究所了，如果不是到北京参加群英会，我很可能还要再学习一个阶段。

回来后，这在我的艺术道路上又是个新的转折点。这因祸得福是党给了我第二次艺术生命，我非常感谢党。乃至于1964年辽宁省在全省范围内优中选优，创作了现代京剧《红石钟声》，我被选中"车凤"这一角色，与杨元勋、范成玉、张小贤等同台合作。他们的嗓音天赋非常好，我所采用的科学发声也不示弱，在观众听完演唱之后都报以热烈的掌声。直到现在我都80多岁了，别人听我说话的声音很年轻，这都是科学发声方法给我带来的福音。不然的话，80多岁，说话没底气，可我还行。

回想起来，当时我到丹东后很幼稚，就知道挣钱养家吃饭，什么革命？唱京戏还革命，不懂。后来我逐渐明白了，在政治上从一个无知的唱戏的旧演员，逐渐地提高了政治觉悟，成长为一名共产党员。1955年宣传公私合营后，我被选为市劳模，1958年又被评为省劳模。在1960年获"全国文教系统先进工作者"称号，并且出席全国群英会。这都是党和国家给我的荣誉，这些恩情我是没齿难忘。

四、幸福时刻

1960年6月，我光荣地出席了全国文教系统群英会。一天，突然接到请帖，周总理邀请代表赴宴。当时。我望着请帖上水墨题字的"周恩来"3个大字，心里有说不出的激动和高兴。晚上，我和其他代表一起出席了在人民大会堂宴会厅举行的宴会，周总理在宴会上多次举杯敬酒，向代表们表示祝贺，并代表党中央勉励大家努力工作，做出更大的成绩。周总理的每一句话都深深印在我的脑子里，我暗暗下定决心：好好工作，绝不辜负总理的期望。

1962年6月，我正在沈阳学习，6日下午，突然传来了一个振奋人心的喜讯：周总理来到了沈阳！并接到通知，晚上要为周总理等中央首长举行专场文艺晚会，让我演出《杨排风》。这真是天大的喜事。我怀着无法形容的激动心情立即投入了紧张的排练准备工作。晚上进入剧场后，我把戏又重新背了一遍，心想：《杨排风》这出戏是根据毛主席"古为今用""推陈出新"的方针，去其糟粕，取其精华，精心修改加工排出来的，今天能直接为周总理演出，接受审查，这真是难得的良机，我一定尽力演好，以最好的演出效果向周总理汇报。想到这些，开始那种紧张的心情慢慢平静下来。

演出开始了，周总理一边看戏，一边和身旁的省委领导同志亲切交谈，评论我们的演出。演出结束后，他老人家健步登上舞台，和全体演员一一握手。望着周总理那慈祥的面容，握着周总理那温暖的大手，千言万语并成一句话：愿您老人家健康长寿！

1964年6月，全国革命现代京剧汇演期间，我又一次和全体演出人员一起受到周总理的亲切接见。尤其难忘的是6月23日，周总理在人民大会堂湖北厅接见部分主要演员代表，我也荣幸地参加了。接见过程中，总理根据毛主席《讲话》精神，作了长时间的极为重要的讲话，进一步阐明了文艺革命的方向。周总理国务繁忙，日理万机，但哪怕开完会后十几分钟时间，也赶来看戏，对京剧汇演非常关心。周总理给了我演好革命现代京剧的无穷力量。

就在那次汇演快要结束时，我度过了终生难忘的最幸福的时刻：我见到了中国人民的大救星、伟大的领袖和导师毛主席！1964年7月17日那天，北京的天空特别晴朗，阳光格外灿烂，上午接到大会通知，中央首长要接见我们。大家都怀着激动的心情猜测着：是不是毛主席要来接见我们？我终生最大的愿望终于实现了！东方红，太阳升，毛主席来到了人民大会堂，还有周总理、朱委员长和中央其他领导人。我沉浸在欢乐的海洋之中，毛主席容光焕发、神采奕奕，绕场一周，向大家频频招手致意。接见大厅里掌声雷动，经久不息。合影时，毛主席、周总理、朱委员长在前排中间就坐，我还荣幸地坐在离毛主席不太远的地方。当时，我思绪万千，想到像我这样一个在旧社会任人欺凌的艺人，如今能受到党和国家领导人毛主席、周总理、朱委员长的接见，并坐在一起合影，这是党和人民给我的最高荣誉，是对我的最大鞭策，我一定要为党的文艺事业奋斗终生！

五、"文革"之变

一场浩劫使得中国阴霾重重，被"四人帮"利用的"无产阶级文化大革命"，以所谓"摧枯拉朽"之势横扫祖国大地，多少国家忠良、多少艺术大师被无情地摧残。我所在的城市丹东也不例外。

1966年的夏日与往常一样平静。头天晚上我还在演出革命现代戏《山乡风云》，一切显得那么正常。早上，我照常走进单位上班，眼前的一切让我傻了眼：满院楼墙贴满了我的大字报。其内容都是针对我的："打倒大戏霸张正芳""南麒北马关外唐，独霸丹东张正芳""张正芳尽演才子佳人，毒害人民""她是三反分子张正芳"……顿时，我感到难以理解，这真是莫名其妙啊！尽管我的心中很坦然，但我还是认为这个夏天不再平静。

　　果然，当时的支部书记让我进行反省，对我进行审查，要我进行检举揭发。好在开始后的两个月期间没有对我进行任何批斗，只是坐在"反省室"自我检讨，让我觉得没有什么。突然，8月27日那天，整个京剧团被包围了，水泄不通，"革命群众"、造反派们非要我出去。我一想自己一直光明磊落，对党对事业尽心尽责，无愧于心，怕什么？出去就出去吧。可是，外面的人都带着铁器，当时支部书记怕造成"江城血案"，于是就请示了上级领导。市委书记李言决定把我先藏起来。藏得很隐蔽，好几拨造反派都没把我搜出来。如果当时有人发现了我，后果不堪设想。

　　到了半夜，外面安静下来。团里的孙祥永才把又惊又累又饿的我从屋里拖出来，告诉我说："市委书记非常关心你，对你安排了保护性拘留，马上送你到公安局去，那里最安全。你穿上警察的制服，从剧院的小食堂临街的小门出去，门前停着一辆貌似造反派的卡车，你低头就直奔那儿，上了车，就坐在窗户下面，千万别让'革命群众'看见你的脸。司机就会把你送到公安局，把你保护起来了！"当时我真没想到，在危急存亡之间，市委书记还会来救我，真使我感激不尽泪流满面，双膝跪地边哭边说："永远难忘党的恩情！"祥永等人忙着为我穿上警服，伪装成警察嘱咐我说："不用害怕，大大方方，像个警察，在执行任务后要归队的样子，拉开车门就立即坐在下面，你就算逃过这关了！"我按他的嘱咐，终于蒙混过关了，顺利地被送到公安局。

　　当时的公安局郑局长还在大门口迎接我，把我接到他办公室就安慰我说："市委李言书记要我们作为保护性拘留来让你安全度过难关，党组织是了解你的，你在这里虽然暂时，也只能让你住牢房委屈你了，但这是最安全的，希望你能理解市领导对你的一片苦心！"我说："完全理解，听您的安排。"郑局长为我准备了食物，并派人把我送到女犯人的单间牢房，宽约一米五，长约两米五，没有床，进门上个台阶，就是榻榻米，可以躺下休息。在进牢房前，把我头上的发卡收走，说是不允许带任何铁器入牢房。我累了一天，能在这安静的地方休息，也深感党组织对我的关心，当我一步迈上榻榻米的一刹那，立刻想起我曾演过《江姐》，当时没有铁窗生活，今天我能住进牢房，真得好好地体验一下，今后再演《江姐》那肯定能演得更好！就在这自我安慰的情况下，那一夜可真睡了一个好觉。

　　第二天一早，支部书记突然来到公安局对我说："你昨天离开了京剧院，安逸地在这儿睡大觉了，可那几万个造反派，他们都围在京剧院门前，这路口都水泄不通！都口口声声要把你揪出来批斗，你民愤太大了！因此，我们决定今早在劳动宫开批斗会，这主要是平民愤，你一定要老老实实地接受'革命小将'对你的批斗，揭发你的罪行，你全部都得承认，只要批斗会开得成功，平了民愤，就算你听党的话，配合得好，这也算是对你的考验！至于你的问题，党组织是了解你的，希望你正确对待这次批斗会。"这时，我真是诚惶诚恐的，我迅速点头说我听话，您放心！支部书记这才满意地说："把这块大牌子给她挂在脖子上，把那顶高帽子也带到现场，开会时给她带上。"就这样他们从公安局又把我带到劳动宫的大剧场内，我被他们戴上高帽，压上批斗舞台，就听到台下无数的造反派齐声高呼：打倒……此刻掌握批斗大会的主持人，就接二连三地安排了十几份对我不实之词和无中生有的罪名，批斗我还要求我都承认下来，此刻台下才略为安定，主持人表示今天张正芳还算老实，承认了自己的反党罪行，暂时散会，让他继续反省，写检讨材料。

会议总算结束了，但我的脖子已被细铁丝勒得血迹斑斑，流血了，疼得要命也不敢说，支部书记等又把我送回公安局牢房，临行还安慰我说："好好反省，好好写材料，争取宽大处理！"这头一次的批斗会我就尝到了如此委屈的苦头！心中一直在犯嘀咕，我没做过反党的事，为什么非要让我违心地承认错误呢？自己既已承认，那会后还能为我"平反纠正"吗？同时又想到我还有五个儿子，他们岂不也要受我牵连，也被划为反革命家属？那他们今后还怎样抬头做人！？此刻我才想起刚13岁的幼子宋群独自在家（我家就住在京剧院对门），昨晚京剧院门前那场杀气腾腾的恐怖场面，他小小年纪能经得起这场史无前例的风波吗？想到此心如刀绞，悔恨自己真不该听信支部书记的一面之词，无中生有地承认自己从未犯过的那些不实之词的"罪行"！自己当众承认了，板上钉钉了！又怎能反悔！不能反悔不只是害了自己，也是害了全家啊！从那开始，每天都处于非常苦闷之中，公安局长也再不露面了！剧团也不来人，我也无处打听我那刚刚13岁的幼子情况如何？可真是尝到了人生之极其痛苦的灾难！

大约过了10天之后，那天清晨支部书记又带了一大帮子人恶狠狠地来到牢房，怒气冲冲地吼叫："张正芳，你的民愤太大了！全市的造反派都要批斗你，今天早晨他们都集中在青年广场，现在马上就要把你带过去，接受他们的万人批斗会！革命小将们马上把她带走！"此时此刻我才看透，堂堂京剧团的支部书记前后两次对我的态度，竟变化如此之快！先是哄骗，党还是了解我的，让我诚心地服从她，自己甘心情愿做一名听党话的好党员。而今天才是彻底暴露了她的另一面，已安排好万人批斗会，再让我承认罪行，这将是万人皆知的铁证！我还能翻身吗？

此刻我就有了心理准备，但也逃不脱"革命小将"对我又推又拉，又强行给我的脖子上挂上那个大牌子，写那个"莫须有"的罪名！受尽委屈的我，此时此刻上哪里去伸冤啊！他们很快就把我押到青年广场，当时广场上的造反派立即齐声高呼："打到三反分子张正芳"此起彼伏，好吓人啊！一直喊到我戴上白高帽，登上批斗台。主持人宣布：三反分子张正芳已到现场，批斗会马上开始，早就安排好的"革命小将"振振有词地念道："三反分子尽演才子佳人，毒害人民！"我立即反驳："怎么演才子佳人就是毒害人民？我从小学戏，学的就是才子佳人，我就凭演才子佳人而出名挣钱，养家糊口，当初剧团就认为我才子佳人演得好，才让我参加剧团，成为一名革命文艺战士，当初如认为演才子佳人就是毒害人民，那就不应该让我当主演，来毒害人民！这倒底是谁的错？我不服，我没有罪！"此刻广场上的"造反派"听我说得有理，他们三三两两地私下议论，几乎对我已有同情之意！主持人再三强调，会场才肃静，继续批斗我的反党罪行。

另一个"革命小将"接着上台批判："她独霸舞台，成为戏霸，不演革命现代戏，尽演三改《玉堂春》等大毒草戏向党进攻！"我理直气壮地反驳他："你胡说八道，我从1958年学演《白毛女》开始，就演出大量的革命现代戏，就开始响应党的号召，报纸登载了介绍向秀丽的先进事迹，我马上响应，连夜组织艺委会的成员，学习、讨论，然后分工写剧本，我自编自导又自己担任主演，仅用四五天就把戏排好，我又亲自到各单位去组织观众，包场看戏，让全市人民都接受向秀丽的先进事迹，除此之外还有学雷锋时，我团也是立即排学雷锋；宣传焦裕禄时，我团也及时排演了《焦裕禄》；党号召大炼钢铁，我团就立即排演了《钢铁显神威》；党说人民公社好！我们就立即排演了《人民公社就是好》。1957年整党运动开始，我们马上排演《刘介梅忘本回头》，我亲自到各单位去组织观众，让全市人民都受到教育，再说连续不断的革命现代戏都搬上了舞台，前后有《江姐》《黛诺》《向阳花开》《千万不要忘记》《山乡风云》

等等，总共演了四十几出革命现代戏，这都是有目共睹的事实。都能说明我是最响应党的号召的好党员，你们怎么能说我是三反分子呢！我最最感激党的恩情，因为我是被党从家庭妇女中解放出来的，如果没有共产党，就没有我张正芳！我怎么会反党呢？"我振振有词地摆事实，广场上的造反派已被我说服，都鸦雀无声地听我讲叙。

　　此刻主持批斗会的造反派可急了眼啦！连声高吼："张正芳你闭嘴，不准你再撒野！今天是我们批斗你罪行的批斗大会，不是你的表功会，你胡说八道蒙蔽革命小将，你将罪加一等！批斗会到此结束，把张正芳押回牢房。"此刻会场上乱成一团，台下的造反派纷纷议论，张正芳说的是事实，这些戏我们都看了，这不能算是反党啊！也理解我是被冤枉的，他们怀着同情心目送我被押离会场，没想到我被押到劳动宫的大厅中，支部书记又大发雷霆高吼："张正芳你今天太不老实了，竟敢在万人大会上表功劳，想翻案！你休想！你的罪行已经是板上钉钉了，你破坏了我们的批斗大会，就别怪我对你不客气了！革命小将让她尝尝武斗的滋味吧！"她一声令下，小将们群起而攻之，你一拳他一掌有的猛力使劲推，把我推倒在地，往我身上踩和踢，这还不解气，突然有两个造反派（当时我并不认识他们）把我从地上拖起，用双手抱着我的头，就往用水泥筑成的见楞见角的水泥柱子上猛撞，直疼得我钻心窝地痛，没几下我的头部就流血了！他俩还没完没了地想致我于死地，但支部书记一见我头部流血，她可能害怕出人命，即立刻高呼："算了，算了，到此为止，让她好好地反省吧！这就是她出尔反尔的后果，饶了她吧！把她押回牢房反省。"

　　这时候那两个"小将"好像还不解气，猛地把我推开，又恶狠狠地骂我："今天饶了你，如再敢翻案就撞死你！当时我用手抚摸我头部的痛处，我的泪水和血水混合在一起顺流而下，手上全是鲜血，自己也害怕血流不止而将死矣！但我想还有一口气，也还得活着啊！此时我也顾不得许多，只能由他们摆布，推推搡搡地把我送回牢房，推进了女牢房，他们都怕担责任而一个个都溜走了！管牢房的人，见我血流满面，立即请来公安局的医务人员，为我处理伤口！善良的医务人员耐心地为我处理，并对我的遭遇深表同情，使我身心受到了一些安慰，当时他的这种举动可真是既救了我又暖我的心啊。

一场浩劫，带来"莫须有"的灾难，被隔离审查、批斗、武斗，头部流血受伤，导致我真想到了自杀！在女牢单间中绝望……但又难舍七旬老母无人奉养，5个孩子均未成家，而我的家人将会背上畏罪自杀反革命家属的罪名？我正在犹豫想触电身亡，被看牢房人发现，立即被转移到女犯大牢房，次日剧团来人把我接回剧团，住在锅炉房不能回家，由13岁的幼子为我送饭，每天由剧团造反派监督我，对我施行劳动改造。如清扫剧场、厕所，为演员洗水衣，来了煤车，装车、卸车，任何劳动活都由我们一帮靠边站的、没定性的"牛鬼蛇神"来干，不久工宣队、军宣队介入剧团、领导督查，以防备再次武斗伤人。

我回剧团后，因我自知从未做过任何坏事，心里感到踏实。又有工宣队、军宣队领导，不会再发生武斗，只要不伤害我，让我活下去，我的冤枉定能澄清。至于劳动，干任何劳动我都能适应，我从小就不怕苦，所以很愿意接受劳动改造，还想通过劳动让他们看到我是个要强的人，不仅是戏演得好，任何劳动活儿，也都总想比别人做得好！后来我确实干任何劳动都用脑子，都比其他人做得好！比如扫剧场，如楼上楼下再加上厕所，一般都得用5个小时，而我刚开始也得用5个小时，后来边扫边总结经验，从不浪费脚步，也不多扫面积，久而久之仅用3个小时就把剧场、厕所扫得非常干净。通过和其他人对比，我得到了军宣队和工宣队的肯定和表扬，夸我张正芳的劳动态度好！因为我对每项布置给我的劳动任务，都要以最好的效果来完成。例如冬天糊窗户缝，必须用旧报纸把它封严，否则"针鼻大的孔会吹进斗大的风"。我们"牛鬼蛇神"分工，每个人糊几个房间的窗户。我的工作特别仔细认真，先把报纸裁得一般齐，糊的时候上下贴近就像一条直线而下，报纸上的字也都是顺顺当当的，这种效果当然要比其他人所糊的强很多，因而当工宣队、军宣队来检查我们的劳动结果时，一眼就能看出很大的区别，并异口同声地说："这几间准是张正芳糊的！"从而得到了他们的信任，他们对我的态度也大有转变，甚至在厨师告病假时，军宣队长来问我：张正芳你会做大锅饭吗？我忐忑不安地答道：做是能做，就怕做不好！军宣队长即说：相信你一定能做好，你马上接任厨师的任务，我们再考验考验你。从此我又当起厨师的劳动，经我精心制作，饭菜均都合格，并可口，他们吃得满意，从此我就担任了厨师的职务！

在那个混乱的年代，我作为众矢之的，要保全自己几乎是不可能的。但有一件事让我苦中欣慰难以忘怀！当时被批斗者经常头戴高帽，脖子上挂着写有罪名的大牌子，被押上大卡车，游街示众，以达到把批斗者搞臭的目的。那天造反派独出心裁，竟然将我双手用墨汁泡制成一双黑手，然后让我站在卡车中心，我双手朝前放平。作为主斗对象，他们又搬来市委书记、市长、宣传部长和文化局长这四位作为陪斗，从京剧院门前出发一路呐喊"打倒张正芳"……从而在全市各区、大街小巷绕行了一大圈，此时的我刚一开始是胆战心惊！这种阵势无疑是告知全市人民，要把我搞臭。但静下心来深感我有多么大的威风，这全市的最高党政领导，成为我的陪斗，我岂不成了全市的最高领导？再说到丹东工作十多年了，每天忙于演出、排练、开会、参加社会活动等等，哪有闲空逛街，从来不知丹东市的全貌，今天由造反派给我安排了这次逛全市景色的机会，真让我看到了鸭绿江，可真是景色风貌特美的好城市啊！所以这次游街批斗给我留下了终身难忘的：苦中获得欣慰的自豪感！

好在批斗的岁月不长，1969年秋，我们这些所谓的"牛鬼蛇神"被下放到凤城县劳改农场。就是等着组织来查清我们的问题，我知道我自己是清白的，很快就会回到城里去。没想到1970年1月又让我们以"五七战士"的身份下乡插队落户。那个地方是丹东市东沟县最边远的海洋红公社。当时有个"四带"的政策，即带工资、带组织关系、带粮食关系、带家属，可我五个孩子都已不在身边，家里就我一个人。1968年，当时给我降工资了，降到每月54元。这54元还不只是我一个人在用，其中35元我要寄到上海去，给我的老母亲，她单身一人没人照顾，全都依靠我对她的奉养。剩下19元才是我生活中的开销（没多久就又给我恢复到之前的每月249.50元，使我心里感到踏实。因仍能享受原工资待遇，这说明我还属于没有问题。我就是带着这笔工资下乡的）。

刚下乡时，农民朋友们对我受批判一事不了解，就知道我是个京剧演员，他们欢迎我在田头休息时唱样板戏。唱了以后，上面又知道了，"五七"大队领导闻讯立即赶到当地开批斗会，不允许我唱，还扬言说："张正芳是没有带帽的五类分子，她只能接受劳动改造。你们要提高警惕，不要听她唱戏，受她蒙蔽，更不要和她接近，被她腐蚀。"我一想，咱就好好劳动改造吧。在村里我的工作改为"绿色积肥"，每天清晨挑着粪桶挨家挨户收"人尿"，边收边记上张家五斤四两、李家六斤二两。因这些人尿收集是泡种子用的，收的数量小队是要给工分的。所以每家每户夜晚都把尿液存在尿桶里，等我去记份量，这也算份收入。于此同时，我想到了自己曾演出的《送肥记》，因当时无处体验生活，演出状况一般，想到现在有了切身体会，知道这肥料在农村是多么重要。当时想，现在有了切身体会，再让我演《送肥记》肯定会演得更好。

每天劳动表现特好，似乎和农民朋友们拉近距离了，可是事实并不如此。他们认为我一个月挣240多块钱，每日工资就达8块钱，和他们的收入差距太大，他们一个强劳力一天才挣一毛八分。自己表现再好，跟他们也不是一路人。随即我主动提出降工资，我还是自愿每月领54元，余数交上级处理，但上级因没有相关政策不敢批准。我一想，还是自觉按"文革"时规定的每月54元生活费领取，剩余之数195.50元全部交给小队，作为支援农业。除此之外，我还给全小队273个社员制作和修改衣服，每个人多则3件，少则1件，我是在下了班后点着油灯给他们做，做累了睡会儿，起来接着做。就这样感动了他们，他们待我也不薄。那时每人每月只有3两油，他们过年过节就把自己炸好的吃的给我送来，我吃一个月都吃不完。他们到海上打渔，那种五只就够一斤的大对虾刚打上来，煮熟了就马上给我送来，滚热滚热的，真是花钱买都买不着。这种福利，享受了好几年。我和他们的关系一直不错，是鱼水情，很感激他们对我的照顾。后来我回城了，恢复身份后，以我在丹东的人缘自掏腰包为他们办电，也算是报答他们所做的一点微不足道的事。之后，他们每年都给我送海鲜，吃都吃不完。

"文革"岁月是惨痛的，更是刻骨铭心的。感恩当时不顾恶势力的高压救我、援助我的那些人们；感谢党组织对我的信任与关心；感悟那段岁月，无论是批斗还是下放，都让我有了原本不可能有的生活体验，从而可以更好地在舞台上再创造。

1972年，我的"问题"初步"澄清"，也得到了初步平反。组织把我调回丹东市，给我规定三条：不当团长、不能上台、不参加社会活动。总而言之，他们不让我出头露面，给我安排在样板戏学习班担任教学工作。当时我想，不管怎样，只要能回来为京剧做点事就行。从此，我就开始了我的教学生涯。我的教学也是相当严格的，我相信"严师出高徒"总不会错吧？但当时却不同，当时招收的都是12岁左右的工农兵子弟，不太懂得戏曲艺术的特殊性和苦练基本功的作用，特别是在没有看到学习成果时，有些学生还有点儿排斥我。更主要的还是我的政治地位没有恢复，所以还是"夹着尾巴做人"的阶段。

在"文革"风气盛行的时代，我带着10个学生每天早起跑着圆场出去喊嗓子。造反派头子说她们还在长身体，我这么做是影响了她们的睡眠，是迫害她们的成长，我又成了批判的对象。但就是这样，我还是根据每个学生的特点，仅用6个月给10个学生分行当因材施教：张淑敏、刁美君、周淑华这三位学生有嗓子，比较沉稳，适合演青衣角色，我就教她们一出表现蒙古族风格的现代戏《一捧盐》；朱军、李淑梅、石晶她们3个人性情比较开朗，我就为她们定了花旦的行当，教了她们一出《半篮花生》；杨华和张丽洁好动机敏、小巧玲珑，很适合刀马旦的戏路，我就教了她俩一出《渡口》；王淑玲条件很好，我特地将从吕剧移植而来的《李二嫂改嫁》中的"改嫁"一场教给她；还有一位陈艳玲确定为老旦。很快教会她们四出现代戏，并让她们都能担当角色上台亮相，在彩排时全市各县的样板团都来观摩学习，看到了她们的精彩表演都提出要和我学戏。市文化局也同意了他们的要求，安排我为岫岩县的孙丽娟排《青云山》，为东沟县的于砚苹复排《龙江颂》，我都承担了下来，为她们认真排练。后来，她们参加辽宁省知青汇演都获得了奖项。正要表扬我辅导知青和小学生们获奖有功时，突然，上海"五七艺校"校长张美娟（即张正娟）要商调我去上海任教，因"正"字辈同学听说我已从农村调回市内任教，消息传到美娟处，她了解我的功底和能力，所以希望我去她那里任教。可辽宁省不但没有同意，还把消息传到了丹东。样板团的当权者认为：我急于想离开丹东，这就是我对"文化大革命"不满意的表现，不但又批斗我一通，从此还处处给予刁难。凡有诸如"批林批孔""批大儒"之类的活动，也会把我带进去一起批斗，使我的精神层面和身体都难以承受。

在那种情况下，我的身心受到摧残，精神也几近崩溃。高血压、心脏病侵蚀着我的身体，每天都处于难以名状的痛苦之中。一天晚上，在宿舍我难受得要命，有口难张，只有一丁点的意识，怎么办？用唯一的一点力气敲打床边的墙，隔壁宿舍的学生听到响声，砸门进来，看到我呕吐满地，几乎已失去知觉，他们把我送到医院抢救。此后曾多次被送

入戏——张正芳京剧生涯自述

1973年，张正芳到辽宁省丹东市东沟县演出前为学生李淑梅传授《打焦赞》

1978年，张正芳在丹东广场演出

到医院抢救。最后，样板团的团医说我已经丧失工作能力了，得长期修养，我就此每月领取60%的工资，回到上海修养，同时照顾我年迈久病的母亲。

1976年冬天，母亲去世，我准备回丹东，路过北京暂住在二子宋捷那里。此刻，丹东的刘云凯来京出差，他是我三子宋强的同学，也是辽宁戏校的毕业生。他见到我说："您不能回去！"我纳闷啊，"文革"都结束了，我怎么还不能回去啊？他道出了原委："有些别有用心的人把您'文革'前和浩亮的合影做成巨幅照片挂在市政府大楼，这样一来，很多人看到会以为您也是'四人帮'的黑爪牙，他们这是故意陷害您呀，对您非常不利。"我闻听此讯非常震惊，我这要是回去，肯定是凶多吉少呀！宋捷也劝我不能回去，您就长期病假在北京养老吧。

又过了一些日子，国家开始落实知识分子政策，很多"文革"中受迫害的人也开始得到彻底平反，我也得到了政策落实，我的所谓"罪名"终于被彻底的澄清、平反了！我们团调来了新书记，他陪同市文化局人事

1978年，参加辽宁省第五届人代会与文艺界代表合影。中排：张正芳（左六）、花淑兰（左五）、韩少云（左二），前排:迟德才（左二）、张筱贤（左三）、筱俊亭（左四）、闻占萍（左六）、黄云鹏（左八）；后排：袁阔成（左四）、毕谷云（左五）

科科长带着我当选为辽宁省第五届人民代表的证书,请我回去。在领导和同志们的感召下,我又回到了丹东。

当我看着手上的辽宁省人民代表证书时,我百感交集,回想起这些年来所受的不白之冤,我真是痛恨"文化大革命"给我们带来的灾难。更惋惜很多老艺术家被"文化大革命"摧残迫害,我的恩师荀慧生先生也在劫难逃,被所谓"造反派"折磨致死。我好心痛呀!

下篇

传承荀派

第七章 拜师荀门

一、70年前荀派梦

我珍藏着一张1961年3月7日"荀慧生先生收学生张正芳于首都与来宾摄影留念"的拜师照。虽然事隔半个多世纪，而每当捧起这张相片，就会心潮澎湃，往事历历涌上心头，一股半是温馨、半是哀伤的情怀久久不能平静。温馨的是我敬爱的恩师对我谆谆教导，宛在眼前。哀伤的是，恩师离我而去，已经将近半个世纪了，而在那个非常时期我未能亲赴北京，为他老人家送别，已成为终生的遗憾。

作为荀派嫡传弟子的我，学习荀派艺术的历程，概括起来可以分为三个时期：着迷模仿——拜师悉学——感悟真谛。这三个时期也可以说成是三个不同高度的艺术台阶。

　　回想到1941年，荀慧生老师应上海更新舞台邀请赴沪公演。当时我虽年仅12岁，但一下子就被荀师的演出迷住了！霍小玉、红娘、十三妹、尤三姐、尤二姐、杜十娘等各个人物，栩栩如生，性格迥然不同。荀师表演的神韵、优雅的身段、传情的唱腔，清晰的念白，一下子紧紧地抓住了我的心灵，深深地印在我的心目中。那阵子不管是走在路上，还是吃着饭都不由自主地模仿"荀派"，同学们都说我"着魔"了！从那时起，我就暗下决心，"长大之后一定要叩拜荀慧生为师，学好荀派艺术，做一名合格的荀派艺术继承人"。

1942年，老师再度赴沪公演于上海黄金大戏院。我和同学顾正秋那时已在戏校担负起青衣、花旦的主演。在社会上和观众心目中有了一定的影响，校方也允许我俩参加一些社会活动。我俩的义父母，都是京剧

1961年，经辽宁省选拔张正芳代表辽宁继承荀派，由文化厅长王丕一、宣传部长郑枫亲送赴京拜师，在拜师会上与来宾合影。拜师合影名单如下：前排左起：史若虚、筱翠花、王昆仑、梅兰芳、荀慧生、张伟君、齐燕铭、老舍、马彦祥、王丕一、马少波；后排左起：薛恩厚、曾白融、郑枫、李慧中、荀苓莱、张正芳、赵燕侠、李达、张君秋、刘敬毅、张树成

戏迷。义父何世枚带动律师界专为荀慧生赴沪公演，组织了一个"捧牡丹团"，每场戏都要买好多戏票捧场。这样，我和正秋就沾了光，每天都可以坐在前排专心地看戏学习。每天下课后，我和正秋连饭都顾不上吃，在街上买点"零食"之类的小吃，一头就钻进剧场看戏。那一期的剧目真是丰富极了。记得有一次荀苓香师兄也随同老师同台演出，父子同台更添异彩。连续演了一个多月，剧目不重复。如《得意缘》《棒打薄情郎》《花田八错》《辛安驿》《钗头凤》《元宵谜》《丹青引》《大英杰烈》《绣襦记》《埋香幻》《晴雯》《还珠吟》等等。我崇拜荀先生，很想跟他学戏！

1962年,演出《花田八错》后,荀师上台指点张正芳说:"你的手势应该是这样。"

一次,义父何世枚在上海美华酒家宴请荀先生,我和小秋是当然的陪客。于是征得了义父母的同意,我们俩就一边一个地挨着荀先生身边坐下来。因为想着要说拜师的话,又担心自己还是个小学生资历太浅,所以坐下来,心里就"怦怦"地跳个不停。后来,我终于找到了个机会,小脸涨得通红地说:"荀先生,我有句话想跟您说。"老师非常和蔼地问:"你要说什么?""我想……等我长大了拜您为师!您能收我这个学生吗?"荀先生高兴地笑着回答说:"怎么不能收啊?你先在戏校好好学习,长大了上北京找我去,我一定收你这个学生,想学什么我就教你什么,好不好?"我听了这话,高兴极了,马上站起来,向荀老师深深地鞠了一个躬,还响亮地用舞台腔说:"谢谢荀老师!"引得全堂好多桌的宾客都放声大笑……

二、难忘的拜师会

1961年,我是辽宁省丹东市京剧团主演兼业务团长,经省委选拔指

1962年5月29日，荀慧生在辽宁宾馆为张正芳加工《花田八错》唱腔

派我为荀派继承人，我的愿望终于实现了。届时，由辽宁省文化厅王丕一厅长及省宣传部郑枫部长陪同进京举办了拜师仪式。

来到北京，王丕一厅长和郑枫部长首先带着我到荀府拜望。荀先生和师母张伟君热情地接待了我们。多年没有同荀先生正式交谈，免不了十分拘谨。王厅长故意问："荀老师，你还认识她吗？"荀先生上下打量我寻思着说："面熟，可叫不出名字了。"我就自报家门说："我叫张正芳，原来是上海戏校的。"我的话音没落，荀先生就接过了话头："哦，你是正芳啊，怎么不认识！在上海那年，咱们还在一起吃过饭，还有顾正秋是不是？"我赶紧说："您还有印象呀，一晃几十年了，那时我还是个孩子，现在我都是孩子的妈妈了，老了！"荀先生说："离老还远着呢。"王厅长接着说："看来荀先生还没有忘记这档子事。这太好了。"荀先生边听边笑，看着我说："怎么样，正芳，你这回真上北京找我来了"。我赶忙回答："是呀，这是我20年来梦寐以求的愿望，今天终于要实现了"。荀先生非常认真地说："对了，我还记得，咱们一块吃饭的时候，你就提出要拜我，当时我就答应过要收你。可你一直没来，我还真想过，这张正芳长大了怎么不到北京来找我了呢？"王厅长说："我这不是把她送来了吗？正芳这次是辽宁省委，在全省选拔指派她为辽宁继承荀派的代表由我俩陪同进京，举办拜师典礼。这也是在执行党的继承流派、发展流派的方针，希望把老一辈的艺术传承下来，发扬光大，再传承下去。"荀先生立即表示，他也愿意把他的艺术留传下来，为国家和民族的艺术宝库增添色彩。荀先生真诚坦率的态度更增强我学艺的决心和责任感！此后，老师、师母、王厅长他们就一起商量拜师典礼的事，并定于3月7日在北京四川饭店举行隆重的拜师

1961年3月7日，在京拜荀师会上。张伟君（左）、荀慧生（中）、王丕一（右）；后排：荀苓莱（左一）、张正芳（左二）

仪式。

由于荀师的为人和艺术威望，出席拜师典礼的名人很多。有中央文化部齐燕铭副部长、北京市王昆仑副市长、中央文化部艺术局马彦祥局长、戏曲改进局马少波局长、中国戏曲学校史若虚校长、北京京剧院薛恩厚院长、北京市戏曲编导委员会曾白融副主任、北京梅兰芳京剧团刘景毅团长，北京荀慧生京剧团李达书记，人民艺术家老舍先生以及梅兰芳、于连泉（筱翠花）、张君秋、赵燕侠等著名京剧艺术家。据师母张伟君说，这是最隆重的一次拜师典礼，这也是我最大的荣誉。从而留下了这张珍贵的相片。

拜师会上，梅先生还同齐燕铭部长特别说到顾正秋，他说："正芳有个同学叫顾正秋，是我的学生。她俩十二三岁就挺红，正秋现在台湾，也是相当不错的人才。参加这个会，让我想起了正秋的拜师会。那是解

梅兰芳大师祝贺张正芳拜师："终于实现童年愿望"，并感慨地说："正芳向我敬酒，使我想起我的学生顾正秋，可惜她远在台湾，如在大陆，你们这一对当年'上海戏校姐妹花'又能合作演出很多好戏，肯定能为祖国京剧艺术的发展起到更大作用。"

放前的事了，这么多年，我一直惦念着她……"梅师又说："她真是个好孩子，她拜我之后，学习很认真，练功很刻苦，我非常喜欢她。在上海的时候，我们师生还同台演过多次，她很受观众欢迎。后来成为名角是必然的，可惜滞留台湾回不来了。我常想念她，今天看到你就更想念她了。她天赋好，基本功扎实，文武昆乱不挡，像这样的优秀人材太难得了！"梅先生这一番话说得我十分激动。我想，我和小秋童年时期的愿望都实现了。我这次拜师，有梅大师参加深以为荣幸，哪知就在那年的8月8日梅师就和我们永别了。

三、感悟荀派真谛

拜师后，留京两个多月，我在荀门的这两个多月，除了每天早晨正常的看他练功，听他吊唱，偷着学戏，学武戏文唱这种窍门外，下来他就给我说戏；两个月，除了他精心教会我《卓文君》之外，大部分时间都是在替我过筛子。什么叫过筛子呢？就是把我所会的荀派戏，一出一出地让我走，走一段，就停下来，帮我分析。我每天到恩师身边聆听教诲，接受荀派艺术的传承。当时恩师已年过花甲，但他对艺术悉心钻研、精益求精、孜孜不倦的精神，确实令后辈们佩服。我暗下决心：一定以荀师为学习楷模，做一名合格的荀派传人。

荀师生活很有规律，处处围绕他的事业而勤奋不息。每天早晨坚持练功，由赵德勋老师来陪他打把子。我在一边认真看着恩师持刀、持剑、持枪……我看着看着就入了迷。恩师在步法、手法、身法运用上都与众不同，无论是动或静时，都能构成一种恰似少女唯美的雕塑，真是漂亮极了。有时我情不自禁不住地叫起好来，恩师问："好在哪里？"我说："美极了。"恩师说："咱们是演花旦的，当然处处要美，但这还不够，还要把不同的戏和不同的人物区别开来。"恩师在演出中真是这样做的，他

1961年3月7日，北京四川饭店拜师宴会上：张君秋（左一）、赵燕侠（左二）、荀慧生（左三）、张正芳（左四）

在《虹霓关》的对枪、《樊江关》的对剑，感情的表达、人物的分寸、层次的区别都迥然不同。"这叫武戏文唱。"恩师的话虽然不多，但深深启发了我，花旦动武首先要有少女美的造型，这是共性；"打出人物的思想感情，打出戏来"——这是个性；"武戏文唱"——这是共性和个性的统一，只有这样才有艺术的生命力。后来这一直成为我创造角色的要诀。

恩师的武打练完稍事休息之后，有位周昌泰老师来为恩师吊嗓子。那一时期，恩师主要是唱《杜十娘》，这出戏正好是我没学过的剧目。恩师逐段唱，我就逐段学。恩师看我能边听边记谱，学习十分认真，也就为我反复地唱或讲解。一段时间下来，我不仅学会了这出《杜十娘》，而且对荀派的唱法，又有了新的领会。

老师吊完嗓子，就开始给我上课了。先是提问和了解，老师问得很详细：谁开的蒙，学过多少戏，多少昆的，多少梆子戏，演过什么？挑梁后主要演出什么剧目？等等，他听得也很认真。当我提到我的开蒙老师陈桐云先生时，他还十分谦虚地说："那是老前辈了，还给我说过戏呢。"听了我的汇报后，老师说："看来你也唱过百十来出戏了。"我连忙摇头说，"唱是唱了，凭力气多，入门的戏不多。"我还说曾向赵绮霞老师学过几出荀派戏。老师亲切地说："这几出戏，你自己感觉唱得怎么样？""我自己知道，仅仅是会了，唱得很不好。""那你把红娘的出场走给我看看！"于是我非常拘谨地走了段红娘的上场。刚唱完四句【西皮摇板】，老师就说："行了，你坐下，咱们聊聊吧！"然后用启发的口吻，教导我如何理解人物，表现人物。

他首先像"考官"似的盘问我："刚才那段戏，你自己觉得怎么样？""不好。""你知道哪儿不好吗？""反正我感觉不行，还差得太远！""你应该知道自己哪儿不好？然后把那不好改变为好，那就是从'会'奔向'好'处走，这就能提高一步。一个演员，对自己艺术上要有不断上进的要求。应该是像上楼梯一样，一步一步向上迈，对自己也要越来越严格才行。我先说说你这第一个出场，要知道，第一次在观众面前亮相是非常重要的。一个好演员，只要通过第一个亮相，就能显示出自己的水平。而你刚才的出场亮相，是'大路玩意儿'，既看不出你是带着什么样的心情上场的，也看不出你扮演的是什么身份、什么性格的丫头，也没交代好出场后你对周围环境有什么反映和感受。从出场、亮相这一段戏来看，你这出红娘，也仅仅是'会'了，还谈不上好。而且不仅要好，还得要'精'和'绝'呢！"荀师的一语挚言，正道出我艺术上的差距。这样中肯的教诲，使我顿开茅塞。

荀师接着又耐心地说："要演得好，首先要演得像这个人物，就得分析这个人物是什么身份？什么性格？在什么样的环境中成长。比如，你演的红娘，她是个丫头；《闹学》的春香，也是个丫头；《花田错》中的春兰也是丫头，你说这三个丫头，她们之间有什么不同？"我当时也说了些自己的看法，但老师的分析又给予了我新的启示。老师说："红娘是相国府千金崔莺莺的贴身丫鬟，老相国是当朝一品的官，一人之下、众人之上，你说家里是什么排场？什么礼教？什么家法？红娘整天守着知书达理的千金，大门不出，二门不迈，崔莺莺出口成章她也熏陶着学了一点斯文，可她毕竟只有十三四岁。她的本性是热情、大胆、天真、活泼的，就因为在那种家庭环境里，不允许她太随便了，所以我给红娘一开始安排了念韵白。就是让她装着斯文一点，可是遇到张生向她诉说自己的年庚时，她觉得实在太可笑了，憋不住就露出她天真活泼的性格，随口改为念京白。实际上，京剧里花旦一般都念京白，特别是十三四岁的小姑娘应该是以京白为主。因为京白比较自如、活泼，可红娘用了一部分韵白，这个安排与别的戏不同。她时而韵白，忽而京白，就是根据她的身份、性格和所遇到的不同的对象来区别选用的。"然后，他又讲到春香说："春香虽然也是官宦之家的丫头，可这个官比起崔相国差着好几级呢！杜太守相当于知府，四品官，好像现在总理和市长间的差距。所以崔莺莺和杜丽娘她俩所受的家教也不一样。那么杜丽娘的丫头春香，她所接触的环境也当然和相国府不相同。再说春香的年龄小于红娘，所以她的爱好也仅仅是到花园去打个秋千哪、学个鸟飞啊、鸟叫啊，和教书先生的顶嘴、逗乐完全出于天真单纯的对封建礼教的不喜欢。她的接触面不广，不可能像红娘那样，随着老夫人，住进普救寺，能接触到外人如张生、小和尚，甚至于可以授命单独去和老和尚打打交道。因此，这两个虽然年龄相似，又都是书香门第、官宦之家的丫头，可她俩的性格大不相同。春香自幼服侍小姐，是知府家宅里得宠的丫头，她的地位，高于府中那些烧火的和打杂的丫头，所以她也有点优越感，但她决没有像红娘那样大胆，敢打抱不平。至于春香念韵白，是因为这出戏是个昆曲保留剧目。而《花田错》里的春兰，区别就更大了。她是土财主家的丫头，没什么文化，也不太懂礼仪，她经常出门买个花啊，买个针线哪，对外的接触较广，可大都是那些市民层，因此，她学会了占便宜。从她那几句台词中就看到了她的行为，当下先生为小姐写完字画，小姐又忘了带钱的情况下，春兰很天真地暴露了自己，台词是："幸亏我身上还带着几个小钱……这是我给您买点心的时候赚的。"荀师说："别看这一句台词，可道出了春兰的开朗性格。做了不光彩的事，并不回避，还以此逞能，像这种行为当然不会发生在红娘、春香身上。所以尽管这三个人，都是年龄相仿的小丫头，而由于地位的差异，环境的区别，所以她们的性格、特点就都不一样。这不就区分开了吗？所以，演每出戏都要动脑子，把各个人物的来龙去脉详细地分析清楚，不就能掌握了怎样把这个人物演像、演好的规律了吗？所以，学会一出戏容易，要想演好这出戏，就不太容易了。把人物分析透了，上台能区别开了，只能说达到一个'好'字，但这还不够，好了还要'精'。所谓'精'就是在唱、念、做、打各项艺术手段上，得心应手，都有一定的成就，让别人看到同样一出戏而你的演出就比别人强。这可不是简单的事，要把功夫练到家，能利用一切艺术手段把人物演'活'，这就靠近'精'了。但达到'精'了，这还不是尽头，还要从'精'提高到'绝'，让观众拍手叫绝。你能来别人来不了，就达到高峰了。实际上的'绝'是不存在的，就是让你不要满足于现有的状况，因为'艺无止境'、'天外有天'嘛！艺术上就是要无止境地去追求和提高。"

荀师又说："尤三姐的上场唱的是【西皮散板】，台词是：'厌繁华，且躲避，这绮罗豪宴，来到这花院内，我且避清闲。'说的是尤三姐讨厌繁华的场面，躲开它，到花园里讨清闲。所以就不能像金玉奴那样兴高采烈。她烦恼，不愿意看到达官贵人，喝酒划拳，讨厌这个，她的性格是这样的。所以这个上场就与众不同，不是正面上场，她应该是退着上场。'台一｜<u>大大 大大</u>｜'，三键子下去，'<u>大大 大大</u>｜大一｜'四五键子你才慢慢地随着节奏退步上场，'<u>大大 大</u>｜大一｜<u>大大</u> 台｜'，退一步退两步，身子扭着，不太高兴，别别扭扭的。'<u>大大 大大</u>｜'，再

转过脸来，'台'这个亮相你拿着手绢就不像金玉奴拿着手绢，她挥出来，好像兴高采烈，不是的。'<u>大大</u> 大 | 大 — | <u>大大</u> 台 |'，手绢右手高点左手低点，是斜着，挡着你的胸口，表示一种烦闷的感觉，'大的嗒啦——哩儿咙'，这个琴弦我们叫五琴弦（亮弦），胡琴拉的是过门的节奏，'4 <u>32</u> | 3 6 | 5 — |'，拿着手绢稍微揉一下，手绢揉得很美，也是一种舞蹈动作。'大的嗒啦哩儿咙'，随着'啦'把手绢往下一甩表示心里很烦。然后走到台口，你这几步走要与众不同，你不能把金玉奴的步伐摆在尤三姐的身上，明白吗？""噢，明白啦。"我就想到荀师确实是太高明了。但是我跟赵绮霞老师学戏时就不是这样，当然那时学的时间也比较紧，赵绮霞老师也没教的那么仔细，我只是照猫画虎，这句台词我能唱出就行了，到了台口我表演就行了，绝没有像荀慧生老师教的那么仔细。经过老师这么一分析，一讲解，同样的音乐，同样的锣经，同样是上场，但演法却大不相同。荀师这两个鲜明的对比，对我启发很大。后来他又让我唱"尤二姐"的慢板，尤二姐跟尤三姐是亲姐妹，尤三姐已经为了柳湘莲不相信她，持鸳鸯剑自杀了。尤二姐是什么心情呢？当然不高兴。他说："不高兴怎么表现？"我说："赵老师也没跟我说，我随着【二黄慢板】就踩着节奏上来了。"他说："你又错了，尤二姐是心事重重，三妹妹为她进了荣国府，受了荣国府的影响，自杀了。你又进了荣国府嫁了贾琏，贾琏表面上对你挺好，可是他家里有个母老虎王熙凤，你心上也是有块石头压着。虽然你现在怀孕了上场，上场的台词是'鸳鸯剑断送了手足情分'，你的妹妹在鸳鸯剑下死去，你的心情很沉痛。再回忆，我的妹妹多好啊！像手足一样的情谊被断送了，体会这样的心情，随着【二黄慢板】的节奏，走出它的台步是一步压着一步，非常沉重，你不要上去光抖你的水袖，卖弄你的水袖功，如果那样你就错了"。我说："老师，你说的太对了，我是跟着节奏一上场，就抖着

水袖，自己挺美地抖着水袖，整整衣整整冠，忘了妹妹死了这个情景了。""那不就错了吗！"老师的这些话，字字铭刻我心里。怪不得老师在20世纪40年代，演了那么多不同性格的人物，没有一个雷同的，真是演谁像谁。那时，他已是闻名全国的"四大名旦"了，而他并没有以此而止步。到了60年代，他虽已年过花甲，还是每天吊嗓、练功、研究、提高自己的艺术造诣。这就说明他仍然坚持不懈地在继续攀登"绝顶"的艺术高峰。

通过老师近两个月的培训，等于每一出戏都给我像过筛子似的过了。我就是有这么个优点吧，接受能力快，悟性强，老师给我一说我就明白了。第一天他不可能给你说全出了，他说一点，离开他后我就琢磨，按着他的要求整个地过滤了。第二天再走给他看，他就满意了。因此老师非常喜欢我。老师说："我教的学生当中，正芳你是最有心胸的。"因为那些拜荀先生的，都是名角，他们都已经成名了。拜荀先生是为了要个名，荀先生也没有那么多时间给他们说戏，他们也没有像我这么心诚，这么专心致志地去学，因此老师非常喜欢我。何况小时候我在台上演戏，他看了我不少戏。他对我有个印象，又看我学的那么认真，学习时间不长，收获很大，他很高兴。

其实从荀先生那儿学《杜十娘》开始，我才知道如何运用气口。因为我小时候没有嗓子，唱功没有基础，所以我仅仅是拉开嗓子会唱而已。要讲唱功我是比顾正秋差远了，我不行。但通过荀派唱腔的熏陶和老师的指点。我懂得了一个人怎么活着，凭呼吸活着，这唱腔怎么能唱好，也要凭呼吸来唱。凭呼吸来偷气来运气，这样才能字正腔圆。所以荀老对我的教诲，对我艺术上的提高帮助太大了。

从这以后我一直把老师这"会""好""精""绝"当成了学习荀派艺术的四字箴言。留京期间，老师不仅耐心地给我加工《红娘》《霍小玉》《金玉奴》等我已经会了的荀派戏，还在百忙中给我说了《卓文君》等，使我又丰富几出经过老师亲自教授的荀派名剧。特别在唱腔方面，我有了进一步认识。人们常常认为，荀派以花旦为主，主要是表演，不以唱取胜，其实不然。荀派的唱是在字正腔圆、节奏准确的基础上要求口语化、性格化、感情化、节奏多样化、强弱多变化，然后又必须与花旦——小姑娘音色的美感统一起来，才能构成荀派唱腔的特色。听老师的唱真像品好茶一样，越品越觉其味甘醇。我曾搜集了很多老师早年、中年、晚年不同时期的唱片，经常不断地听，而学后才开始领会了荀派唱腔的真谛。

1962年，辽宁沈阳荀师传艺。王玉芹（左一，大连艺校）、吕香君（左二）、张正芳（左三）、荀慧生（左四）、于春蓉（左五，大连市京剧团）、许克修（左六，鞍山市京剧团）、汤小梅（左七，辽宁省市剧团）

有时老师还跟我开玩笑:"正芳啊,你是南方人,会做南方菜吗?"我说:"我会啊!""哪天你做几样菜我尝尝啊!""好!你别嫌我做的不好吃!""我尝尝吗,不好就算失败了!"我就问师娘:"老师平时喜欢吃什么?"师娘说:"老师喜欢吃素净一点,不要油腻太大。"我头一天,就去挑选很好的青菜(北方人叫油菜)做了一盘素炒油菜。啊,他大为欣赏,因为南方人做法跟北方人不太一样。他们家有大师傅,但常吃一种口味吃腻了。吃我做的菜他非常高兴,就下了一道命令:"正芳,你每天给我做个菜!不管是什么菜,你出题目让师傅给你买回来。"我说:"不用,我自己带来就行了。"

那个阶段,我是早出晚归,8点钟准到荀家,老师经常留我在家吃午饭,吃完午饭先生要睡个午觉。我就利用这个时间背戏,过滤他的戏。后来我就给先生做"油面筋塞肉",即油面筋里面塞肉馅,那道菜北方人也不太做,他也很高兴。还有灯笼辣椒塞肉,他也觉得很新鲜。反正在荀先生家这段时间,我也没少给老师做菜,老师对我的菜念念不忘。什么时候见到我就说:"正芳,你那个菜做的不错,我还想吃哪!"经常跟我这么说。所以我跟老师的关系处得非常好。

两个多月后,团里催我回去。当我离开老师,要回丹东的时候,师娘对我说:"正芳啊,你真幸运,老师对你多偏爱啊,没有给一个学生说过这么多戏啊!也没有像你们辽宁省对你这么重视。派你来是文化厅长、宣传部长陪你来。老师多高兴啊,你看你那张拜师照,老师把他最好的朋友、最关心他的人都请来了。其他的人没有这个场面哪!"我说:"我知道老师疼爱我,师娘也疼爱我。""他不光是疼爱你,对你寄予很大的厚望,希望你回去以后,要真正地把老师的这些东西继承下来,传扬下去。""我一定要把这个工作做好,您放心吧!"临别时老师赠了我这么一句话:"正芳,我希望你回去以后,用我创造人物的方法编排你认为适合你自己的戏,要搞你的剧目。"我说:"老师我不敢,我把您的戏学好了，继承好了，我就觉得挺幸运的了。"他说："不，艺术是要继承要发展，你不能光继承，你继承得再好、再像我，你只能是个复制品，你必须要有你自己的剧目，你想一想四大名旦都有自己独特的戏，梅先生有他自己的《贵妃醉酒》《霸王别姬》《宇宙锋》等等，程先生有《锁麟囊》，我有我的，尚老师有尚老师的。你们这一代，时代在发展，你们也要发展，戏曲不发展就僵化死了。老是演这几个戏，那就越来越低下了。"我说："您说的都对，但是我不敢那么去做。"他说："你一定要大胆地去做，你不这么做就辜负我对你的期望了！我希望你的是'青出于蓝胜于蓝'。过去梅巧玲的时候，怎么会想到有梅兰芳？而我现在60多岁，你30多岁，你的日子还长着呢！你又挺聪明又挺钻研，我相信你一定能搞好你的代表作。这是我对你的期望。"老师说的话我一直记在心里。

四、代师授徒

回到丹东以后，我为了向全市人民汇报学习荀派的收获，特安排一次"荀派剧目展览"。把老师教给我所有的戏通过加工整理，每一出戏都按着老师的要求重新上演，一共演了20多场，观众对我是非常满意的。我还在报刊上发表了《一切从人物出发》的文章，介绍自己学习荀派的体会。丹东市的广大观众反映："张正芳的表演升华了，她的唱也越来越挂味，荀派味儿了……"同事们说："你的提高可真不小呀。"我感慨地说："这都是老师的心血呀！"

看我1961年学习荀派艺术汇报演出以后，1962年6月辽宁省领导下决心请荀师来传艺。省领导说，既然荀派那么受欢迎，张正芳一个人忙不过来，让所有唱花旦的演员都来继承荀派的表演艺术吧。因此，就在辽宁省搞了一个继承荀派培训班。那年辽宁省就把荀剧团请到沈阳来演出。荀老师的任务就是把辽宁省10个大城市的各团主要青年演员调来传艺。记得有辽宁省京剧院的汤小梅、沈阳市京剧院的吕香君、省戏校的徐枫、大连市京剧团的于春荣、大连艺校的王玉芹、营口市的崔笑君、鞍山市京剧院的许克修等。

我先说一说荀老对艺术的追求。他头一天到沈阳,我是在沈阳接的他。我是他的大弟子,省里通知我早一点到,接待荀先生,我提前两天到的,在沈阳设宴接风。餐后已经是7点多钟了,他就跟我说:"正芳,咱们走。"我说:"老师这么晚了,您还想上哪儿?"他就对我们的王丕一厅长说:"丕一厅长,带我去看你们东北的'二人转'。"丕一厅长就笑了:"荀老您能去看'二人转'?那是我们东北的乡土戏,是乡土味啊!"荀老说:"艺术不分高低,'二人转'有它的特点,二人转的扇子、手绢跟我们花旦都有联系,我想看,带我去吧。"然后就把我们带到"二人转"的演出场地。荀老看的很入神,问我:"正芳,你会耍手绢吗?"我说这样的手绢我不会耍,因为它是八角手绢飞起来的。又问:"你会用'二人转'的扇子吗?"我说那我也不会。因为扇子上面有一层卷花,能飞起来舞起来。那我也不会。"你学学行吗?!"我说:"行啊。学了上哪用啊?""咱们花旦戏里都能用,只要合适的全能用。"我说:"好,我一定学!"回来后,真就做了两个手绢,买了扇子。荀老说:"比如说,咱们现在的花旦就是呆板的手绢,耍不出一朵花儿来,你看人家'二人转'的手绢变化多端。我举个例子,你演《花田错》吗?"我说演过。他说:"你演花田错,比如说到了花田错会上,你看到了画画、写字的先生,你觉得这人品貌很好,你现在是怎么走的?你该如何表演。"我说:"一看见他一愣,抬双手'哎哟,他可长得真漂亮哪!'"他说:"如果你耍起手绢,一看这个卞玑,卖字画的先生人品非常好。'哎哟,一个令台,一个令台,一个令台让胡琴过门这么一配合,你马上把你的手绢甩起来,表示你心花怒放,心里高兴了,观众看了是不是更符合剧情?"

他这句话一说，我立即茅塞顿开。我说："是呀！好虽好，可搁上这个身段人家不会笑话你啊？""谁笑话你，观众就知道怎么好看，他就欢迎你。你在台上舞蹈，在台上耍手绢，他能上台把你拉下来，你试试看啊！"我就拼命练，从那开始我就练手绢和扇子，交替耍花。后来我排了一出新戏《红梅》，实际上就是《春草闯堂》，我改了一下名字，这里就用了很多手绢。后来手绢在我的《挂画》(叶含嫣)中就成为我的专利了。我专门搞了一个花旦表演集中的戏，就是现在很流行的《挂画》。从我到中国戏曲学院自编自导，自己设计唱腔，自己编制舞蹈，而现在成了各个戏校学花旦的必修课了。这个就受荀老师的启发。这些说明荀老师不以"四大名旦"自居，而看不起小的剧种。他认为艺术都是统一的，只要是剧情发展需要，技巧是为内容服务的，技巧只有和内容相结合才能好。在荀老师的帮助和启发下，我学会了"二人转"耍手绢，甩扇子。而且我下了很大的功夫，各种花样我都能表现出来，手绢扔出去我都能接回来，技巧高的难的我都能掌握。

当时10个城市的学生都到了，任务是半个月学两出戏：《花田八错》和《辛安驿》。其实这两出戏我都唱过，我还演过《花田八错》，因为《花田八错》占的人很多，这个本子一般人都没有。《辛安驿》我很小就演过。但是荀老师要求的《花田八错》和《辛安驿》又是与众不同，他对我们来自10个城市的姐妹们说："同学们，我们这次学习班一定要搞得好，我呢，60多岁了，力气也不行了，精力也不行了，我就给你们介绍一个辅导员，就是你们的大师姐张正芳。正芳去年我带的她，我给她整理很多戏，其中也有《花田八错》和《辛安驿》。她比你们先走了一步，因此我上课的时候，她就是我的助教。下课以后，我歇歇在旁边看着，让她来给你们说。说对了就过去了，说的不对我再给纠正，能节省我一点精力，大家看行不行？"同学们谁敢说不行啊！都说："行行，我们好好跟正芳师姐学。"

这样我就成了学习班里的辅导员，也叫助教吧。老师每走一遍我都记在心，因为这个戏我很熟悉，然后老师让她们挨个走，我就帮着她们按老师的要求挨个挑毛病，说实在的《花田八错》和《辛安驿》，所来的10个青年演员都会，因为这是基础戏，她们在各团都唱了很多年戏了。但是要想提高一层用我们的话来说那都是很难的。所以我就按着老师对我的要求去要求她们，她们也很服气。比如说《辛安驿》里有一个扮着花脸，拿着大刀，女孩子表演花脸动作，身段就比较多。再比如说有一个小的技巧叫打脚尖，蹲下以后，在推门的时候，就要打脚尖，脚尖蹲着打，踢起来。打脚尖是我们的俗语，其实花旦用的很少。我的《小放牛》有这个动作，我小的时候学《辛安驿》也有这个动作。但是荀老师就禁止我们用这个动作。他说："你打脚尖不合理啊，你半夜推门到人家房间里去，要想抢劫，要想杀人。你一打脚尖，把门踢的噔噔噔噔响。这时你应该是蹑手蹑脚，不是打脚尖，而是蹲着走。你把门打开以后，先用嘴咬着刀，再用双手扶着门的下端。蹲下以后，很小的步子。'噔噔噔噔、噔噔噔噔'，就是一步一步很小的步子。把门推开，然后再到这边

张正芳和其他同学一起接受荀师亲授《辛安驿》："妈，就这么办嘞"。

来，把这边门推开，这是合理的技巧运用。你一打脚尖'噔噔噔噔'有声音，把人吵醒了，怎么还去抢人家的东西啊？"噢，我一听，非常有道理。

所以荀老师在教每个动作时都会很细致地告诉我们：技巧要为内容服务，如果是光为了卖弄技巧，那就成为杂技了，不值钱了。荀先生一个身段、一个手式都要摆的非常准确。比如说他在上大课的时候，就给我们走他的身段。《辛安驿》其实是女扮男装，周凤英要让她妈妈去给提亲。说了半天不好意思张嘴，妈妈说："噢，原来是这么回事。是不是你让我去给你提亲？"这时，周凤英高兴了"妈呀！就这么办——了！"这手一指，要恰到好处。你要声音大了"就这么办了！"就不对了。"就这么办——"这是逻辑重音，"了"是带音。说完以后，"大大大大丨大 台"夹着刀，扭着身子，走着碎步就下场了。在走这个身段的时候，老师在示范，我在学习，很多同学都在后面模仿。我这么一看哪，百分之八十都是不合格的。所以我也给她们纠正到恰到好处的位置，而且语气也要恰到好处。

我从小崇拜荀老师，没有得到真传。1961年得到真传，1962年他又让我做他的助教、辅导员，帮助老师给那些师姐师妹们说戏，我体会太深了。因我自己学的并不瓷实，我一遍一遍地教她们，教一遍我提高一遍，教一遍我提高一遍。而且教的过程还有老师的指点和肯定，老师对我非常满意。他说："你看正芳走的基本都合格，你们能把张正芳这点东西学到手，你们就提高了一大步。"老师对我的鼓励我是永远不会忘记的。

学完之后搞了两天的汇报演出，演《花田八错》《辛安驿》。这十个学生，连我也算上，一人一场，向省领导汇报。我这有张照片，珍藏至今。

《花田八错》最主要的场次是什么？是"搓麻绳"。这是花旦表演的艺术精华。由老师来安排：谁演第一场，谁演第二场，谁演第三场。老师对我非常偏爱，把最叫好的场次"搓麻绳"交给我来演。《辛安驿》让我演女扮男装唱花脸，最显功力的：又是扮花脸又是走矮子，又是蹦上桌子亮腿。这些高难度动作的戏老师都让我来演，好体会他的荀派艺术特点。所以同学们既尊重我又有点嫉妒我，说张正芳怎么净得到老师的偏爱啊？我也确实和老师相处的时间最长，学到的东西也比较多。这是我在艺术道路上一生的荣幸，终生难忘！

荀派艺术在我国戏曲史上留下了光辉的一页。作为荀门弟子之一，我已由舞台转入课堂并进而退休。老师对艺术孜孜不倦地钻研和对学生一丝不苟、真诚传艺的精神，时刻鼓舞着我。今天，我们回忆、纪念老师，就是要继承老师的精神，把己之所学，贡献给祖国和人民，提高艺术质量，培养新的人才，让荀派艺术在新时代里开花结果，永不衰败！

1962年，荀慧生大师为使荀派艺术之花在辽宁省各市盛开，亲临辽宁传授《花田八错》《辛安驿》。《花田八错》汇报演出后，东北局书记宋任穷、欧阳钦及辽宁省委书记黄火青等上台祝贺并合影。前排：许克修（左一）、汤小梅（左二）、荀苓莱（左三）、张正芳（左四）、崔笑君（左五）；后排：王丕一（左一）、徐枫（左二）、王玉芹（左三）、沈曼华（左四）、张伟君（左五）、欧阳钦（左六）、宋任穷（左七）、荀慧生（左八）、黄火青（左九）、费文芝（左十）、何润清（左十一）、于春荣（左十二）、吕香君（左十三）

五、"两条线"和"三个交流对象"

在一定的历史时期内，京剧花旦几乎"无旦不荀"。足见广大观众对四大名旦之一荀慧生先生的艺术是何等热爱与欢迎。荀先生剧目结构严谨，形象完整，重视戏剧的文学性和人物性格的内在性。荀先生塑造的人物形象，大多为封建社会官宦之家的受奴役而又敢于伸张正义的婢女、丫鬟以及小家碧玉等少女形象。如《红娘》《金玉奴》《晴雯》《尤氏姐妹》《陈秀英》《霍小玉》等。舞台艺术特色可概括为活、美、真、稚、媚、刚、正、俏几个字。而其创作艺术形象的内涵是人物的内心与外相巧妙地融会贯通的结合。

人物造型的基本概念确立后，还要在舞台上生动活泼地表现出来，就要掌握"两条线"。记得先生在说戏时常这样问："你是带着什么样的心情出场？你对周围环境有什么反映和感受？"我认为这是在要求人物有充实的内心。多年的实践使我体会到一个人物有充实的内心是靠一条"思想活动线"来贯穿始终的。但仅此一条线还不够，因为内心活动观众是察觉不到的，还必须有一条外在表演的行动线来展示。它根据内心活动来支配外在的表现动作，二者相互有机地结合起来，拧成一线。而且表现的手段，也是艺术性的，要"动有所指"。老师多次指出，"不要死演程式"。在这方面，荀师的艺术处理，不论是一站、一走、一转、一瞥、一看、一笑、一怒、一怨、一恨、一唱、一念，都极有特点地充分表现剧中人物的各种神态，也是我们学习中所努力的方向。

在演出过程中，先生曾提出，勿忘"三个交流对象"：一是舞台交流对象，主要指角色之间交流，人物内心与外在景物交流，比如戏曲中的"景随人走""景由情生"的"景"都是演员用眼睛和表演交流让观众感受的；与物交流在荀派戏中更是比比皆是了。如《拾玉镯》剧中孙玉娇与玉镯交流,《勘玉钏》剧中韩玉姐与玉钏的交流,《杜十娘》剧中杜十娘与百宝箱的交流,《红娘》剧中红娘与信的交流等等。二是合作交流对象,即与不在台上演出的合作者,如舞美、服装道具、音乐伴奏等的交流。这方面,许多前辈著名艺术家都很重视,荀派唱腔节奏多变,全靠演员和音乐伴奏默契与交流,才使得唱腔的各种艺术处理能在舞台表演上和谐展现。第三是与服务对象交流,也就是与观众交流。荀先生曾多次讲过:"我们不要忘记服务对象,演戏就是给观众看的。"在这方面,荀师在许多艺术处理上,是打破空间同观众直接交流的。如《红娘》中红娘的一段念白:"哟,我又不是算命先生,您告诉我这生辰八字干嘛呀"?这"干嘛呀"三个字在表演中完全转向观众。由于前面所念是韵白而突然转为京白,表演上也突然转向观众。这就使观众气氛立即活跃起来,也表现了红娘天真活泼的性格,仿佛自己在独白,毫不影响真实的人物思想贯串线。这种手段,恰是我们中国戏曲之所以能够扎根于广大观众心目中的原因之一。戏曲是运用一整套舞台程式的艺术美来描绘塑造人物的,所以荀师主张:一切从人物出发,两线贯串始终,处理好三个对象和四功的渲染。在表现手段上,他曾指出:"一个演员,对自己艺术上要不断地要求,要会、好、精、绝,学习钻研,要有真功夫。"老师讲的"真功夫",我以为就是刻画人物而表现出来的唱、念、做、打。就其唱、做来讲,我体会是:"唱"是由人物内心感情抒发而出,所谓"声随情出""以情带声""以声抒情"。根据自己的条件,广采博收,融化于格律之中,变幻于格律之外。反对千戏一腔,要大胆创新,讲究意境,结合内心活动,运用轻重、虚实、快慢、催撤的声腔,善于节奏变化,同时在唱腔设计中充分考虑到花旦的表演因素,而这一切的出发点就是人物。"做",就是表演,是荀师表演艺术特色的核心。他主张"演人不演行",从人物需要出发,从性格思想出发,对做功技巧方面绝不含糊。如果剧情需要展示某些特定动作技巧,

1985年，为纪念荀慧生老师诞辰85周年，荀门弟子在北京工人俱乐部公演，张正芳演出《霍小玉》

先生的表演无不博得彩声满场！就其出发点，仍是服从人物与情景的需要。有功必有法，手、眼、身、法、步的五法与四功紧密相连，先生在这方面的造诣，就不多赘述了。

荀老师常讲："神似为上，形似为下"。神乃人物之神，神韵也！人物在剧情发展过程中，不断变化运动即是"神"。所以在多次看过老师演出时，总是紧紧把我对人物认识联在一起。我认为受教于师，决不能一味模仿动作，而应理解其用意所在，学习创作人物之法。而此法便是荀师之"神"。这样，荀派艺术便可继承，并能发展。

社会在不断进步，事物在不断变化。形势要求我们，在不断总结以往经验中，改革创造，发展新的事物。那么对荀派艺术的处理，是因循守旧、亦步亦趋，还是在深刻理解荀派艺术特点的基础上，创造与发展新的各种不同人物形象。1985年荀先生诞辰85周年纪念演出时，我选择了《霍小玉》一剧中的"梳妆联姻"一场。为了将它改为一出单折戏，使其首尾相顾、内容丰满，将结尾的四句【散板】改为整段唱词，并遵循先生一向喜用的长短句方式，尽力符合先生对唱词立意上要"有情"、要"可动"的要求，由宋捷创作改为：

小玉爱君心已久，

今喜相逢结鸾，

只怕是红颜易逝春情似败柳……（行弦对白）

郎君你，你这真切的情意暖我心头。

真情真意共相守，

小玉今生便无忧。

早识君诗赋文章天下首，

它与我字字相印在心头。

它与我脉脉融通如饮合欢酒，

它与我悄悄耳语，共话枕边，似水情柔，同赴梦中巫山游，

今宵罗帐春初透，

做一对知己夫妻偕老白头。

改了这段唱词，既能丰富了载歌载舞的表演，也合理地表达了霍小玉对李益爱慕已久、新婚欢悦和因门第不当而对自己命运的担心，以及听李益表白后深信不疑的纯正心情。在唱腔创作上，我选用了荀派灵活多变、层层深入的唱法。由【西皮摇板】起，转【二六板】，再转【流水板】，最后以【回龙】结束，将戏曲优美的舞蹈造型，有机地化入唱腔。经过这样整理，既保持了先生的精华，又略有发展，把这折戏搞得比较完善，演出后获得了荀门师兄妹的肯定。

1986年，39岁的宋捷正在思考增加唱词内容

入戏——张正芳京剧生涯自述

1985年,纪念荀慧生老师85周年诞辰,在工人俱乐部演出《霍小玉》,钮镖(右)饰鲍十一娘,宋捷(左)饰李益

1985年,纪念荀慧生老师85周年诞辰,在工人俱乐部张正芳和钮镖合演《霍小玉》

1985年，荀慧生老师诞辰85周年纪念演出《霍小玉》谢幕时张正芳（左三）与王佩林（左一）、吴素秋（左二）、梅葆玥（左四）合影

1985年，张正芳在工人俱乐部与二子宋捷（右一）合作《霍小玉》，彩排后和当年上海戏校的郑传鉴（中）合影

六、不做复制品，要善于创新

荀慧生老师跟我说过："学我，不要光当复制品，你要有自己的特点、才能，要勇于创新"。他举了个例子说："《红娘》我唱了几十年了，解放前的《红娘》有些不好的色彩，比如她想做第三者。台词里就有：

—— 小姐，张先生来了，待会儿你们就要见面了，拜堂成亲了，将来你是这个，（挑大拇指）我就是这人……（伸两个手指表示愿作二房）

—— 什么……

—— 没什么，没什么，快跟我进来。

还有一个地方，她去送信时有一句唱词：

—— 我红娘将说是一声请……做新人，夫人……我从来是心硬，今日里一见也留情那。

这说明她心里不正确，你跟张生留什么情啊？现在我就把它改成：

—— 今日里一见也同情那。

还有很多戏里的词，我都给改得很正义的，打抱不平，"《红娘》解放以后我改了，改成现在见义勇为了，不参与第三者了。我虽然是四大名旦，但我还不够，还要学。"老师的这些讲话对我教育很大。老师还说："除了改以外我还想弄点新的呀，不能光演那几出，所以又排演了《卓文君》，这是解放后1955年排出来的，是新的。我把这出戏传给你，我还在考虑还在琢磨：我这一辈子没别的，就在想中国妇女那么多，受压迫受欺侮的，其中选择最典型的编排成戏，也可以教育人民，替妇女出口气吧！"

老师对我是那么信任，又鼓励我要创新自己的东西。所以我就在继承荀派的基础上搞了自己的创作。根据我的特点，人物在载歌载舞中表演进行情节的舒展比较适合。就根据这个特长，我编创了《百花赠剑》

1997年3月12日，张正芳（左四）在中国戏曲学院教授李爱仙（右）、赵秀君（左三）、马帅（左二）、张艳茹（左一）《百花赠剑》

和《叶含嫣》这两出戏。这也算是我转入教学后的代表作吧！

老师曾说：要在舞台上塑造各种各样内容不同、性格不同、形象不同的人物形象；年龄相同，身份不同，思想感情不同的人物形象；而且一个一个的人物形象不能雷同，这话对我的启发是很大的。此后在我所有的演出当中，都按照老师的要求挨个去梳理，形成了演什么像什么；不是演行当而是演人物。

第八章 传道授业

一、告别丹东

1978年,张正芳离丹东赴京前便装照

1976年粉碎"四人帮"后,神州恢复了以往的神采。1978年我回丹东后,恢复了名誉,也恢复了团长职务。原本以为有了职务,自己又能登台演出,我能把间断10年的京剧艺术重新补回来。我又拿出了以往的那份创作热情,在全团的努力下很快排出了新编历史剧《红灯照》,我在剧中饰演林黑娘。恰恰是这出戏,让我也看清了当时团里的状况,也成为我后来坚决离开丹东的起因。

虽然重新回到了领导岗位上,但是某些同志的"文革"余毒并未彻底排除。我不仅行令不好使,他们还阳奉阴违处处给我设阻。还是那个造反派，他现在是我的下属，带着他的武行队伍，想尽办法为难我。一次演出《红灯照》，眼看头遍铃响过马上就要开戏了。"啪"4张病假条摆在我面前，这4位是在剧中助我演"四险"的武行，怎么办？我一想，允假。造反派一看是允假，自然就没话说。可是他等着瞧我剧中的"四险"（注：因所谓"四险"是这四武行同时和我对打时，有个惊险场面即他4人各占我前、后、左、右四个方向，当我在台中央有个劈叉坐地时，他4人在我头顶各向对方走"窜毛"想砸死我，而我舞弄手中之大刀花，躲过险情）怎么处理，我怎么演出啊？我灵机一动也有办法，把"四险"改成普通的"大刀"四股"档子"。戏是顺利过去了，可我心里起了波澜，长此下去我怎能当好这受人摆布的"团长"？

类似这些处处故意刁难我的状况，真是举不胜举，使我无时无刻都处在精神紧张的防范中，直到1979年文化部要我进京的调令下达到丹东，但市里、文化局领导都极力诚恳地挽留，我就把我这段时间的遭遇向领导反映，他们许诺我留下的话让我当文化局局长，我自知没那个才能。继而说我的级别当个主管文艺的副市长绰绰有余，我也推辞了。后来辽宁省要我去当辽宁戏校的校长，我说我也当不了校长，我只想当个普通教师。文化部调我进中国戏曲学院任教就是让我当普通教师的，我现在教学的经验很丰富，适合当教师。

调令让我在当年的第二季度进京报到。眼看已经四月，在这种情况下省文化厅做出决定：同意文化部的调动，但请张正芳把她的艺术留下。就这样在辽宁省办了第一届由演员命名的传艺班——"张正芳传艺学习班"，从全省各市选拔了10名青年主演，用半个月时间我给她们说了《打焦赞》《红娘》两出戏。那批学员现在大多成了京剧舞台上的中坚力量，以及戏曲教学岗位上的优秀传承人。

当我登上南去的列车，看到肥沃的黑土地正孕育着生意盎然的绿色

1978年，张正芳离开丹东前与王兰演出《红娘》

1979年4月，在离开丹东前张正芳接受辽宁省文化厅邀请办传艺学习班，率三子宋强协助教授李萍《打焦赞》

下篇 / 传承荀派

1979年张正芳在辽宁沈阳办"张正芳传艺学习班"教李静文、李萍、李玉棠、智秀玲等《杨排风》中各式身段

1979年4月,张正芳在沈阳"传艺学习班"时教童敏、葆希茹等《红娘》

1979年5月，张正芳在本团教王兰、李淑梅等女生《百花赠剑》

庄稼，真是千丝留恋、万种滋味涌上心头，汇出一句话——唉，我在丹东这二十五年啊！

二、"国戏"的普通园丁

我到中国戏曲学院报到的时候，已然是6月份，学生开始放暑假。史若虚院长真不愧是一代戏曲教育大家，他没有让我闲着，要我即刻动身去哈尔滨跟云燕铭学《蝴蝶杯》，回来后再给学院的实验剧团排该剧。我到了哈尔滨后，青年演员唐桂苓跟组织申请要跟我学《打焦赞》，这样我就边自己学《蝴蝶杯》边教小唐《打焦赞》。也就半个月，我回到学院后便教实验剧团这出《蝴蝶杯》，彩排时达到让史院长及各位老师们满意的程度。

9月开学了,学院让我给贾素梅、刘亚杰、马小华、吴蓓4位学生说《打焦赞》。在教戏之前系里就跟我打过招呼,说她们条件不是很好,基础也较差,让我多费心。我欣然允诺,因为我教戏的原则一直是组织上给我派谁我就教谁。第一次接触下来发现这4位同学确实底子较薄,有的是进校6年没有上过台,有的是"死脸子"就是脸上没有戏,有的是身上不协调。经过一学期的努力,期末她们4个人都彩排了。这是很少见的,一般都是一组学习,只有一个能彩排。当然,那时领导们想看看我的教学水平,毕竟我在中国戏曲学院的教学岗位上是第一次亮相,也就允许4个人都彩排。这4个《打焦赞》一亮相,所有的老师、同学都对她们的评价是"士别三日,当刮目相看",士别三日,我们总归是一学期的努力啊,就这样肯定了我的教学,一致认为教得好。

第二学期,一代戏曲教育家孙盛文老师找我谈话,交给我一位"特殊"的学生,她是一代名丑谷春章的女儿谷彤。我不解,这有什么特殊

1979年9月,张正芳在中国戏曲学院教授贾素梅(右)、刘亚杰(左二)、马小华(左一)《杨排风》

的呢？原来当时的校领导贯涌已经找她谈话，她若这学期再不灵、没法登台，就甄别。这就是劝退，那谷春章的脸往哪搁啊？我就教了谷彤一出《百花赠剑》。我的《百花赠剑》跟谁的都不一样，另一种风格，既适合演出又适合教学。谷彤自身也很用功，每天6点练功之前，5点半先跟我学科学发声，然后，为她训练难度较大的身段，使她各方面都有明显的进步。也是一个学期，谷彤学的这出《百花赠剑》彩排了，大家一致好评，"张老师，您这出《百花赠剑》给了谷彤一碗戏饭啊"。后来，她毕业汇报也是这出《百花赠剑》，接着就被中国京剧院选中。

两出戏让我在中国戏曲学院站住了脚，当然还有一出我的得意之作《叶含嫣》，尤其是其中的《挂画》一折在后来的日子里成为学院教学的保留剧目，也成为全国花旦演员的必学剧目。

三、京剧《挂画》

《挂画》这出40分钟的京剧花旦折子戏，自1981年列入中国戏曲学院的教材流传至今已有30余年了。这出戏短小精悍，唱、念、做、舞，手、眼、身、法、步各方面都有严格的规范，较全面地包括了花旦应有的基本功。学习花旦的学生，经过这出戏的训练，普遍都会得到全面的提高和进步。因此被公认为培养学生的基础戏。被列为中国戏曲学院花旦行当的必修课。

一出剧目得以流传是很不容易的事，当然，创作是首要的，但是创作后的成果必须经过两个过程的检验：一是能不能横向传？二是能不能纵向流？这两个过程决不是靠人为的"炒作"或"运作"所能完成的，只能依靠该剧目本身艺术的含金量。这里包括题材与剧种的对位、人物与行当的对位、创作设计与观众审美的对位、剧目发展与社会需求的对位等等，只有这种种元素走到一个交叉点，剧目才得以流传下来。

《挂画》这个剧目并非出自京剧传统戏，它是在我恩师、梆子名家周咏棠先生1942年传授与我的梆子《梵王宫》经长年舞台实践再创作的基础上和教学思考后加工整理的；另外还要缅怀慧眼独具的中国戏曲学院史若虚老院长。

　　《挂画》是《梵王宫》全剧的一折，这是一出梆子的传统剧。而《梵王宫》是一出有积极思想性的好戏，我从小也很喜欢。叶含嫣这个人物的性格天真、

2002年，张正芳在福建省京剧团为刘茜加工《挂画》

善良，对爱情的追求执著大胆，剧情又很曲折离奇，很适合我以表演为主的特点。所以1961年我在丹东任团长兼主演之期就把梆子《梵王宫》移植改编成为京剧《叶含嫣》，重新梳理了剧本、创作了唱腔和舞蹈。在"姑嫂游春"一场中，用南梆子的板式化解了原梆子腔，来表达叶含嫣像飞出牢笼般的欢快心情。姑嫂二人都用折扇，边唱边舞，编了很多合乎剧情的舞蹈和造型，唱腔很美，舞蹈也很新颖。后面"病房"一场表现了她相思成疾，用【四平调】来回忆，以及向往和花云未来的美好生活。最后得悉花云以男扮女装混进府来与她相会，真是喜出望外，从而打扫房间，还特意取出珍贵的名画，挂至墙壁，等待花云的光临、与她相会，了却她的心愿。为此亲自挂画，还用水袖功耍出多种花样来表达她要去迎接心上人到来的那种心花怒放的喜悦心情，演出后观众反响强烈，成

2014年6月,在长安大戏院演出《叶含嫣》中"姑嫂游春"一折。唐嘉骏饰演叶含嫣,殷汶珺饰演嫂子脱氏

为我经常上演的保留剧目之一。

1979年,我到学院任教后,刚到北京老院长史若虚就和我谈:能否教既适合教学又有自己特色的、自己演出过的保留剧目。我对教学剧目的思考很谨慎,开始我选择了《杨排风》《百花赠剑》两个戏。《杨排风》原归武旦类剧目,但在我的舞台实践中,演"四打"是围绕怎样展开杨排风性格整理的,是我在东北影响较大的剧目;《百花赠剑》昆曲传统基础较厚,但我是从晋剧移植而来,在改编的京剧中我着重人物的气质和内心层次变化的体验和表演,也是我过去演出时影响较大的剧目。在我的舞台实践中,特别体会到对于花旦行当说来,"唱、念、做、舞""手、眼、身、法、步"的四功五法都要围绕"做"为核心。"做"就是表演,要演人物、演性格;一个戏一个人物。所有艺术程式、艺术手段、艺术元素处理都要围绕这个核心展开,这也是我教学的准则。因此,这两出戏的教学都取得了很大的成功。

当时的著名演员洪雪飞和许凤山专程跟我学该剧，可惜戏没学完雪飞遭遇车祸去世了，否则她也能体现该剧的魅力；史院长又安排沈健瑾来学习并演出了《百花赠剑》，后来以此剧获得了梅花奖，史院长对此非常高兴。但他并不满足，1980年的初夏，史院长又和我说："你的两个戏都打红了，还有什么花旦戏，再露露？"我回答："学院的老师多，花旦的基础戏大家分摊，我不愿争抢。"他说："找你自己的代表剧目啊，因73班再有一年就要毕业了，拿什么大戏啊？比如耿巧云这孩子怎么样？你看是不是个好苗子？""请你来就是要跟你合计一下，她是这个班的重点，你教一出有特点的拿手花旦戏，让她明年作为毕业汇报剧目。我看你的《叶含嫣》就很不错，有特点，又是大戏，怎么样？花旦的剧目总得不断丰富啊。"当时我很纳闷，老院长怎么会知道我的《叶含嫣》呢？我又没到北京演过戏！老院长告诉我：1962年他去辽宁在大连招生，那时我正在大连演出，连着看了我几台戏，他风趣地说："别的戏慢慢来，今天就点《叶含嫣》了。"当时我非常激动，一是这位教育家始终前瞻着戏曲各个行当的发展，在外出招生的同时，也没忘了物色教师、物色戏！二是

1981年，将代表作《叶含嫣》传授给耿巧云。她毕业公演时，史若虚院长特邀文化部顾问周桓、张君秋、王昆等名家光临指导，谢幕后合影：张正芳（左一）、张君秋（左二）、耿巧云（左三）、周桓（左四）、史若虚（左五）、王昆（左六）、谷彤（左七）

1993年，中国戏曲学院1973届表演专科毕业10周年合影。左起：杨凤一（左一）、耿巧云（左二）、赵景勃（左三）、张正芳（左四）、张关正（左五）、杨姐一（左六）

对我这个外来的花旦老师给予了莫大的信任！他又详细问了我的《叶含嫣》形成过程，说："京剧和梆子本来就有血缘关系，这就是继承中发展，你通过教学还可以整理提高，让学生体现，争取保留下来。"

四、《挂画》流传全国

1980年，从1973班的耿巧云、高阳、金建苹、顾雪芹开始，《叶含嫣》成为第一批接受这出戏的学生，1981年这四名学生从表演技巧到一个大戏的人物把握，都有明显进步。耿巧云在毕业公演时，老院长还特地请来了当时文化部的顾问周桓（原辽宁省委主管文教副书记、我的老上级）、学院顾问张君秋老师、著名歌唱家王昆等来观摩指导，请了中国京剧院领导选材，得到他们的一致肯定和赞扬（耿巧云由此入选中国京剧院，后拜刘长瑜为师，成长为当今花旦栋梁）。

下篇 / 传承荀派

1982年，是中国戏曲学院首届大专毕业生的重要年头，一年前，学院便开始筹划南下赴济南和上海公演的活动。当时任班主任的张关正老师来找我协商：《叶含嫣》作为大戏，一场演出只能展现一个行当、少数演员，而外地演出的场次不多，能否把《叶含嫣》这个戏的花旦表演浓缩到最短的时间呢？开始我还想不通，该剧的"闺怨""游春""病房""洞房""私奔"……各场都有特色、有精华，搞一出花旦行当的大戏是多么不容易啊！怎样浓缩？难下剪子啊！

此外，我作为一名上海"正"字辈的京剧演员，也有另一份情感，1946年和谭富英、顾正秋、姜妙香、杨盛春等名家及1952年与"正"字辈同学联合演出后，我已30年没回上海的娘家了。历史错过了我的演出年华，能让我儿时演出的剧目，经过我再次创作由我教的学生来让上海父老乡亲鉴定，也是一点赤子挚情啊！然而，又想到展示学院第一批大

1995年11月，张正芳给上海戏校四年级学生教授《挂画》。亲自示范叶含嫣站在椅子背上向丫鬟要画"快给我"。

专班人才的大局，多让一些学生得到公演的机会，这也是我们行当的戏"德"！冥思苦想之中，我眼前一亮，似乎感到折子戏比大戏更容易流传和保留，于是有了思路。我可以选《叶含嫣》洞房一场为核心，将前场游春时思念花云，回来后相思成病的两场戏，通过上场唱、念，以回忆、倒叙的办法来表达，后闻丫鬟报信花轿将临，花云假扮新娘，进府与她相会，立时欣喜若狂，病情顿失，则忙于打扫闺房的情境，把挂画的情节很自然地衔接起来。这就可以大大丰富了这折戏人物的表演，更有利于人物性格的展现。

在京剧的行当中，花旦是难度相当大的行当，因为"做"这个核心不是简单组合程式就能够展现的。想要为花旦打造一出能够流传的剧目，就必须符合"演一个是一个，个个有人物，个个有特色"这样的规格。由于我多了几十年主演的舞台实践，演的剧目多、创作的角色多，怎样取舍表演元素才符合人物，在台上的一举一动观众会有哪些反映，基本上了然于胸，所以对这场戏的浓缩，做了反复的推敲和精心安排。在"唱"方面我把"病房"和"洞房"两场戏合并了，既有韵味浓厚的【四平调】，又有叙述流畅的【西皮原板】转到【南梆子】再转到【流水】；在念的方面，除了一般戏曲"念"功的要求唇、齿、喉、舌、抑、扬、顿、挫字字准确清晰外，花旦的"念"一定要和"做"功紧密地结合在一起。这场戏是从思念情人、回忆往事的沉思中开始的。独白要沉稳，一往情深，而后面和丫鬟对白时，几次都因喜出望外而脱口说出了心中真言，但马上意识到别让丫鬟发现，立即止言，此时欲言又止。这是典型的"念""做"合一的花旦念法。这里有四次运用"转眼珠"表达她思索、想主意，又借以掩盖和搪塞那半句刚出唇的真心话。这种在"念"和"做"当中，对眼神技巧的安排和设计都是花旦特有的，既合情合理，又让学生懂得在如何表达惊慌失措时，如何运用眼；又如设计剧中人叶含嫣感到要为喜迎情人梳妆打扮一段重点表演，我运用了舞台节奏处理的"切断法"。在念到"快与我"时,中间加锣经和舞蹈技巧,然后把这句"快与我梳妆打扮"念完。最后是合情合理地扔出手绢,飞舞半圈,又以箭步跳跃抢接手绢连接一个鹞子翻身的技巧,在"扎扎台"的配合下亮了一个很漂亮的造型,使观众看时耳目一新,做到戏曲的"有戏有技,技在戏中"。在"做"的方面,这个戏的特点就是与"舞"的紧密结合,如表现小姑娘高兴心情时揉耍手绢,表现要做新娘激动时即耍三尺长的水袖等舞蹈技巧。又如围绕着"挂画"行动,技巧非常丰富,有捧画、解画、放画;上盘龙椅,再上椅子扶手,在椅子扶手上单脚往墙上挂画,又盘腿蹲下挂画、整理画轴等。整个过程的动作、功夫、技巧都不能类同,这是这出戏的特殊基本功,难度很大。其实当中许多花旦的技巧和四功五法都来自当年恩师"四盏灯"周咏棠老师的传授,经过自己舞台实践的消化和认真的教学思考,这出戏的特点更加突出、人物更加丰满了,短小精悍的一出花旦戏酝酿成熟了。当时的学生是学院首届大专毕业班的杨凤一、张嬿嬿、韩娟、金鸿云。他们要重新接受浓缩后的折子戏的学习和训练,我付出了汗水和心血,学生们勤学苦练,没有一个叫苦叫累。两个多月后,一出完整的京剧折子戏《挂画》终于形成了!全剧40分钟,从一上场到戏的结束,起伏跌宕处处精彩。我看后自己也很激动,不

2016年11月26日,赵增晶演出《挂画》

仅是为改得好而激动，而是感到这个戏能够在舞台上保留下来，流传下去了。这时，才感到张关正老师提出对戏的浓缩要求又有另一重道理，有了这个要求，我才不得不动。如果《叶含嫣》一成不变，也不会有《挂画》这样好的效果，也不会得以流传。

1982年5月，学院首届大专毕业班的《挂画》在济南、上海公演后，当即被很多专家和文化系统的领导所公认。5月上旬在济南演出后，引起很大轰动。山东省京剧院派了孙艳丽、苏培芝、杨荐英；山东吕剧团派了彭桂梅、杨延革、王淑芝、薛光庆、张晨、许敏芳等，山东省戏校派了高明华等青年教师也来学习，课堂就设在济南市人民剧场前台休息厅。

在上海更是一炮打红，著名表演艺术家俞振飞（上海戏校第一任校长）在上海戏校的欢迎会上对我说："正芳，你这出《挂画》教得真好，学

1982年在上海，俞振飞老师看完张嫩嫩演出的《挂画》后夸赞说："正芳，你教得好，学生演得也很好，看来你很有创造能力，比你当年演的《梵王宫》（即叶含嫣）精彩多了，你把花旦所有难度较大的基本功都集中到《挂画》中，安排得当，很成功，把这出戏给上海戏校留下吧！"

生（当时是张嫌嫌演出）演得也好，看来你很有创造能力，比你当年演的《梵王宫》精彩多了。你把花旦所有难度较大的基本功都集中在《挂画》中，安排得当，很成功。把这出戏给现在的上海戏校留下吧！"吕君樵同志说："看了中国戏曲学院大专毕业班的汇报公演，很震惊！""特别使我振奋的是这次学院带来了两磅重弹，两出难得的好戏，一是《火烧裴元庆》是颗原子弹！另一是《挂画》这是一颗氢弹！短小精悍，太精彩了！""叶含嫣是正芳在上海学戏时就演的人物。今天她教出的学生从一上场就有人物，随着剧情的变化，心理层次分明，把一些难度较大的花旦表演技巧合情合理地安排在戏里，而且是载歌载舞很有欣赏性。""正芳教学方法，也应该推广，她教人物，不是老的传统戏的教法，这一点很可贵，所以才有难得的好戏！"

学院巡演的过程也成了播撒一出花旦折子戏的过程，形成了《挂画》流传的基础。

当时的上海市文化局长言行同志非常重视要将这出好戏留在上海，指示上海的戏曲团体，都来学这出《挂画》。这就真把我忙坏了，上海戏校齐英才校长，亲自给我送来了两名青年教师李秋萍、冯秀红；上海京剧院派青年演员陈蔚、朱蕾、金荣、薛满珍、陆玲弟、潘英、宋宝琴、朱菊丽等；上海越剧院由姚淑珍老师带领芮泰英、宦柳梅、张晓红等；上海昆剧团派卫如锦；还有上海淮剧团的几位青年花旦演员，当时就借用上海京剧院的大练功厅上大课。1985年，1978届中专毕业时旦角组的叶芳、吕慧敏、张延、鲁毛等10多名学生都以《挂画》为汇报剧目。其中叶芳的表演、功力较为优秀，公演时被中央电视台选中。那一时期作为精选剧目，经常播放，在全国范围内又引起了较强烈的反响（叶芳也由此把该剧传授到了香港、台湾地区）。不少省、市戏曲学校相继派青年教师进京，点名学习《挂画》作为专选教材。后来学院办了师资班，来自云南、黑龙江、山东、江苏、河南、辽宁全国各地的花旦教师也都要求学习《挂画》，使得该剧在全国各地得以再传。这出《挂画》，我前后教了二十多年，退休后又应上海戏校、重庆戏校、大连、天津、佳木斯、福建等地聘请，专程亲授该剧。2001年再次应我院教育系反聘执教该剧。不少学生由此剧的表演荣获各种奖项。如哈尔滨的董桂珍、云南的杨小菁、福建的刘茜等，都由此剧荣获表演大奖。于是《挂画》形成了"横向传，纵向流"的局面。

1997年中国戏曲学院由张逸娟接教《挂画》，在她任中国戏曲学院附属中等戏曲学校校长期间又做了进一步的加工整理，把戏压缩到35分钟，戏精炼了，技巧比较集中了。其他外地的学生在再传授中也有不同程度的删改。由于这个戏包容的花旦表演基本功、技巧较全面，特色强，人物性格突出。所以，凡学演该剧的学生，对花旦这一行当的表演，普遍都有较大的进步，因此被公认为培训学生的基础戏。当我看到一代代学生的继往开来，也算欣慰了。尤其是在我晚年的这段时光，能为自己精心设计的花旦基础戏在祖国各地传授，培育了更多的花旦新苗，也深感自豪，因为这是我的责任。只愿后来者知道珍惜一出戏的文化渊源，在学习这个戏时，注重每个技巧、细节的设计与人物内心和性格的把握的关系，对京剧花旦表演艺术精益求精、发扬光大！

五、我的学生耿巧云

耿巧云这个名字，现在已经被很多观众所熟悉。中国戏曲学院的老师们谁也忘不了这个浓眉大眼、聪敏伶俐的青岛姑娘。提起她，谁都会挑大姆指称赞："好啊！是个有前途的好花旦苗子。"是啊，自她1973年入校到1981年毕业，有多少老师把心血浇在这棵幼苗上，陈国为、秦雪玲、张逸娟、刘秀荣等老师从她的开蒙、基本功训练到学戏、上台，哪一步都扶持着她。

1979年，我调到中国戏曲学院工作，偶尔在一次彩排中，看到了耿巧云的风采。"真是个好苗子啊!"我心里赞许道,但同时也发现她的许多弱点。这时,老院长史若虚微笑着问我:"正芳,怎么样,有什么感受?"我不知老院长指的是什么,一时不知所措。他接着说:"调你来学院,就是为提高花旦这一行当的教学,当然问的是你本行。""噢,您是说耿巧云?真是个好苗子!"老院长听罢,大笑起来:"好木要人雕,好苗要人扶。这届学生再有两年就毕业了,你一定要尽力把这班的花旦尖子扶起来……"

1981年夏,和学生耿巧云合影

　　就这样,1980年,耿巧云进入了我教学的课堂。学生们还有一年就毕业了,作为花旦这一行当,她们身上还缺少什么?怎样给剧团输送更合格的人材?我以巧云为实例,认真地进行了分析。我感到在巧云身上还缺少花旦这一行中一两门过硬的基本功,还缺少更丰富的花旦艺术的表现手段,还不会利用这些表现手段进行人物创造。根据这些实际情况,我在自己过去经常上演的剧目中,选择了《叶含嫣》并以其中的《游春》《挂画》两折为重点进行教学,以弥补学生的不足。课堂上,我一反过去口传心授的传统教法,而是先由分析剧本分析、人物入手,强调以表现人物性格为出发点来运用程式。我严格要求她们熟练上椅子、耍手绢、舞长水袖、转眼珠、亮眼神等花旦必须掌握的艺术技巧和基本功。开始,耿巧云对我的这套教学方法很不习惯。但不久,产生了兴趣,尝到了甜头,竟然着了迷。她天赋好,肯于勤学苦练,用心揣摩,很快地学会了运用程式塑造人物的艺术方法。因而在毕业考试时，能够较完美地表达叶含嫣这个人物的思想感情。她在毕业公演《叶含嫣》全剧时，不仅得到了全院师生的赞扬，还得到了文化部领导和老一辈表演艺术家们的肯定。他们说："这孩子有光彩，会演戏，有技巧，懂得塑造人物，是个大有前途的好花旦演员。"后来，就要毕业分配了。大家都知道，一个较优秀的毕业生，如果分配不当，或者遇到有和她同行当的名演员发生业务上的冲突，往往会将即将崭露的才华淹没。当学院领导和老师们为这件事而忧虑的时候，消息传来，中国京剧院的刘长瑜同志点名要耿巧云，愿意把她作为自己的接班人来传、帮、带。这一

1981年，耿巧云在中国香港演出《挂画》

2017年1月17日，张正芳与从温哥华回国探亲的耿巧云合影

喜讯作为巧云本人,以及非常关心巧云的我,真是高兴极了。史若虚院长也感到十分满意!

果然,巧云分配到中国京剧院后,长瑜真是把她当作接班人来培养。如排《燕燕》时,她也随长瑜一起对词、学唱腔、排练,因此,她也把这出戏掌握了。接着,长瑜又不断给她演出机会。前不久,我高兴地一连看了巧云公演的《卖水》《挂画》与《春草闯堂》,她的艺术比在校时大有长进了!巧云的成长,使我深切地体会到,在戏校学习阶段,主要是打基础;走上工作岗位,不断实践,才能成熟和成材。因此,学生进入剧团,如果剧团没有培育新人的高度责任感,青年尖子的成熟与成材也是很困难的。

我由衷地希望各有关领导和各团的主演能重视青年演员的培养,把扶持好苗的工作认真地担当起来。

六、荀师教诲的感悟

1979年我调进中国戏曲学院任教,能成为中国京剧艺术教育史上首位女教授,这是与几十年的艺术实践,恩师的嫡传,逐步领悟到了荀派艺术的真谛,又结合自己的舞台经验和教学成果是分不开的。在教学中我科学地总结出:"一个出发点"(一切从人物出发)"两个分析"(分析剧本、分析人物)"三化"(程式技巧合理化、舞蹈身段节奏化、全剧表演性格化)的教学方法。使学生懂得了戏曲表演要求的"神""形""美"必须与内心刻画统一才能走向艺术的升华。

在我的从艺、传艺的生涯中,除了学戏、学师之外还要增加文化修养。不断看书、学史也是重要一环。在述说我们戏曲发展的历史时,人们常常引用2000多年前《毛诗·大序》里的这段话:"情动于中而形于言,言之不足,故嗟叹之;嗟叹之不足,故咏歌之;咏歌之不足,不知手之舞之、足之蹈也。"从那时起,已为我国今天戏曲的形成明确地表达了我们民族的美学思想。它是用从生活出发经过提炼夸张的处理形成了规范、虚拟、程式性表演规律并用"唱、念、做、打、舞"的手段结合表现人物内心塑造人物完成了"一个以歌舞演故事的全过程"。根据情节不同，戏曲中有以"唱""打"为主的，也有以"手之舞之，足之蹈之"为主的，如《拾玉镯》《秋江》《挂画》等，就是这类的剧目。舞台上空无一物，或仅有简单的道具，演员一上台，举手投足，观众所需要观赏的一切，便活生生地展现在舞台上，这就是以"做"为主的花旦表演的艺术特色。花旦主要是通过自己这种特有的艺术表演手段来组织舞台行动表现戏剧情节的。

荀慧生先生有这样一句话："表演的动作由生活中变化来的，却要精练紧凑，集中明了，同时还要美。"这句话概括了花旦"做功"戏的真谛。我认为他讲了花旦表演艺术三个方面的规律：

一、程式来源于生活，舞台上通过程式表现生活，但不能只演程式而丢掉生活。几百年来的戏曲发展，为我们现在的各个行当的表演创造了一定的模式——现在称为程式。这个程式是源于生活的，我们学习程式时，只有找到它的生活依据，这样的演出才能唤起观众的共鸣。对先辈创造的程式要有正确的认识：程式是"流"，而不是"源"，只有生活才是"源"。如果学生学习或教师教学，只是随"流"而忘"源"，那么流将枯涸；如果筑源而入流，那么流必壮阔。文艺总要反映一定的现实生活，先辈创造的程式要学习，新的程式还要我们去创造。记得1965年，我排演一出反映纺织女工的现代戏《零点一》时，我深入到纺织厂体验生活跟班劳动，100多天，创造了一套虚拟的纺织动作的程式，当时，深得观众的赞许和赏识。1964年全国现代戏汇演中《草原英雄小姐妹》中的牧羊程式，不是同样受到了观众的肯定和欢迎吗？ 1982年，我为教学重新整理并浓缩《挂画》时，也是从生活中找依据，只有从生活中找到具体依据和内容，才能抓住剧中人物的性格特征，才能把这个语汇变成活的带有语言性的行动，演出感人的戏来。

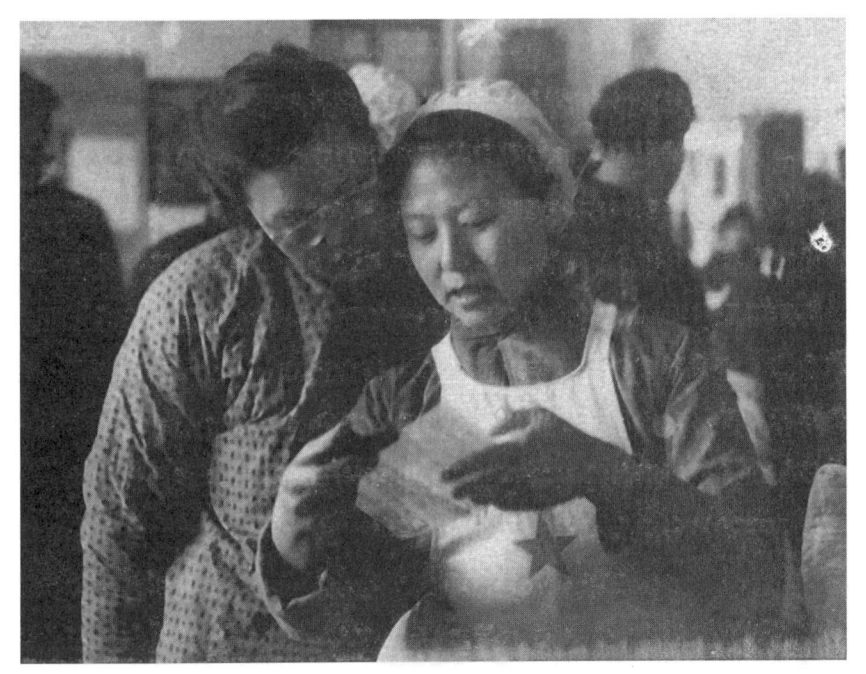

1964年,《辽宁日报》记者吴秀琴采访张正芳为演好全国劳模韩秀芬这一典型人物,深入工厂、跟班劳动、体验生活100余天

二、"精炼紧凑,集中明了",讲的是花旦表演韵律感的规律。各行当表演都要遵循各行的韵律,这也是戏曲表演的特征。花旦的媚、美、羞、含、爱、嗔、怒、挑、醉、刁等等不同的韵律应因不同角色而异,这种种不同的韵律应渗透在不同的手、眼、身、法、步之中,与音乐、舞台节奏合为一体,融合成不同的韵味。比如眼神的运用,是花旦最突出的特性了,现在舞台演出中,或戏曲教学中,往往忽略花旦眼神的训练,很轻易地把一门重要的基本功丢弃了。这样,传统花旦上场"左顾右盼"表演少女活泼天真的韵律就失去了。当然,花旦上场"左顾右盼"由于扮演角色不同,运用起来也迥然不同。孙玉姣和阎婆惜的上场是两个根本不同的"左顾右盼"。又如《小上坟》中的萧素贞,有3次转眼球,都是在同样的音乐和节奏当中,但是要表现的内容不同,一是"去上新坟",二是"恨夫不归",三是"泣诉妇女命运",所以必须在同一韵律中

表现不同的韵味。再如"花梆子"加"抖肩"也是花旦独具特色,用在孙玉姣拾到玉镯后的高兴,同叶含嫣即将成亲前的兴奋,同阎婆惜死后变成鬼魂,就形成3种不同的韵律。舞台节奏的处理,音乐的配合,表现方法都必须认真区分。当然,韵律不仅仅是表现在动作上,动时、静时,各种神情体态都要着意于这个角色的人物性格。使其耐人寻味,才能达到完美的境界。

三、荀先生讲的:"同时还要美"的"美"字,体现了戏曲艺术的美学思想。中国戏曲的先辈艺术家几乎没有不谈到美的标准的,戏曲的形象是泛美的形象。梅兰芳先生指出:"中国的古典歌舞剧,和其他艺术形式一样,是有其美学基础的。忽略了这一点,就失去了艺术上的光彩。在舞台上的一切动作,都要照顾到姿态上的美。"我们戏曲舞台上的表演,都是由生活中提炼的美化,这是因为我们民族传统的美学意识不满足于生活的真,他们追求比生活更美的理想,尤其是戏曲中花旦的行当,大多扮演妙龄少女,更是观众对于美的寄托和向往。以表演为主的花旦戏,不少是以戏曲舞蹈形式表现的,戏曲化的舞蹈同单纯的舞蹈是不同的,它更贴近生活的情趣,更直接地同观众产生交流。因此,花旦的美在京剧舞台上就显得更重要。先辈的艺术家在培养和训练花旦的美上,是比较严格的。我小的时候,脚步、身段都要从"跷功"开始训练,"跷"现在固然不用了,但是"收腹""收臀""以腰为轴,站不离子午,不离三条线""心一想,归于腰,奔于肋,行于肩,跟于臂"这些前辈们讲戏曲美的程式、方法,应当继承下来。舞台上的创作,只有美的才有真正的生命力,才有真的艺术价值,才能引起观众对艺术创作的参与,并从中得到享受。对于花旦这一行当,只有立足于对美的继承和发掘,才能为这一行当的发展开辟更广阔的道路。

第九章　老有所为

一、退而不休，传承国粹桃李满天下

1988年10月，我从中国戏曲学院附属中等戏曲学校退休了。回想我自己从一个旧社会的苦孩子考进上海戏校开始学艺，经过师长们的严格训练、悉心栽培和名家们的言传身教，让我从一个懵懂的孩子变成把京剧艺术作为自己一生梦想和追求的人，我感慨万千。1956年我获得了文艺三级的"高级知识分子"待遇；1961年我被评为出席全国文教系统群英会的全国劳模代表；同年我终于实现了自己的梦想——拜师荀门，成为一名荀派艺术忠实的传承者；1988年我又成为中国京剧艺术教育史上首位女教授；2011年我又获得中国京剧老艺术家"终身成就奖"。这些荣誉和成就的取得离不开党和领导的培养、离不开朋友和同行们的支持，更离不开广大人民群众的爱戴，同时也是我为京剧艺术事业拼搏一生、追求一生的真实写照。虽然我的艺术生涯也历尽坎坷，但我依然矢志不渝，我为自己能够成为传承国粹京剧艺术的实践者、探索者而深感欣慰。虽然我退休了，但我时时提醒自己作为一名京剧艺术传承者的责任，我要继续发挥余热，退而不休，为京剧艺术的传承和发扬光大贡献自己的力量。

1988年11月，我应香港中华文化促进中心邀请赴港举办"介绍荀派表演艺术专访"，当场示范《红娘》等经典剧目；又应香港电视台的邀请在《香港的早晨》中讲解"荀派艺术的特殊魅力"，向香港戏迷朋友们传播荀派艺术。这两项活动均都获得良好的效果，这也是我退休后第一次为弘扬国粹尽自己的一份力量，身体力行为传播荀派艺术多做点事情。同时，在港期间我又应香港新华社韩力部长的邀请商谈关于海峡两岸上海戏校"正"字辈同学纪念母校建校五十周年在香港联合演出的活动。该项活动原计划由香港联艺娱乐有限公司经理张明负责承办，纪念活动的内容都已谈妥，不料，因故影响了我们香港的纪念演出活动，否则，我们上海戏校纪念演出活动将成为海峡两岸文化交流的第一次盛会。原定计划未能实现，成为了我们海峡两岸"正"字辈同学的终身遗憾。

1989年秋季开始，中国戏曲学院附属中等戏曲学校返聘我为马帅、

1989年在香港地区介绍荀派艺术讲座

下篇 / 传承荀派

卢思、张蓓等学生传授《挂画》。

1996年中国戏曲学院赵景勃副院长亲自登门聘请我为大学生刘畅、李丹瑜传授《挂画》。

1992年张正芳在重庆传授蒋勤勤（饰樊梨花）、周莉（饰薛金莲）《樊江关》，演出后与文化局厉慧敏局长合影

2011年12月，尹俊在长安大戏院演出《红娘》后谢幕时合影

1997年学院开办首届研究生班，我为邓敏、赵秀君等传授《百花赠剑》。第二届研究生班我又为张晶传授《百花赠剑》《悦来店》。后来又接连不断地为马帅、索明芳、傅彬、王一帆、杨钥等研究生传授《百花赠剑》《霍小玉》《樊江关》等剧。

1999年中国戏曲学院附属中等戏曲学校聘我为95班的小学生潘洁华、项星、吴蓓蓓、王晓丽等传授全部《红娘》，教材用的是经过我整理后的新剧本。我做了部分删改：一、免去了孙飞虎和白马将军等闲杂人员；二、删去不利于《红娘》的男女风情之台词；三、在"拷红"一场中让红娘主动承担责任，把过去推卸责任的台词改免；四、最后与老夫人辩理时改念白为唱二六转【流水】，弥补了在《红娘》全剧中还缺少【西皮】二六之不足。但可惜的是，潘洁华毕业离校后再也没有合适的学生来传承这出全本的新编《红娘》了。

2011年秋，中国戏曲学院继续教育系的学生尹俊（男旦），专程跟我学了我改编的《红娘》全剧，但他演出时，因有"梅尚程荀"四位男旦同时演出，各人只能占用40分钟，所以尹俊也只能演出《红娘》的选场。他虽然不错，但因为演出时间不足而未能演出全剧，这也是未能把《红娘》全剧演出的遗憾。

2001年应中国戏曲学院教育系聘请，我为陈娟、尹秋艳、艾小筠、颜美娜、董晓佳等学员传授《红娘》《挂画》等剧。2002年在为教育系颜美娜等传授《挂画》时，我已经73岁了，但我仍然上椅子为学生做示范动作。

2008年在张逸娟任中国戏曲学院附属中等戏曲学校校长期间，特聘我为"教授工程"的主教。为提高青年教师刘华、主沉浮、赵悦等的教学水平，我先后给她们教了《霍小玉》《打焦赞》《打孟良》等剧。刘华也从青年教师中脱颖而出，2010年首次以彩唱形式登上了梅兰芳大剧院的舞台，这也是她以"教授工程"的传承跟随我学了很多年的收效。后来她所教的学生，如《挂画》等剧目每当要彩排时，都会请我去学校，为

2002年1月,教颜美娜《挂画》

她的学生加工,提高演出质量。2013年秋,我已84岁高龄,也还亲自到教室为她的学生龙汉雯跳上椅子做示范,该段表演已录入《非遗中国》,于2013年11月在央视中国教育台播放。

2008年我为中国戏曲学院继续教育系学生李静(云南省京剧院优秀青年演员)传授全部《霍小玉》(经我整理后的浓缩剧本)。李静经过两年的努力学习后,无论是从四功五法还是对人物的理解和表演都有明显进步。但因她只学会了她个人的全部唱念和表演,她所在单位远在云南,所有合作演员不能来京陪她排练,我又不能亲赴云南去为她排练整出剧目,为此该剧未能排成也没能公演,李静也失掉了展示这出戏的好机会。所幸在2010年元旦在梅兰芳大剧院举办纪念荀慧生老师诞辰

110周年的大会上，由我带领李静和刘华两个学生，除我清唱之外由她俩彩唱了《霍小玉》中的几段经典唱段。她俩都展示了荀派唱腔的优美委婉和表演细腻的特点，获得广大观众的肯定和热烈的掌声，使她们增强了学习荀派艺术的信心，也总算是给李静在北京的舞台上亮了相。

2009年初夏，我为马帅传授《百花赠剑》，同时召集罗娟来听课，因罗娟在北京市戏曲职业学校任青年教师，从此两校能同时传承该剧，我也向她俩表示如果遇到难题可随时找我解决。先是马帅在中国戏曲学院开始教授该剧，我听说要彩排了就主动去她教室看课，发现学生们对有些难度较大的身段或内心深处的戏尚不能准确表达。我立即约了白金、吴婷萱、李艺桐等同学利用业余时间到我家来，我亲自为她们个别加工。罗娟从小是学豫剧的，但自1979年走进我的家庭课堂后（因我在家传艺），她就十分用功。把我传授给她的戏如《姑嫂游春》《打焦赞》《红娘》《辛安驿》等都变成她的教材传给北京市戏曲职业学校的小学生们。最难得的是她于2009年暑假中刚从马帅课堂听课听会的

2013年11月15日，张正芳为中国戏曲学院附属中学戏曲学校学生传授《姑嫂游春》

《百花赠剑》，在9月份开学时就把该剧作为毕业公演剧目教给丁杨玥、王一帆、邵静雯、杨阳等五个学生。她事先没跟我商量，等到了11月中旬这五名学生要彩排了她才告知我。我担心她自己尚未实践演出过就大胆地往下教给学生，真怕她出错，所以我就立即自己主动去她学校把关，并为她们加工细排，使他们有较大的进步，毕业时获得好成绩。第二年，都考上了中国戏曲学院。我对这几个学生一直是无私奉献帮助她们提高专业水平。后来，她们都考上了研究生。

我退休后还应天津、大连、重庆、上海、佳木斯、福建等地邀请，去各地授课长达8年之久。

1997年江苏省京剧院专程请我去为吴碧华、盛海宁传授《百花赠剑》；1999年大连市京剧团也专程请我去为青年演员单娜、毛懋传授《百花赠剑》；2001年夏，应佳木斯京剧团邀请，赴彼处为董晓佳传授《挂画》；2008年夏，接受福建省京剧院邀请赴福建为刘茜加工《挂画》并参赛获奖。

接受过我传授的刀马花旦的学生和演员如今已经遍布全国各地，这些学生和演员现在很多都还活跃在京剧舞台上或为戏曲艺术院校辛勤的园丁，也有很多成为享誉全国的著名演员。她们是：

研究生	邓 敏	赵秀君	张 晶	马 帅	索明芳	付 彬
	王一帆	杨 钥	王润清	吕慧敏	邵静雯	
北 京	耿巧云	叶 芳	张燕燕	沈健瑾	杨凤一	高 阳
	谷 彤	金建苹	金鸿云	陆焕英	尹 俊	李国霞
	徐 枫	张 惠	陈娟娟	王雨辰	丁 珂	白逸菲
	郭雯心	吕百怡				
辽 宁	李玉棠	邵静雯	李 萍	徐 枫	许克修	葆希茹
	刘 畅	李经文	司永梅	王 兰	张淑敏	朱 军
	沈雁萍	李淑梅	路翠蓉	杨 华	石 新	单 娜

　　　　　毛　樊　孙丽娟

天　津　相丽丽　李小惠

重　庆　蒋勤勤　周　莉　罗　兰　赵　虹

福　建　刘作玉　徐春燕　刘　茜　贾　华

安　徽　李丽娟

江　苏　吴碧华　孙小莉　周淑华

上　海　潘洁华　詹萍萍　李秋萍　卫如锦　郭睿玥　姜　玲
　　　　　丁　轶　徐佳丽

吉　林　韩冰霞

湖　北　宦桂珠

黑龙江　唐桂苓

山　东　孙艳丽　程心婉

　　2011年11月，为了表彰我对京剧艺术事业的贡献，国家给予了我最高的褒奖，我获得了中国京剧老艺术家"终身成就奖"荣誉，我深感惶恐，因为我认识到自己还有很多不足之处。例如：我教过的学生当前已有好几位走上教学岗位，传授我教给他们的《挂画》《百花赠剑》等剧目。但如果按照高标准的要求来检验她们的教学质量，似乎还有差距。为此，我于2012年2月16日，召集了马帅、叶芳、罗娟、陆焕英（北方昆曲剧院演员）、付彬、李国霞等六名学生，为她们进一步加工、排练《挂画》等教学剧目，并以会、精、绝的高标准严格要求她们，让她们在传承时必须精益求精，力求达到教学的高质量、表演的高标准之目的。她们每个人也都非常认真对待，在背诵、演唱每句唱腔、每句台词和每一个身段时，都认真按照我的要求反复学、练，直到让我满意才通过。经过这样的培训她们都有了很大的提高，我这才真正放心了。这也算是我在有生之年为弘扬国粹艺术，为了我的学生在今后的教学过程中更好地提高教学质量所出的一份力，也是我"老有所为"奉献余热、回报社

2010年2月16日为学生加工《挂画》后合影

会感恩国家的一点贡献吧，因而自我感到很欣慰。

二、不遗余力，传承和移植多出优秀剧目

一个偶然的机会，我教会了赣剧名家涂玲慧《打孟良》。事情是这样的：涂玲慧虽已从贵州调进中国戏曲学院任教多年，但因我已退休多年，我俩虽都闻名但互不相识。一次因享受全国劳模和省级劳模重点体检的待遇，学院派车送我们去工人疗养院做全面体检。在去的途中我俩同车同座，这才相识。交谈中得悉她童年学戏，开蒙戏是《孟良请兵》，这和我学的《杨排风》正好相同，在彼此交流学习心得时，她觉得我所学演的《打孟良》要比她的《孟良请兵》艺术处理丰富得多。当时，她就提出要向我学《打孟良》，我看她很诚恳，就立即答应她。但我向她说明：只能教你京剧《打孟良》，而京剧的唱和表演动作是相结合的，如你不会京剧恐学起来难度很大，但她决心很坚定，表示正想学出难度大的戏来提高

自己的艺术水平。我俩在同车的途中就达成协议。两天后她就专程到我家来上课，她可真是一位非常认真而又事业心很强的好同志。经她努力模仿，没多久，这出京剧《打孟良》她文的武的全都学会了。后来因她接受赴美国孔子学院任教三年的任务，她要争取在美国找到合适的孟良后，便在美国公演该剧，从而丰富她的艺术才华。我相信她定能实现这个愿望，也算我为《打孟良》尽了一点责任。

2012年我担任"国戏杯"的评委，看到"京剧进课堂"各校参赛的小学生年仅八九岁，自然条件都不错，但只是参演的剧目太单调了，翻来覆去仅有那么几出戏。当时我突发灵感：我会的戏很多，应该选几出戏，把小学生们唱念做表集中起来，发挥她们载歌载舞优长的刀马戏，弥补她们没能展示刀马戏的不足。于是，我选了几名能适合演《打焦赞》的小学生，主动找她们带队的老师协商：我无私奉献不收课时费教她们学戏，如这几名小学生愿意接受我严格的培训，可选双休日中的半天到我家来上课，让她们学到载歌载舞的刀马旦戏《打焦赞》，为京剧进课堂增加新剧目。老师和学生都非常愿意来跟我学戏，从此，八九岁的郭雯心、白逸菲、吕百怡、李泽阳四名学生每周日上午到我家学《打焦赞》。小学生非常勤奋努力，我要求也很严，仅用8个月的课程，她们把前半出的文场子，所有的唱、念、做、表以及唱腔的过门全都学会了，配合身段的锣鼓经也全都学会了。因唱段的过门中，有内心思想活动和身段表演，一大段用【扑灯蛾】锣经配合难度较大的身段，如果演员不会念过门，不会念锣经是难以完成这项载歌载舞的任务的。这几个学生，对这出戏学得很瓷实。这四名女学生由于她们在我课堂上得到了严格的培训，大大地提高了她们的表演艺术水平，后来在别的参演节目中，也能体现出优势从而获得了奖项。在中国教育台为我录制的《非遗中国》节目时，我把郭雯心和白逸菲她俩表演的那段载歌载舞又配合锣经的大段念白"虽是女流胆气豪——"也录制在内，为她俩的学习成绩留下了珍贵的资料。

2012年为"国戏杯"业余小学生郭雯心（左）、白逸菲（右）传授《杨排风》

  我自1979年调入中国戏曲学院任教后，专门负责教授刀马花旦剧目，我就发现五年级的学生们会戏很少，而且上台实践的机会更少。如教一出戏，每组约四个学生，名列前茅者才能得到彩排的待遇，那她这出戏就算落住了。假如后两位未能得到彩排机会，那她用不了多久，所学的这出戏也就忘得差不多了。当时，我看到这种情景感到很痛心，总想着如何能扭转这种局面，让学生们在七年中专毕业前，能多学到一些刀马花旦的独特艺术技巧，毕业后走上工作岗位才能担负起她适应的工作需要职责。在苦思冥想后，我也体会到在京剧的小花旦戏中，学生们所学过的各种专业技巧都很单一。比如：《小放牛》村姑和牧童有对唱，通过问答设计了很多问答不统一的舞蹈身段，让学生学到了如何运用唱、念、做、表的"四功五法"来练好基本功和调节各种身段的方法，使之能够运用自如达到美化来提高自己的表演水平。再比如：《小上坟》《打樱桃》等戏，基本功都类同，学生们学后收益不是太多，但《打花鼓》则有所不同，凭他的道具，身挂一个带穗的花鼓，还有一对加上小穗子美化的打鼓棒槌，就这几样道具的陪衬，足以千变万化设计出多种舞蹈一体化的优美动作和身段，这就能让学生学到更多的艺术本能，同时也丰富了剧中内容，让观众耳目一新，得到欣赏之目的。然而，像《打花鼓》这样有这么多艺术元素的题材戏，实在是太少了。所以我总想找一个剧情较曲折的剧本，能容纳唱、念、做、表各方面的优良特长，同时能够把艺术精华浓缩到半小时左右的小花旦戏，让学生通过学这一出戏就能达到学三出戏的精华，从而达到艺术升华的目的。这是我的愿望，话虽如此但真要落实却也很难实现，需要大量的时间去捉摸。当时我每周28节课，晚上排戏课还不算课时，每天真是忙得不可开交，也就没有时间去考虑这个问题了。

但事有凑巧，因学校首届大专班面临毕业，校领导要选五台优秀剧目作为毕业公演向全国各界展示，班主任张关正专程找我协商能否把我教的全本《叶含嫣》由两个多小时的全出戏浓缩成30分钟的精湛折子戏。

我考虑《挂画》这场是可以把花旦表演的唱、念、做、舞及高难技巧熔于一炉的好题材，经过认真的推敲研究和学生们实践，果然达到预期的效果。彩排后校领导和全校师生都很满意！史若虚院长还鼓励我说："正芳老师就是有本事，这出浓缩后的《挂画》真是比全部《叶含嫣》更精彩了，可以列入毕业公演的展演剧目，带到上海去展示吧！"

一出在京剧传统戏中从来没有的《挂画》就这样顺利打造而成。当时该剧在京公演时，前三名学生都获得了彩排的权利，只有金鸿云因身材较矮只能扮演梅香。虽是配演，由于她要耍眼珠的技巧较高，我为她设计了施展耍眼珠的机会，就在打扫绣房时因不慎云帚上的灰尘掉进她的眼睛，她急得跺脚求援。叶含嫣为她吹出眼中的灰尘，经过叶的"吹眼"动作，梅香即以转眼珠子的技巧来表达，她先以眼珠从右开始往上再往左边转了一圈，然后又以越转越快的速度，连转三圈。随之略为停顿，又让眼珠从左开始同样用很快的速度连转三圈。此时，她略为停顿，马上用眼珠左右飞快地飘动，然后双眼珠略为集中，马上又舒展双目，把眼睛放到正中，并喜笑颜开地表示灰尘已从眼中吹出，还点头示意表示感谢。她这一整套的耍眼珠的技巧获得了全场观众热烈的掌声，久久不停！由此可见，只要有真功夫，一个小角色也会很受观众欢迎的。

今天回顾我创编的这出《挂画》是京剧舞台上从无到有，已长达34年之久，可以说是久演不衰，还被列入全国各艺校学花旦之"必修课"。不仅京剧学演该剧，而我早在1982年已亲自为各地方戏曲移植了《挂画》，如教北方昆曲剧院的陆焕英、北京市梆子剧团的高阳，到了济南又教了吕剧，山东省京剧团的青年演员和省戏校的青年教师，到了上海由上海市文化局一声令下，凡在上海的各戏曲剧团，必须都要学会《挂画》。因而淮剧、越剧、锡剧、申曲、昆曲等都由我教会，然后他们再移植演出。当时这出《挂画》真是轰动了上海滩，还有和耿巧云同班同学的高阳毕业后被分派到北京市梆子剧团，她要求我把《挂画》移植成河北梆子剧目，作为她1982年参加北京市青年演员大奖赛的剧目。我为她不仅移植了该剧，又多次亲自到北京市梆子剧团帮她认真排练。在师生的共同努力下，高阳在1982年青年大奖赛时，果然获得金奖。

北方昆曲剧院当时的青年演员陆焕英也看好这出《挂画》，专程来要求我把京剧《挂画》移植成昆曲，也作为她独有的剧目，丰富昆曲的花旦戏。我又不辞辛劳地为她移植、帮她排练。她的演出确实受到了非常热烈的欢迎，直到她退休后还念念不忘该剧，并于2011年仍要求我为她加工细排。她给该剧录了像，给北方昆曲剧院留下了宝贵资料。

三、机缘巧合，终于把《挂画》打造成经典大戏

回忆和我最有缘的戏，可算是《挂画》了。1942年我从梆子老伶人

周咏棠(艺名"四盏灯")学会了《梵王宫》，当时在上海戏校就轰动一时。1962年在我任辽宁省丹东市京剧团团长时，即把该剧移植成京剧改为名为《叶含嫣》。时隔20年，这出《叶含嫣》依然光彩夺目，倍受观众热烈欢迎，随即在全省展演和各团艺术交流，立即被誉为是我的代表作，让我向全市的青年演员传播。

我调到中国戏曲学院任教后，史若虚院长点名让我将该剧传承给耿巧云，指定让她作为毕业公演剧目，耿巧云毕业时公演了该剧，并获得当时文化部顾问周桓同志以及著名歌唱家王昆女士，还有张君秋等艺术家的一致好评，因此，耿巧云被国家京剧院选中。现在她已是著名花旦演员。《挂画》这折戏已经成为京剧花旦表演的经典剧目在全国流传开来，这是我非常欣慰的一件事，但有许多朋友和一些观众常问我："《挂画》的全剧是什么样啊？"这就使我想到，自从1981年我为耿巧云排演她的毕业剧目《叶含嫣》后，《挂画》的全貌再没有展现过，其实《叶含嫣》全剧前面还有一折《游春》也是相当精彩的，但是《叶含嫣》全剧情节曲折、人物复杂，按照我过去的演出本演起来时间长、中间比较拖沓、结尾不够精彩……怎样才能把我过去演出的原剧本和后来经过浓缩的教学本进一步去芜存菁，为京剧花旦表演增添一出大戏呢？当然更多的推陈出新的重担，应当由下一代年轻人来解决了，但是他们没有看过我由梆子移植而继承下来的这出大戏，也没有演出这出戏的实践经验，我觉得应当在我有生之年尽我绵薄之力，把这出戏整理出来，也算我老有所为吧！

同时也联想到2013年为叶芳传授《姑嫂游春》。这是个很有特色的花旦戏。该戏是《挂画》的前半出，也是梆子戏《梵王宫》中的一折。过去京剧舞台上没有这出戏，那也是我1962年在辽宁省丹东市京剧团任团长时，把1942年学演的梆子戏《梵王宫》移植成为京剧而独创出的这出戏。其中所有的唱腔、过门（为配合身段必须与众不同）、身段以及各种舞姿和技巧，都是和戏中台词相吻合的，也是我亲自设计排练的。这也是我在京剧舞台上奉献的一出既载歌载舞又能亮出技巧，同时又适合培训花旦演员的好戏。为了扶持小学生尽快进步，我让叶芳和云南班的七名小学生同时走进我的"家庭"课堂，使她们也能直接得到我的亲授。我教得仔细，她们学得瓷实。在2013年中央教育台播放《非遗中国》时，获得广大电视观众的赞许。2014年，该剧在北京长安大戏院公演，也获得内外行的一致好评。云南省京剧院的领导朱福认为这是一出在京剧舞台上从未见到过的好花旦戏，从而要求我再加工整理增加前面的场次，再补充后面的喜剧结尾，给云南班排一出完整的以花旦为主的《射雕联姻传》大戏。我欣然接受了这项任务，我立即又马不停蹄地为修改全剧的剧本而继续奋斗着。我的行为得到了中国戏曲学院附属中等戏曲学校现任领导李钢的支持，并为我布置安排由青年老师叶芳等做助教，还有各个行当的——孙永平、朱唯、赵晶璇等很多老师的积极配合，投入到全剧的教学。在中国戏曲学院附属中等戏曲学校领导的支持下，一个有完整情节的、又很精炼的、由花旦领衔主演的新的《叶含嫣》在中国戏曲学院附属中等戏曲学校诞生了。为了区别以前不同版本，我特地取名为《新叶含嫣》，2016年11月26日全剧在北京长安大戏院演出，获得了专家和观众的好评和肯定。时至今日，我终于把《挂画》打造成经典大花旦戏《射雕联姻传》。

回忆我七十多年的艺术生涯，有过八千多场的舞台演出实践，其中京剧传统剧目达100多出，移植改编创作剧目达200多出，从1948年开始演现代戏48出……这些艺术积累不但是我一生丰富的艺术资源，我感觉同样也是我国京剧艺术的宝贵财富。

2017年新年伊始，党中央国务院又发出了《关于实施中华优秀传统文化传承发展工程的意见》，对我这耄耋老人的老有可为也是真诚的肯定和鼓励。我在戏曲艺术的传承和京剧荀派艺术的弘扬上终生无悔，鞠躬尽瘁。

1962年，三代合影。前排：四子宋超（左一）、张正芳（左二）、五子宋群（左三）、母亲吴云珠（左四）、三子宋强（左五）；后排：二子宋捷（左一）、长子宋刚（左二）

第十章　评论选辑

一、好同学张正芳

顾正秋

"许先生也提到张正芳？"

当笔者向顾女士谈起访晤许先生的谈话时，她表示高兴。接着她说：

"在所有的女同学中，我和张正芳最最要好，我毕业之后组织顾剧团还特别请她给我帮了一段忙，今天，咱们再谈她好不好？"

"可以呀，我想你和她之间，一定有很多可谈的资料，而且一定都很有趣。"

"也许，你听听看好啦，现在，我先描写她的样子。我说过了，我们俩同岁，起初我们高矮相似，过了一年多，她就长的比我高多了。她是瓜子脸，白皮肤，大眼睛，两腮都有酒窝，可是一个深一个浅，扮相漂亮极了。不笑的时候，脸上已经很甜，一笑起来，真是甜的迷人。她会用眼睛，脸上有戏的功夫也练得到家。唱《大劈棺》时候，她能踩着硬跷，站在桌子上，一个'硬抢背'摔下来。可惜就是没有小嗓，唱和念都用本嗓，这是天赋限制了她，她只能专学花旦，没法子动唱工戏。"

"在学校的时候，我们俩同拜何世枚夫妇做义父母，因为有这一层关系，我们真是亲如手足。她鬼聪明的厉害，顶会出新鲜花样，前边我已说过了像我们耍盘子的那些事情，其实，什么吃干贝啦这些怪招，也都是她引起的头。"

"记得荀慧生在上海在黄金大戏院演唱的时候，她就出主意拉着我天天去听，有日场的时候，我们就逃课去听，因为大轴戏总在下午四五点才上场，所以我们逃的是读书的课，要是看晚场呢，就不回家吃饭，我们时常撒谎说是去何家义父那里，其实不过是买些馒头花生米之类，在学校里吃好了就跑去戏院。"

"正芳的戏路和小翠花相近。学校里当时对她也特别培植，像《大劈棺》后边唱梆子，就是请梆子名伶'四盏灯'给她说的。《翠屏山》也是，杀山的那场唱梆子，当时，这两出戏是她的绝活儿。我很羡慕她的做戏和功夫，不过现在想来，说到做，也还是点到为止，并未能深入，那时毕竟她还是个小女孩呀。"

"我们俩合唱的戏不太多，唱《樊江关》我饰薛金莲，她饰樊梨花，唱《儿女英雄传》是她的何玉凤，我的张金凤。记得当时她曾开玩笑地和我说：'咱们俩将来一定找一个安公子'。"

"后来我唱全本《玉堂春》，她饰鸨儿，一声：'姑娘们，见客啦！'每次一定满堂彩声。在学校里演戏就是这种好，同学之间不争牌名，谁都尽力而为，只要能把戏唱得精彩就好。

"正芳个性本来活泼，大概花旦戏也很影响她，用现在的语言说，她是个早熟的姑娘，在我们毕业的前两年，她就和在兰心戏院演话剧的那些人搞熟了，她时常和黄宗英等在一起。"

"我们学校除了每天由住校先生做一般性的教戏排戏之外，有时对某几个学生，排练某几出戏，还得另聘名师来教。不是由这些名师到学校来，就是指定学生到名师家去。学校让我和张正芳对调跟芙蓉草先生学《樊江关》。那时候正好是芙蓉草在黄金大戏院演戏,我们两人就每天利用下午4点钟以后的读书时间,到芙蓉草家去。芙蓉草本姓赵,凡是老一辈的艺人,尤其是学旦角的,总是爱把真姓名隐藏,另起一个花花草草的艺名。当时黄金大戏院专为招待接来的京角,安排了一幢宿舍,赵先生就住在宿舍里。"

"赵先生对我们真好,教得特别专心。这出戏张正芳是饰樊梨花,除了"坐帐"那一场是说"韵白",其余的都归"京白",我的薛金莲,从头到尾都是"京白",在我们小孩子心里觉得说京白不是件难事,因为我们在校日常讲话,都是跟先生学说北平腔,绝对不能讲一句南方话。可是赵先生到第一句"白口"的抑扬顿挫、声音上的感情,都要求很严,一点点小地方也不肯马虎,他都认真给我们改正。"

"'姑嫂对剑'的那场身段和"剑套子",也是教了又教,排了又排。因为赵先生是陪梅兰芳先生唱过这出戏的,梅先生对薛金莲娇憨天真的性格,以及回到娘家倚仗着母亲疼爱而撒娇都有细腻深入的表演,而他自己对樊梨花这位在军中是元帅身份、在家中是当家少奶奶的地位,也揣摩得极为到家。这出戏,可以说是我学的相当满意的一出。尤其是和张正芳同台演出,真可以说是珠联璧合。你别笑我自己吹大气呀!"

"趁着顾女士谦虚地一笑,略作喘息,笔者对上面这段话里顾女士说的几个名词稍加注解。'白口'就是台词的对话部分,说而不唱的。'剑套子'就是用耍剑或对打的形式和方法。"

"你不知道后来我多么想张正芳,因为每逢我唱这出《樊江关》,别人和我配搭合演,我都觉得没有和张正芳同台时候过瘾。"

"不但赵先生教得尽心,赵师母也特别疼我们,她老人家是小脚,梳着髻儿,经常穿衫裤,她人很矮,胖胖的,和赵先生的瘦高条儿,相映成趣。每逢我们学到一个段落,要告辞回家时候,她就留我们吃饭,她说:'其实没好的给你们吃,左不是打卤面烙饼什么的,可是,正好教你们这些成天吃大米子儿的南方小姑娘换换口头'。"

"我不知道吃过多少次赵师母亲手拉的面,那种看起来很粗、吃起来很韧的面条,到今天我还认为是面食中很好吃的东西。"

"在吃饭时,我们谈些闲话,赵先生问我们在学校中挨过揍没有,我们对他不敢撒谎,只好很难为情的点点头。赵先生就说了:'为什么?你们俩都不笨哪,也肯用心。我就告诉赵先生说,是"打通堂"是为别人挨的冤枉打。'

"打通堂是当我们男女同学在一起排练一种什么队形,或者是"摆花灯"的时候,有的人一错再错,指导的老师发起火来,就来个打通堂,也就是大家排队挨打。"

"赵先生又问起打通堂是怎么个打法,我们告诉他说:'爬板凳儿!''什么?你们小姑娘也爬板凳?'赵先生表示惊异。"

"原来爬板凳是用一条长木凳,要学生爬在上面,先生用木板或者武戏中用的单刀之类,打学生屁股。其实,这种打通堂只是在我进学校之后不久,大概先生们为了树立威望,教学生们知道害怕,才施行的,总共也没打过几回,而且,打的也不十分真痛,反正,我就没为了挨打流过泪,这也是我个性好强,能咬着牙忍,有的人板子还没挨着肉就又哭又喊的,当时我认为他们真丢人。"

"赵先生听了之后,表示梨园行虽有'打戏'之说,可是对女孩只能打手心,不能爬板凳。他说:'人家小姑娘家,怎么能打屁股?太不像话了'。"

"后来我们把这话带回学校去,校方从善如流,以后再也没打过'爬板凳',而且,对女生也很少体罚,只有对太笨或太调皮捣蛋的男生,才打得很重!"

"离现在越谈越远了,咱们还是回来谈谈张正芳吧!我和她那次1946年春在南京见面之后,虽然未能像在校时那么亲密,但两个人总算联络上了。后来当我回到上海，跟谭富英先生同台唱的时候，我和他唱'对儿戏'，像王宝钏、四郎探母，当然没问题，轮到谭先生唱大轴，就觉得有好多戏需要有"对儿"人才成。那次跟谭先生同台演出，也可以说是我生平仅有的一次跟别人"挎刀"。这时候我就想起了张正芳，于是写信给她，请她来给我帮忙，没想到她居然'慨然应允'。记得每逢谭先生贴《打棍出箱》，《失·空·斩》等戏，前出总是我和张的《樊江关》或是《棋盘山》，别看我们比谭先生在京剧界的声望差，可是我们要的彩一点也不比谭先生少。"

"'要彩'又是术语了，就是讨好的意思，也就是台下的喝彩之声。"

"唉！"顾女士轻轻地叹了口气，接着她说："从那次我们短短的合作了几次之后，就又分开了。"

（摘自顾正秋著《休恋逝水——顾正秋回忆录》，上海文艺出版社1999年6月版）

顾正秋

二、看张正芳主演的京剧《杨排风》

张一了

一首好诗、一段妙曲或一幅名画，总是具有强烈的感染力量，好的艺术品确实令人百读不厌，百看不厌，如嚼橄榄一样地回味无穷。最近，在省文艺观摩演出大会上，看了安东市京剧团张正芳主演的京剧《杨排风》，就有这种感觉。

《杨排风》是根据京剧传统剧目《打孟良·打焦赞·打韩昌》改编的。改编本删掉了旧本中许多不必要的重复动作和琐碎、冗长的场子，以更集中、洗炼的手法突出了人物性格，加强了戏剧矛盾和喜剧效果。

辽邦韩昌围困三关，杨延昭派孟良到天波杨府请兵求救，佘太君亲临调将台击鼓调将。但是孟良喊了又喊，点了又点，偌大天波杨府却没有一个人敢应声。看来孟良有些焦急了，他和佘太君交换了一下眼色。就在这寂静的时刻，响起一阵尖锐的小锣声，张正芳扮演的杨排风以矫健、轻盈的细步，像一阵风似地出现在观众面前，带给人们一种轻松愉快的情趣。孟良看到在台前应声的是这么一个不起眼的"黄毛丫头"，十分瞧她不起，斥责她不该这样开玩笑。后来在太君的怂恿下，孟良才半信半疑地和排风比武。谁知小小排风却武艺不凡，竟然把孟二爷打败了。这些在台上表演仅仅几分钟，但却勾画出了排风勇敢、乐观、天真、活泼的英雄形象，使人不得不佩服传统戏剧的高深表演。

"打焦赞"可以作为单独演出的折子戏，在全本《杨排风》中又起着承上启下的关键作用。这是一折短小精悍的佳作，只有六郎、孟良、焦赞、排风四个人物，着墨不多，然而都刻划得深邃、细致；尤其是把焦赞

1959年，张正芳参加辽宁省建国十周年好剧目汇演，《杨排风》被各级专家推崇为"推陈出新的典范"和改编整理传统剧目的范本，获"优秀表演奖"。①

的粗犷、刚愎、狂傲的性格表现得更为鲜明。在不到一小时的戏中，张正芳以娴熟的技巧刻画了排风这一可爱的形象。焦赞押解粮草回来，听说孟良只搬来一个烧火丫头，不禁大失所望。当目视跪在面前的排风，不过是"上马无拳头大，下马无有膝盖高"的黄毛丫头，不禁狂笑起来。他埋怨孟良冒失，更威吓排风对他的无礼。张正芳在这里用了一种夸张手法，生动地描绘出排风的天真无邪。她似乎被这三关名将焦二爷吓哭了，焦赞向她赔礼时，她扭捏着佯哭，当焦赞被惹得不耐烦的时候，她却嫣然一笑，随即用了一个很快的转身，模拟着焦赞的动作。虽然只是

---

① 《杨排风》原是一出传统武旦戏，经张正芳多年的演出实践，对杨排风这一人物理解得越来越深刻。为突出杨排风的聪慧、憨直、矫健、活泼的性格，张正芳把花旦细腻的表演技巧揉进了角色之中。对焦赞顽皮、嬉戏、试探、较量和对韩昌、耶律的无情痛打，充分表达出杨排风对友和、对敌狠的鲜明性格，被赞誉为"活排风"，极大地提高了该剧的演出效果。汇演期间省文化厅组织各团青年演员学习，使《杨排风》在全省各市遍地开花。

几下，却比与焦赞比武这场戏，张正芳演得恰到好处，既不火也不温。假使说戏曲的特点是通过一些具体的外部程式表达人物内心的话，那么张正芳掌握得是很有分寸的。一个转身，一个棍花，一套把子，甚或一举手一投足，一颦一笑都和人物身份性格相符合，因而使比武显得如此生动和饶有风趣，把戏引入高潮，观众就一直和剧中人共同呼吸着。

改编本看来没有旧本那许多开打，可是更强调了载歌载舞，所以戏剧矛盾和人物性格也就渲染得更为有张力。武打安排得很有层次，表达了剧中人物思想感情的变化。一开始焦赞就猛力攻打起来，排风为了试探对方的实力，佯装不敌，这样也更加显示出焦赞的狂傲。在焦赞以为打中了排风，胜利在望放声狂笑时，排风偷觑焦赞那忘形的骄态，不禁暗自发笑，真的从内心笑到脸上。排风佯败下场时，张正芳使了一个棍花和三个转身，这些不是卖弄技巧，而是更加说明了排风的果断和灵敏。全漂亮利落的动作称得上刚健婀娜。排风探悉对方的力量不过如此、自己足以应付的时候，张正芳在场上闪电般地一旋转，对准得意忘形刚上来的焦赞举头一棍，把焦二爷打了一个抢背。

这种惊人的神采之笔，是传统中的精华，张正芳掌握得准确，使用得自如。"打焦赞"的结尾也比旧本好，删掉了有点不近人情，令人难堪的场面，让焦二爷坠蹬，增强了喜剧性。"打韩昌"的排风，又以一种新的姿态出现在舞台上。她英姿爽朗、刚毅逼人，身穿红衣，手舞烟火棍，在潮水般的番兵中，左纵右跳，矫若游龙似地奔驰着，把番兵和韩昌打得落花流水，丢盔卸甲而逃。张正芳把屈步、碎步、细步、圆场等步伐融合在一起运用，绘声绘色地表现出种种英勇的姿态。

从这里可以看出她有很好的幼功基础。"杨排风"受到观众的欢迎，决不是偶然。

（原载《辽宁日报》，1959年8月31日）

三、眼是心之窗 —— 喜看张正芳演出的"百花赠剑"和"杨排风"

周 桓

前些天,在学习荀派戏联合汇报演出中,曾经看到张正芳扮演《花田错》中的春兰、《辛安驿》中的周凤英和《红楼二尤》中的尤三姐。她成功地塑造了这三个出身不同、处境不同的小女孩,比较出色地完成创造角色、表现人物的任务。但是,那几次演出,只不过很小的一个片断,虽然引人入胜,但却难得使人满足。

丹东市京剧团来沈阳演出,使得爱好京剧的观众的心情为之振奋。尤其是第一天打炮戏里,又看到张正芳连演的两出不同风格的戏 ——《百花赠剑》和《杨排风》,萦回在头脑中的印象因而更加鲜明、深刻。总的来说是,张正芳会演戏。而她的会演戏主要在于善于刻画人物,善于传达剧中人物的思想情感。

幕后一声"回宫",对对宫娥出场分站两厢,引出雍容华贵、气宇轩昂的百花公主。不从她的装束,只从她的气度上,观众就知道她是一个金枝玉叶的公主,她给人的印象是沉着稳重,落落大方。把宫娥打发下去之后,百花公主独自进了自己的寝宫,她闻到了一股酒味,引起了她的疑心。先端着灯在床榻上下、屋子里面东寻西找,继之又假意把斗篷脱掉在地上,引得侍女江花佑近前来拾起,借这个机会闻闻江花佑是不是带了酒。这种种心情、举止,张正芳并没有用言语,只是从感情、从眼神上清楚地表达出来。可是她决没有故意睁大眼睛,或者把眼珠滴溜乱转,脱离剧情去卖弄技巧。而是根据剧中人的心理确切地使用眼神,

张正芳在《百花赠剑》中，百花公主上场时唱："扫群寇……"之亮相

使得眼神确切地表达剧中人的心理。

百花公主自从见到海俊以后，触动了她少女的情窦，她既想爱，又怕羞。当她以为海俊已然走去时，便不由自主地赞不绝口，道："好个海生！"说到最后一个，"好个海——生！"不想海俊从花丛中钻了出来，站在她面前，答道："海俊在此！"这种突如其来的事，全出意料，她猛地一惊、一愣，立刻觉得失言，不胜娇羞。在这些感情中，张正芳没有用挡脸和低头，完全用两眼注视着海俊，在这种注视里，她表示了由惊而愣，由愣转羞。在这一刹那间让观众感到她真是"腾"地一下，红云上面，满脸娇羞。之所以能有这种效果，也大部分由于她会用眼神的缘故。

正芳同志这出戏演得好，演得细。尤其"花园定情"、"赠剑"一场，充分表现了少年女子初开情窦、乍逢才郎，刚识恋爱情趣的心情、意态，能引人动人，当然和她的面部表情、舞蹈身段分不开。但是应该说她恰当地运用眼神在此中的确起了很大作用。看过戏之后使我们对百花公主留下了深刻的印象。

杨排风又和百花公主不一样了，她是个勇敢、爽快而又有些调皮的小丫头。正芳同志正是抓住这些特点来创造这一人物的。你看她到了三关之上，遇见了妄自尊大的焦二爷，把她贬得一钱不值。她可火了，"……眼前若有元帅的将令，两军阵前生擒韩昌，犹如探囊取物的一般！"焦赞问她是谁，她说："不才就是唩儿我！"时，身子往前一倾，脸往上一扬，眼睛斜着往上一看，右手挑起大指往面前一伸。表示了对焦赞的轻视、不服，可是这里边带有耍皮撒娇的成分，和后来见了韩昌时所说的："我正要来擒你！"时一扬脸，一瞪眼，一撇嘴的神气大不一样，这种对韩昌的轻视和不服，其中就带有怒气，而不是撒娇了。张正芳表现得很有分寸，恰如其分。

剧本在"打赞比武"前，加了一场焦赞、排风的"双走边"，应该说是成功之作。焦赞、排风一前一后，一明一暗，一阴一现，一高一矮，一黑一红，很富艺术性，尤其其中几番"高矮相"，两相呼应，美极。张正芳在处理这场"双边"时并不是只从舞蹈上来着想，而是注意了思想内容的。这一点，也得从眼神上去看。你看她在焦赞身后，无论是舞蹈，无论是亮相，无时不在注意着焦赞，她看他的头部、身上、脚下，看他的一举一动。这样就加强了这一场的必要性、目的性。杨排风不是故意跟在焦赞后面捉迷藏，凑热闹，而是说明杨排风身轻如燕。武艺不凡。耳听八方、眼观六路的三关上将焦赞，久经大敌，多么机警，竟不能得知身后有人暗中相随，已经注定他必败在杨排风的手里。更重要的是从杨排风的眼神里说明，她在暗中观察焦赞的武艺如何，自己确定如何取胜的方法。张正芳善于表现人物，善于传达感情，这一点大概也可以算做一个例子。

（原载《辽宁日报》1962年6月）

（特别感谢曾帮助我整理该书稿的王世勋、刘应诚夫妇，我师兄程正泰之子——程云及我二子宋捷、三子宋强）